DevOps와 SE를 위한
리눅스 커널 이야기

DevOps와 SE를 위한 리눅스 커널 이야기: 단단한 서버 구축을 위한 12가지 키워드

초판 1쇄 발행 2017년 8월 16일 **3쇄 발행** 2022년 10월 26일 **지은이** 강진우 **펴낸이** 한기성 **펴낸곳** 인사이트 **편집** 정수진 **제작 · 관리** 이유현, 박미경 **용지** 월드페이퍼 **출력 · 인쇄** 예림인쇄 **후가공** 에이스코팅 **제본** 예림바인딩 **등록번호** 제2002-000049호 **등록일자** 2002년 2월 19일 **주소** 서울시 마포구 연남로5길 19-5 **전화** 02-322-5143 **팩스** 02-3143-5579 **이메일** insight@insightbook.co.kr **ISBN** 978-89-6626-404-9 책값은 뒤표지에 있습니다. 잘못 만들어진 책은 바꾸어 드립니다. 이 책의 정오표는 https://blog.insightbook.co.kr에서 확인하실 수 있습니다.

프로그래밍 인사이트

DevOps와 SE를 위한

리눅스
커널
이야기

강진우 지음

인사이트

차례

추천의 글

실무에서 궁금해 하는 내용을 쉽게 정리한 책

실무에서 항상 궁금했지만 찾기 어려운 정보를 쉽게 정리해 주는 책입니다. 교과서에 나오는 내용이 아닌 실무를 하면서 찾아낸 방법이기 때문에 더욱 마음에 와닿는 것 같습니다. 또한 문제 해결 방법을 같이 살펴보기 때문에 이를 통해서 독자 스스로 자신의 역량을 강화하는 데 큰 도움이 될 것이라 생각합니다. 리눅스 시스템을 운영하는 시스템 엔지니어나 데브옵스(DevOps)라면 이 정도 깊이까지 이해하는 것을 목표로 하면 큰 도움이 될 것입니다.

고우찬(카카오 인프라 & 데이터플랫폼팀 팀장)

대규모 서비스를 시스템 엔지니어의 시각에서 보여주는 책

실제로 서비스의 문제를 잘 해결하기 위해서는 두 SE의 시각이 필요합니다. 보통 서비스를 개발하고 운영하는 소프트웨어 엔지니어의 시각과, 시스템적인 부분의 운영을 다루는 시스템 엔지니어의 시각입니다. 문제가 발생하면 코드의 이슈에 집중하는 소프트웨어 엔지니어와 달리 시스템 엔지니어는 시스템의 설정부터 네트워크 환경 등, 코드가 아닌 해당 시스템에 대한 시각으로 문제에 접근합니다. 실제 서비스를 운영하게 되면 두 가지 중 어느 하나의 시각이 덜 중요한 케이스는 없습니다.

강진우님은 제가 카카오에 있을 때 서비스에 대한 시스템 엔지니어로 많은 도움을 주신 분입니다. 그리고 본인의 브런치(https://brunch.co.kr/@alden)에 여러 가지 내용을 항상 공유해주시는 분입니다. 그런 강진우님이 리눅스 커널에 관한 책을 쓰신다고 해서 상당히 기대했는데, 기대 이상으로 좋은 정보를 전달해주고 있습니다. 대규모 서비스에서 시스템 엔지니어는 어떻게 사고하는지, 어떤 정보를 봐야 하는지 알고 싶으신 분들은 꼭 읽어보시길 바랍니다.

강대명(유데미 데이터 엔지니어, 오픈소스 컨트리뷰터)

서문

최근의 IT 시스템에는 클라우드라는 새로운 바람이 불면서 많은 변화가 일어나고 있다. 클라우드를 통해서 누구나 서버를 만들고, 서버에 애플리케이션을 설치하고 서비스할 수 있는 세상이 된 것이다. 인프라와 관련된 많은 부분이 소프트웨어화 되어가고 있고 더 편리하게 사용할 수 있도록 변화가 진행 중이다. 그래서 상대적으로 인프라에 대한 관심이 적어지는 것도 현실이다. 하지만 역설적으로 누구나 인프라를 구축할 수 있기 때문에 인프라에 더 많은 관심을 가져야 한다고 생각한다. 내가 만들고 운영하는 서버이기 때문에 누구도 관심을 가져 주지 않고 누구도 문제를 해결해주지 않기 때문이다. 특히 애플리케이션이 구동되는 서버와 관련된 지식이 꼭 필요하다. 애플리케이션이 어떻게 동작하는지, 발생할 수 있는 문제는 없는지, 그리고 문제가 발생하고 있다면, 즉 서비스가 원활하지 않은 이슈가 있다면 그 원인은 무엇인지 확인하고 조치할 수 있어야 한다. 또한 적절한 성능 테스트와 성능 튜닝을 통해서 서비스를 운영하는 데 필요한 서버 대수를 정확하게 산정하고 운영할 수 있어야 한다. 그리고 이와 관련된 일련의 작업을 시스템 엔지니어링이라고 말한다.

시스템 엔지니어링은 서버에서 발생할 수 있는 다양한 이슈들을 확인하고 해결하는 작업이다. 리눅스 커널 역시 소프트웨어이며, 누군가 로직을 코드로 만들어 놓은 거대한 소프트웨어일 뿐이다. 커널은 하드웨어를 관리하고 애플리케이션에 하드웨어 자원을 할당하며, 프로세스끼리 영향을 주지 않도록 하기 위해 다양한 방법으로 권한을 관리한다. 그래서 커널이 어떤 원리를 가지고 어떻게 동작하는지를 이해하고 모니터링하는 것은 매우 중요한 일이다. 그래야 내가 운영하고 있는 애플리케이션이 적당한 자원을 할당 받아서 제대로 된 일을 하고 있는지를 알 수 있고 또 그렇게 동작하도록 지시할 수 있기 때문이다. 특히나 요즘과 같이 클라우드 기반으로 서버들이 동작하는 경우야말로, 서버가 낼 수 있는 최대의 성능을 끌어낼 수 있어야 한다. 그리고 이런 작업은 커널에 대한 이해가 바탕이 되어야 가능하다.

사실 커널의 동작 원리를 완벽하게 이해한다는 것은 거의 불가능에 가까운 일이다. 커널의 소스 코드는 이미 너무나도 거대하기 때문이다. 또한 시간이 지나면서 기능들이 개선되고 변경되기 때문에 완벽하게 이해한다는 것은 더더욱 불가능한 일이 되어가고 있다. 하지만 변하지 않는 근간이 되는 기능들이 있다. 예를 들어 프로세스를 생성하거나 프로세스에 메모리를 할당하거나 네트워크 통신을 위해 TCP를 이용하는 등등의 기능들 말이다. 기능이 개선되어 가기는 하지만 그 근간이 변하지 않는 기능들에 대한 이해를 바탕으로 시스템의 문제점을 파악하거나, 발생할 수 있는 문제점들을 발견하는 것이 시스템 엔지니어링의 기본이다.

어찌 보면 이 책은 시스템 엔지니어링을 시작하기 위한 책이라고 볼 수 있다. 위에서 말한 것처럼 기본적인 커널의 이해를 바탕으로 서버에서 발생하고 있는 여러 가지 사건들(프로세스끼리 경합을 벌인다거나 비정상적으로 메모리의 사용률이 높아지거나 하는 등)을 해결하기 위한 방법을 살펴보게 될 것이다. 그리고 그런 일이 왜 발생하는지에 대해서도 살펴보게 될 것이다. 이 책의 내용을 발판 삼아서 더 심도 있는 시스템 엔지니어링을 하는 데 도움이 되기를 바란다.

이 책의 대상 독자

이 책은 리눅스 환경에서 애플리케이션을 운영하고 있는 서버 개발자, 개발과 운영을 함께 하고 있는 데브옵스(DevOps), 그리고 리눅스 시스템의 전반적인 운영을 담당하고 있는 시스템 엔지니어들을 대상으로 한다. 어느 정도 운영 경험이 있으면 책의 내용을 이해하는 데 더 도움이 되지만 운영 경험까지는 없더라도 리눅스를 조금이라도 경험해 보았다면 읽을 수 있다.

이 책의 구성

이 책에서는 총 12가지의 주제를 바탕으로 시스템에서 발생할 수 있는 문제점들을 발견하고 수정할 수 있도록 구성하고 있다.

1장에서는 기본적인 시스템의 구성 정보를 확인하는 방법에 대해서 다룬다. 시스템 문제를 파악할 때 가장 기본이 되는 것은 시스템이 어떻게 구성되어 있느냐를 파악하는 것이다. CPU는 어떤 것을 사용하는지, 메모리는 어느 정도 용량으로 장착되어 있는지 등등 시스템의 정보를 알아야 시스템 분석을 시작할 수 있다.

2장에서는 top 명령을 이용한 프로세스의 정보를 확인해본다. top 명령으로 ps 명령처럼 프로세스의 CPU 사용률 정보 및 메모리 할당 정보를 볼 수 있다. 이 과정에서 프로세스의 상태는 어떤 것들이 있으며 커널이 어떻게 프로세스에게 메모리를 할당하는지, 그리고 그 정보를 어떻게 확인할 수 있으며 어떤 문제가 숨어있을 수 있는지에 대해 이야기해 볼 것이다.

3장에서는 Load Average를 통해 시스템의 부하를 확인하는 과정을 다룬다. Load Average는 시스템의 현재 부하를 확인할 때 가장 중요한 정보 중 하나지만, 시스템 구성에 따라서 해석이 다를 수 있다. 과연 Load Average가 의미하는 바는 무엇이며, 이를 통해서 시스템의 부하를 어떻게 해석할 수 있는지 이야기한다.

4장에서는 free 명령을 통해 메모리를 확인하는 과정을 살펴본다. free 명령은 현재 시스템의 메모리 상태를 전체적으로 확인할 수 있는 중요한 툴이다. 이를 통해서 시스템의 메모리를 확인하는 과정과 좀 더 자세한 메모리 정보를 확인할 수 있는 방법에 대해서 이야기해 볼 것이다.

5장에서는 swap과 메모리 증설에 대해 다룬다. swap 영역이란 무엇인지, 그리고 swap을 사용하는 것과 메모리 증설이 어떤 연관 관계가 있는지 이야기한다.

6장에서는 NUMA 아키텍처와 이로 인해 달라지는 메모리 관리를 다루고 있다. NUMA 아키텍처는 좀 더 빠른 메모리 접근을 위해 만들어진 하드웨어 구조이며, 이 구조가 커널의 메모리 할당에 끼치는 영향을 살펴본다.

7장에서는 TCP Keepalive를 통해 종단간 연결을 유지하는 방법을 알아본다. TCP에는 Keepalive라는 옵션이 있어서 두 종단간 연결을 유지하는 데에 사용할 수 있다. 이 TCP Keepalive가 어떤 원리로 동작하고 있는지, 그리고 어떤 효과가 있는지를 설명한다.

8장에서는 TIME_WAIT 소켓과 서비스 영향에 대해 다루고 있다. TIME_WAIT 소켓이 어떤 과정에서 생성되는지, 그리고 이 소켓이 서비스에 어떤 영향을 끼칠 수 있는지를 알아본다.

9장에서는 TCP 재전송에 대한 내용을 다루고 있다. TCP는 신뢰성 있는 통신이기 때문에 그 과정상 반드시 재전송이 발생할 수밖에 없다. 재전송이 어떻게 일어나는지를 살펴보고 서비스에 끼칠 수 있는 영향에 대해서 이야기해 볼 것이다.

10장에서는 dirty pages와 dirty pages가 I/O에 끼치는 영향에 대해서 다룬다. dirty pages는 블록 디바이스에 대한 쓰기 작업의 속도를 향상시키기 위해 도입한 개념이다. 이 dirty pages가 정확히 어떤 역할을 하는지, 그리고 값의 변화에 따라 I/O 패턴이 어떻게 변화하는지 살펴볼 것이다.

11장에서는 I/O 스케줄러에 대해서 다룬다. I/O가 처리되기 위해 반드시 거쳐야 하는 I/O 스케줄러에는 어떤 종류가 있는지, 그리고 각각은 어떤 특징이 있는지 알아본다.

12장에서는 지금까지와는 조금 다르게 애플리케이션들을 테스트하고 튜닝하는 과정에 대해서 알아본다. 지금까지의 내용들이 커널과 애플리케이션 간의 관계였다면 마지막 주제는 애플리케이션을 테스트하는 방법과 기본적인 튜닝 포인트에 대해서 이야기한다.

부록 A에서는 커널을 컴파일하는 방법을 다룬다. 단순히 컴파일하는 것이 아니라 원하는 곳에 printk() 함수를 추가하여 커널의 디버깅을 좀 더 쉽게 하는 방법을 살펴본다.

부록 B에서는 strace 툴의 사용법을 다룬다. 앞선 내용에서 간간히 strace를 활용하는 것이 나오겠지만, 부록에서는 strace의 다양한 옵션들을 좀 더 세부적으로 살펴보고 간단한 예제를 통해서 strace의 내용을 분석하는 방법에 대해서 이야기할 것이다.

부록 C에서는 tcpdump와 와이어샤크를 이용해서 TCP 덤프를 분석하는 것을 다룬다. tcpdump의 다양한 옵션들을 살펴보고, 생성된 덤프 파일을 잘 분석할 수 있도록 와이어샤크에서 제공하는 옵션을 활용하는 방법을 알아볼 것이다.

이렇게 12개 챕터와 3개의 부록을 통해 시스템에 대한 이야기를 해보려고 한다. 부디 이 책이 현재 운영하고 있는 시스템의 문제를 파악하고 개선하는데 도움이 되었으면 좋겠다.

감사의 말

마지막으로 바쁘신 와중에도 흔쾌히 감수를 도와주신 이재한, 강차훈, 최민호, 김동영, 이태근 님과 편집을 맡아 주신 정수진 편집자님, 그리고 좋은 기회를 만들어 주신 한기성 사장님과 항상 응원해 주는 저의 아내 김아름과 사랑하는 아들 준후와 딸 지안이에게 감사의 인사를 전한다.

1장

시스템 구성 정보 확인하기

시스템의 문제점을 분석하고 확인하기 위해서는 현재 시스템의 구성 정보를 확인할 수 있어야 한다. 현재 사용 중인 커널 버전과 부팅 시 사용한 커널 파라미터 그리고 하드웨어인 CPU와 메모리는 어떤 것을 사용하는지 등의 정보를 알아야 알려진 커널 버그는 없는지, 하드웨어에 문제는 없는지 확인할 수 있다. 이번 장에서는 시스템의 구성 정보를 확인하는 방법을 알아보려 한다.

1.1 커널 정보 확인하기

커널 버전을 확인할 수 있는 방법은 여러 가지다. 그중에서도 가장 대표적인 방법은 uname 명령을 사용하는 것으로, uname -a 명령을 입력하면 커널 버전 관련 정보가 나온다.

```
[root@server ~]# uname -a
Linux server 2.6.32-573.12.1.el6.centos.plus.x86_64 #1 SMP Wed Dec 16
16:48:42 UTC 2015 x86_64 x86_64 x86_64 GNU/Linux
```

위 서버의 커널 버전은 2.6.32-573.12.1.el6.centos.plus.x86_64로, x86 계열의 64비트 운영 체제를 사용하고 있음을 알 수 있다.

dmesg 명령을 사용해서 몇 가지 정보를 더 확인해 보자. dmesg는 커널의 디버그 메시지로, 커널이 부팅할 때 나오는 메시지와 운영 중에 발생하는 메시지를 볼 수 있게 해주는 명령어다. dmesg로 커널이 메모리를 인식하는 과정과 하드웨어를 인식하고 드라이버를 올리는 과정, 그리고 부팅 시 적용된 커널 파라미터 등을 확인할 수 있다.

코드 1-1 dmesg의 결과

```
[root@server ~]# dmesg | grep -i kernel | more
Command line: ro root=UUID=3e7b88fa-c176-4c82-b309-c74eea5752e0
intel_idle.max_cstate=0 crashkernel=auto biosdevname=0 console=tty0
console=ttyS ❶
Reserving 129MB of memory at 48MB for crashkernel (System RAM: 9216MB) ❷
Memory: 32834356k/34078716k available (5428k kernel code, 534728k absent,
709632k reserved, 6982k data, 1300k init) ❸
.... (중략) ....
```

수많은 출력 결과 중에서 중요한 몇 개의 출력 결과를 살펴보자.

❶ 커널이 부팅 시에 사용한 커널 파라미터를 의미한다. 일부 모듈에 대한 옵션을 설정할 수 있으며, 부팅 시에만 적용되는 모듈도 있다. 이 예제에서는 intel_idle.max_cstate, crashkernel, biosdevname, console까지 총 4개의 파라미터가 적용되었다. 이 메시지는 dmesg뿐 아니라 /proc 파일 시스템을 이용해서도 확인할 수 있다.

```
[root@server ~]# cat /proc/cmdline
BOOT_IMAGE=/vmlinuz-3.10.0-514.6.2.el7.x86_64 root=UUID=61991114-
eed2-4c9e-81b3-b68c3c2e3690 ro console=tty0 crashkernel=auto pcie_
aspm=force intel_idle.max_cstate=0 processor.max_cstate=1 net.ifnames=0
biosdevname=0 intel_pstate=disable swapaccount=1 console=ttyS0,115200
transparent_hugepage=never
```

❷ 이 메시지는 crashkernel에 대한 이미지를 로딩했다는 뜻이다. 커널은 다양한 이유로 커널 패닉 상태에 빠질 수 있다. 커널 패닉 상태에 빠지게 되면 사용자의 입력을 받아들일 수 없게 된다. 이때 crashkernel을 설정해 두면 커널 패닉에 빠질 때 crashkernel을 로딩해서 패닉에 빠진 커널의 디버깅 정보를 저장한다. 이를 통해서 커널에 어떤 문제가 발생했는지 추적할 수 있다.

❸ 부팅 시에 커널이 인식하는 메모리의 정보를 의미한다. 물리적인 메모리의 크기와 실제로 사용 가능한 메모리의 크기를 보여준다. 여기에서 확인한 가용 메모리와 부팅이 완료된 후 free 명령을 통해 확인하는 메모리의 양이 조금 다른데, 부팅 과정에서 사용된 일부 메모리들이 부팅 완료 후에 반환되기 때문이다.

✔️ **intel_idle.max_cstate**

최근에 사용되는 CPU에는 C-State라는 옵션이 있어서 특별한 작업이 없는 Idle 상태가 되면 일부 CPU 코어를 잠자기 모드로 전환시킨다. 이렇게 하면 코어가 많이 필요하지 않을 때 전력을 아낄 수 있다. 하지만 갑자기 많은 코어가 필요한 경우, 예를 들어 트래픽이나 사용자의 요청이 급격하게 증가하는 경우에는 잠자기 모드인 코어를 다시 가동시켜야 하기 때문에 성능 저하가 발생하게 된다. 그래서 경우에 따라서는 C-State 옵션을 꺼야 하는데, 이 옵션은 부팅 시 하드웨어 BIOS 설정에서 설정한다. 하지만 하드웨어 BIOS 설정에서 해당 옵션을 꺼둔 상태에서도 소프트웨어 모듈에 의해서 켜지는 경우가 있는데, 바로 intel_idle 모듈 때문이다. intel_idle 모듈은 하드웨어 BIOS 설정과 상관 없이 C-State 모드로 동작하도록 한다. 그래서 하드웨어 BIOS 설정에서 C-State를 꺼도 intel_idle 모듈에 의해 CPU가 작업 상태에 따라 적당한 C-State 상태에 빠지게 된다. 이런 현상을 피하기 위해 부팅 시 파라미터로 intel_idle 모듈을 사용하지 않도록 설정하는 것이 필요하다.

dmesg를 이용해 확인하는 커널 정보 외에 현재 사용 중인 커널의 컴파일 옵션도 확인할 필요가 있다. 커널의 기능 중 컴파일 옵션에 포함이 되어야만 사용할 수 있는 기능들이 있기 때문이다.

코드 1-2 커널 컴파일 정보 확인하기

```
root@server ~]# cat /boot/config-`uname -r` | more
#
# Automatically generated file; DO NOT EDIT.
# Linux/x86_64 3.10.0-514.6.2.el7.x86_64 Kernel Configuration
#
CONFIG_64BIT=y
CONFIG_X86_64=y
CONFIG_X86=y
CONFIG_INSTRUCTION_DECODER=y
```

```
CONFIG_OUTPUT_FORMAT="elf64-x86-64"
CONFIG_ARCH_DEFCONFIG="arch/x86/configs/x86_64_defconfig"
CONFIG_LOCKDEP_SUPPORT=y
CONFIG_STACKTRACE_SUPPORT=y
CONFIG_HAVE_LATENCYTOP_SUPPORT=y
(... 후략 ...)
```

 ftrace와 같이 커널 함수 레벨의 추적이 필요할 경우 CONFIG_FUNCTION_
TRACER와 같은 몇몇 옵션들이 컴파일 옵션에 포함되어야 한다.

```
[root@server ~]# cat /boot/config-`uname -r` | grep -i config_
function_tracer
CONFIG_FUNCTION_TRACER=y
```

1.2 CPU 정보 확인하기

이번에는 시스템의 하드웨어 정보, 즉 사용하고 있는 시스템이 어떤 제
조사에 만든 어떤 제품인지, 그리고 메모리는 물리적으로 어떻게 구성
되어 있는지 등을 확인해 보자. 이번 절에서는 그중에서도 CPU와 BIOS
정보를 확인하는 방법을 살펴볼 것이다.

리눅스에서는 dmidecode 명령을 통해 하드웨어의 정보를 확인한다.
dmidecode 명령만 입력하면 너무 많은 정보가 나오기 때문에 키워드를
사용해서 필요한 정보만 확인하는 것이 좋다. man 명령을 통해 살펴보
면 dmidecode 명령에서 사용할 수 있는 키워드는 총 9가지가 있다.

 man 명령
man 명령을 사용하면 해당 명령어가 하는 역할, 각종 옵션, 그리고 예제 등 명령
어에 대한 자세한 설명을 볼 수 있다.

```
Keyword     Types
        ───────────────────────────
        bios        0, 13
        system      1, 12, 15, 23, 32
        baseboard   2, 10, 41
        chassis     3
        processor   4
        memory      5, 6, 16, 17
```

```
cache       7
connector   8
slot        9
```

이 중에서 CPU와 BIOS의 정보를 확인하는 데 필요한 키워드는 bios, system과 processor이다.

먼저 bios 키워드의 결과를 살펴보자.

코드 1-3 bios 키워드 결과

```
[root@server ~]# dmidecode -t bios
# dmidecode 2.12
SMBIOS 2.7 present.

Handle 0x0000, DMI type 0, 24 bytes
BIOS Information
        Vendor: HP
        Version: P68
        Release Date: 08/16/2015
        Address: 0xF0000
        Runtime Size: 64 kB
        ROM Size: 8192 kB
        Characteristics:
                PCI is supported
                ... (중략) ...
                Targeted content distribution is supported
        Firmware Revision: 1.85
```

bios 키워드는 보통 특정 BIOS 버전에 문제가 있다는 보고가 있고, 내가 사용하는 버전이 이 버전에 해당하는지를 확인할 때 주로 사용한다. 위 정보를 보면 이 서버는 HP에서 만든 서버이며 BIOS의 버전은 2015/08/16에 발표된 P68 버전이고, 펌웨어 버전은 1.85 버전이다.

코드 1-4는 system 키워드의 결과이다. 아마도 dmidecode 명령 중에 가장 많이 사용하는 키워드일 것이다.

코드 1-4 system 키워드 결과

```
[root@server ~]# dmidecode -t system
# dmidecode 2.12
SMBIOS 2.7 present.

Handle 0x0100, DMI type 1, 27 bytes
```

```
System Information
        Manufacturer: HP
        Product Name: ProLiant DL360 G7
        Version: Not Specified
        Serial Number: XXXXXX
        UUID: XXXXXX
        Wake-up Type: Power Switch
        SKU Number: 579237-B21
        Family: ProLiant

Handle 0x2000, DMI type 32, 11 bytes
System Boot Information
        Status: No errors detected
```

코드 1-4를 보면 장비는 HP에서 만든 DL360 G7 모델이다. 장비의 모델명은 어떤 제조사에서 만들었느냐만큼이나 중요한 정보이다. 모델명을 통해서 해당 장비가 어느 정도의 성능을 낼 수 있는지 확인할 수 있기 때문이다.

코드 1-5는 processor 키워드의 결과로, 장비의 CPU 정보를 확인할 수 있다.

코드 1-5 processor 키워드 결과

```
[root@server ~]# dmidecode -t processor
# dmidecode 2.12
SMBIOS 2.7 present.

Handle 0x0400, DMI type 4, 42 bytes
Processor Information
        Socket Designation: Proc 1
        Type: Central Processor
        Family: Xeon
        Manufacturer: Intel
... (중략) ...
    Version: Intel(R) Xeon(R) CPU E5645 @ 2.40GHz
        Voltage: 1.4 V
        External Clock: 133 MHz
        Max Speed: 4800 MHz
        Current Speed: 2400 MHz
        Status: Populated, Enabled
        Upgrade: Socket LGA1366
    Core Count: 6
        Core Enabled: 6
        Thread Count: 12
        Characteristics:
```

```
                    64-bit capable

Handle 0x0406, DMI type 4, 42 bytes
Processor Information
        Socket Designation: Proc 2
        Type: Central Processor
        Family: Xeon
        Manufacturer: Intel
... (중략) ...
     Version: Intel(R) Xeon(R) CPU E5645 @ 2.40GHz
        Voltage: 1.4 V
        External Clock: 133 MHz
        Max Speed: 4800 MHz
        Current Speed: 2400 MHz
        Status: Populated, Idle
        Upgrade: Socket LGA1366
        L1 Cache Handle: 0x0716
        L2 Cache Handle: 0x0726
        L3 Cache Handle: 0x0736
        Serial Number: Not Specified
        Asset Tag: Not Specified
        Part Number: Not Specified
        Core Count: 6
        Core Enabled: 6
        Thread Count: 12
        Characteristics:
                   64-bit capable
```

내용을 살펴보면 총 2개의 소켓이 있고 각각의 소켓은 Intel Xeon
E5645 CPU임을 알 수 있다. 여기서 소켓과 코어에 대한 구분이 중요한
데, 소켓은 물리적인 CPU의 개수를 의미하고 코어는 물리적인 CPU 안
에 몇 개의 컴퓨팅 코어가 있는지를 뜻한다. 코드 1-5를 보면 총 2개의
소켓이 있고 각 소켓에 사용 가능한 6개의 코어가 있다. 코어는 6개가
전부 사용되고 있고 하이퍼스레딩 기능을 통해서 각각의 코어가 멀티
로 동작해서 총 12개의 코어를 사용할 수 있는 상황이다. 소켓당 12개
의 코어를 사용할 수 있기 때문에 시스템 전체적으로는 24개의 코어를
사용할 수 있는 것이다. 이 정보는 dmidecode 외에 /proc에 있는 정보를
바탕으로도 확인할 수 있다.

코드 1-6 cpuinfo 살펴보기

```
[root@server ~]# cat /proc/cpuinfo
processor       : 0
```

```
vendor_id          : GenuineIntel
cpu family         : 6
model              : 44
model name         : Intel(R) Xeon(R) CPU      E5645  @ 2.40GHz
stepping           : 2
microcode          : 29
cpu MHz            : 2400.252
cache size         : 12288 KB
physical id        : 0
siblings           : 6
core id            : 0
cpu cores          : 6
apicid             : 0
initial apicid     : 0
... (후략) ...
```

CPU에 대한 정보는 lscpu 명령을 이용해서도 확인할 수 있다.

코드 1-7 lscpu 명령의 결과

```
[root@server ~]# lscpu
Architecture:          x86_64
CPU op-mode(s):        32-bit, 64-bit
Byte Order:            Little Endian
CPU(s):                24
On-line CPU(s) list:   0-23
Thread(s) per core:    2
Core(s) per socket:    6
Socket(s):             2
NUMA node(s):          2
Vendor ID:             GenuineIntel
CPU family:            6
Model:                 45
Model name:            Intel(R) Xeon(R) CPU E5-2630 0 @ 2.30GHz
Stepping:              7
CPU MHz:               2294.559
BogoMIPS:              4593.63
Virtualization:        VT-x
L1d cache:             32K
L1i cache:             32K
L2 cache:              256K
L3 cache:              15360K
NUMA node0 CPU(s):     0-5,12-17
NUMA node1 CPU(s):     6-11,18-23
```

lscpu는 NUMA와 관련된 정보도 함께 보여준다. NUMA와 관련된 내용은 6장에서 더 자세히 다룰 것이다.

1.3 메모리 정보 확인하기

이번 절에서는 dmidecode의 키워드들 중 memory 키워드를 살펴보려한다. memory 키워드로 각 메모리 슬롯에 있는 메모리의 정보 및 제조사까지 확인할 수 있다.

코드 1-8 memory 키워드 결과

```
# dmidecode 2.12
SMBIOS 2.7 present.

Handle 0x1000, DMI type 16, 23 bytes
Physical Memory Array
        Location: System Board Or Motherboard
        Use: System Memory
        Error Correction Type: Single-bit ECC
        Maximum Capacity: 192 GB
        Error Information Handle: Not Provided
        Number Of Devices: 9

Handle 0x1001, DMI type 16, 23 bytes
Physical Memory Array
        Location: System Board Or Motherboard
        Use: System Memory
        Error Correction Type: Single-bit ECC
        Maximum Capacity: 192 GB
        Error Information Handle: Not Provided
        Number Of Devices: 9

Handle 0x1100, DMI type 17, 34 bytes
Memory Device
        Array Handle: 0x1000
        Error Information Handle: Not Provided
        Total Width: 72 bits
        Data Width: 64 bits
        Size: No Module Installed
        Form Factor: DIMM
        … (중략) ...
        Serial Number: Not Specified
        Asset Tag: Not Specified
        Part Number: Not Specified
        Rank: Unknown
        Configured Clock Speed: Unknown

Handle 0x1101, DMI type 17, 34 bytes
Memory Device
        Array Handle: 0x1000
```

```
Error Information Handle: Not Provided
Total Width: 72 bits
Data Width: 64 bits
Size: 4096 MB
Form Factor: DIMM
Set: 2
Locator: PROC 1 DIMM 2D
Bank Locator: Not Specified
Type: DDR3
Type Detail: Synchronous
Speed: 1333 MHz
Manufacturer: Not Specified
Serial Number: Not Specified
Asset Tag: Not Specified
Part Number: Not Specified
Rank: 1
Configured Clock Speed: 1333 MHz
```

… (후략) …

memory 키워드는 크게 Physical Memory Array와 Memory Device의 두 영역으로 나눌 수 있다.

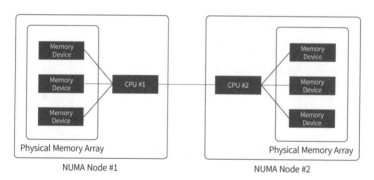

그림 1-1 메모리 키워드의 영역

그림 1-1을 보면 Physical Memory Array는 하나의 CPU 소켓에 함께 할당된 물리 메모리의 그룹을 의미한다. 뒤에서 NUMA에 대해 다루겠지만, 최근의 프로세서는 NUMA라는 개념을 이용해서 각각의 CPU가 사용할 수 있는 로컬 메모리를 제공한다. Physical Memory Array는 바로 이 개념에서 시작하며, 우리가 지금 보고 있는 시스템은 2개의 CPU 소켓이 있는 서버이기 때문에 Physical memory Array도 2개가 있다.

그리고 각각의 Physical Memory Array는 총 9개의 메모리를 꽂을 수 있으며 최대로 꽂을 수 있는 양은 192GB 이다.

Memory Device는 실제로 시스템에 꽂혀 있는 메모리를 의미하며, 메모리의 용량이 얼마인지 그리고 제조사는 어디인지 볼 수 있다(제조사까지는 나오지 않을 수도 있다).

코드 1-8을 보면 첫 번째 Physical Memory Array의 첫 번째 Memory Device에는 메모리가 꽂혀 있지 않다(No Module Installed). 그리고 두 번째 Memory Device에는 4096 MB의 메모리가 꽂혀 있다. 이런 식으로 하면 총 몇 개의 메모리가 꽂혀 있는지, 그리고 각각의 용량은 얼마인지 확인할 수 있다. 하지만 메모리의 제조사 정보를 확인할 수는 없는 상태이다(Manufacturer: Not Specified).

코드 1-9 memory 키워드와 grep 명령 조합

```
[root@server ~]# dmidecode -t memory | grep -i size:
        Size: No Module Installed
        Size: 4096 MB
        Size: 4096 MB
        Size: No Module Installed
        Size: No Module Installed
        Size: 4096 MB
        Size: No Module Installed
        Size: No Module Installed
        Size: 4096 MB
        Size: No Module Installed
        Size: 4096 MB
        Size: 4096 MB
        Size: No Module Installed
        Size: No Module Installed
        Size: 4096 MB
        Size: No Module Installed
        Size: No Module Installed
        Size: 4096 MB
[root@server ~]# free -m
             total       used       free     shared    buffers     cached
Mem:         32094      16734      15360          0        200      15599
-/+ buffers/cache:        935      31159
Swap:        10239          0      10239
```

grep 명령과 조합해서 확인해보면 4GB의 메모리가 8개 꽂혀있는 것을 확인할 수 있다. 이를 통해 전체 메모리의 용량이 32GB라는 결론이 나온다. 이 크기가 free 명령을 통해 확인한 전체 메모리 크기와 다르다면 시스템의 메모리 인식에 뭔가 문제가 있는 것이다.

1.4 디스크 정보 확인하기

지금까지 dmidecode 명령을 이용해서 CPU, BIOS 그리고 메모리의 정보를 확인하는 방법을 알아보았다. 이번에는 디스크 정보를 확인하는 방법을 살펴보자.

코드 1-10은 df 명령의 결과이다.

코드 1-10 df 명령 결과

```
[root@server ~]# df -h
Filesystem    Size  Used Avail Use% Mounted on
/dev/sda1     20G   19G  543M  98% /
tmpfs         16G    0   16G   0% /dev/shm
/dev/sda4     1.4T  371G 986G  28% /data
/dev/sda3     10G   33M  10G   1% /data2
```

위 서버는 총 3개의 파티션이 있으며 각각의 파티션은 /, /data, /data2에 마운트되어 있다. 또한 디스크는 /dev/sda라는 이름으로 시스템에 네이밍되어 있다. 디스크의 방식에 따라서 /dev/hda일 수도 있고 /dev/vda일 수도 있다. 이 외에도 여러 항목이 있지만 가장 많은 경우의 수를 차지하는 세 가지 방식을 간단하게 살펴보자.

우선 sda와 hda의 차이점을 살펴보자. 시스템이 디스크와 통신하기 위해 사용하는 것 중에 컨트롤러라는 부품이 있다. 디스크를 사용하려는 쪽과 실제 디스크 사이에서 통신이 원활히 이루어질 수 있도록 일종의 중개자 역할을 하는 부품인데, 이 부품에도 여러 가지 타입이 있다. 그중 가장 대표적인 것이 IDE 타입과 SCSI 타입이다. 쉽게 말해서 IDE는 개인용 컴퓨터를 위한 방식, SCSI는 서버용 컴퓨터를 위한 방식이라고 생각하면 된다. SCSI 방식은 더 많은 장치를 연결할 수 있어서 확장성이 좋고 더 빠른 접근 속도를 제공하기 때문이다. IDE 방식의 디스크는 hda로, SCSI 방식의 디스크와 최근에 나오는 SATA, SAS와 같은 일반적인 하드 디스크는 sda로 표시된다.

vda는 가상 서버에서 흔히 볼 수 있는 디스크 타입이다. XEN, KVM과 같이 하이퍼바이저(Hypervisor) 위에서 동작 중인 서버들에서 주로 볼 수 있다.

이렇게 df 명령을 통해서도 현재 시스템을 구성하고 있는 파티션과 디스크의 타입 정보 정도는 간략하게 알 수 있다. 그럼 디스크의 물리적인 정보는 어떻게 확인할 수 있을까? 보통은 하드웨어 제조사에서 제공해 주는 다양한 툴을 사용할 수도 있지만 smartctl이라는 툴을 이용하면 확인할 수 있다. 간략한 정보를 한번 확인해 보자.

코드 1-11 smartctl 명령 결과

```
[root@server ~]# smartctl -a /dev/sda
smartctl 5.43 2012-06-30 r3573 [x86_64-linux-2.6.32-573.22.1.el6.
centos.plus.x86_64] (local build)
Copyright (C) 2002-12 by Bruce Allen, http://smartmontools.sourceforge.
net

Vendor:               HP
Product:              LOGICAL VOLUME
Revision:             6.64
User Capacity:        1,499,832,039,424 bytes [1.49 TB]
Logical block size:   512 bytes
Logical Unit id:        XXXXXXXXXXXXXX
Serial number:        XXXXXXXXXXXXXX
Device type:          disk
Local Time is:        Sat Sep 17 11:25:42 2016 KST
Device does not support SMART

Error Counter logging not supported
Device does not support Self Test logging
```

df 명령을 통해서 확인한 디스크의 위치(/dev/sda)를 입력하면 간단한 정보를 볼 수 있다. 서버의 경우 대부분 RAID 컨트롤러가 달려 있기 때문에 바로 정확한 정보를 볼 수 없다. 코드 1-11을 통해 확인해 보면 /dev/sda는 Logical Volume, 즉 RAID 컨트롤러를 통해서 만들어진 논리적인 볼륨이며 실제 물리적 디스크의 정보까지는 확인할 수 없다. 하지만 smartctl의 옵션을 잘 사용하면 물리적 디스크의 정보까지 확인할 수 있다. 코드 1-12는 smartctl 명령에 -d 옵션을 적용한 결과다.

코드 1-12 smartctl 명령에 -d 옵션 적용

```
[root@server ~]# smartctl -a /dev/sda -d cciss,0
smartctl 5.43 2012-06-30 r3573 [x86_64-linux-2.6.32-573.22.1.el6.
centos.plus.x86_64] (local build)
Copyright (C) 2002-12 by Bruce Allen, http://smartmontools.sourceforge.
net

/dev/sda [cciss_disk_00] [SCSI]: Device open changed type from
'sat,auto' to 'cciss'
Vendor:               HP
Product: XXXXXXXXXXXXX
Revision:             HPD7
User Capacity:        300,000,000,000 bytes [300 GB]
Logical block size:   512 bytes
Logical Unit id: XXXXXXXXXXXXX
Serial number: XXXXXXXXXXXXX
Device type:          disk
Transport protocol:   SAS
Local Time is:        XXXXXXXXXXXXX
Device supports SMART and is Enabled
Temperature Warning Enabled
SMART Health Status: OK
```

이 서버는 앞에서 확인한 것과 같이 HP 서버이고 HP에서 제공하는
RAID 컨트롤러를 사용하기 때문에 -d 뒤에 옵션으로 cciss를 넣었다.
cciss는 HP에서 제공하는 RAID 컨트롤러에서 사용하는 드라이버이다.
그리고 그 뒤의 숫자는 디스크 베이를 의미한다. 즉 0번째 디스크 베이
의 정보를 가져오라는 의미로 해석된다.

> smartctl 명령은 RAID 컨트롤러의 드라이버에 따라 -d 옵션 뒤에 추가 옵션
> 을 통해 디스크의 정보를 볼 수 있도록 해준다. RAID 컨트롤러의 종류에 따라
> cciss, megaraid, hpt, areca 등을 사용할 수 있다. 현재 시스템에서 사용 중인
> RAID 컨트롤러의 드라이버는 lsmod 명령을 통해서 확인할 수 있다.

-d 옵션을 확인해 보면 해당 디스크 베이에 꽂혀 있는 디스크의 상세한
정보를 알 수 있다. 심지어 시리얼 번호까지 알 수 있으며 디스크의 펌
웨어 버전 등도 알 수 있다. 이를 통해서 특정 펌웨어 버전에서 버그나
이슈 등이 발견되었을 때 자신의 서버가 이에 해당하는지를 확인할 수
있다.

1.5 네트워크 정보 확인하기

마지막으로 네트워크 카드 정보를 확인하는 방법을 살펴보자. 네트워크 카드 정보 역시 하드웨어적인 이슈를 확인할 때 유용하게 사용된다. 네트워크 카드의 정보는 lspci 명령을 통해서 확인할 수 있다.

코드 1-13 lspci 명령

```
[root@server ~]# lspci | grep -i ether
03:00.0 Ethernet controller: Broadcom Corporation NetXtreme II BCM5709
Gigabit Ethernet (rev 20)
```

위 서버는 Broadcom 제조사에서 만든 NetXtream II BCM5709 모델을 사용하고 있는 Gigabit 네트워크 카드이다. 이 정보가 중요한 이유는 간혹 특정 모델에서 버그나 이슈 등이 보고될 때 자신의 서버가 해당되는지 파악해야 하며, 커널 드라이버를 업데이트할 때에도 해당하는 펌웨어 드라이버를 정확하게 찾기 위해서이다.

　이번엔 ethtool 명령을 통해서 연결 상태를 확인해 보자(코드 1-14).

코드 1-14 ethtool 명령

```
[root@server ~]# ethtool eth0
Settings for eth0:
        Supported ports: [ TP ]
        Supported link modes:   10baseT/Half 10baseT/Full ❶
                                100baseT/Half 100baseT/Full
                                1000baseT/Full
        Supported pause frame use: No
        Supports auto-negotiation: Yes
        Advertised link modes:  10baseT/Half 10baseT/Full ❷
                                100baseT/Half 100baseT/Full
                                1000baseT/Full
        Advertised pause frame use: No
        Advertised auto-negotiation: Yes
        Speed: 1000Mb/s ❸
        Duplex: Full
        Port: Twisted Pair
        PHYAD: 1
        Transceiver: internal
        Auto-negotiation: on
        MDI-X: off
        Supports Wake-on: g
```

```
            Wake-on: g
            Link detected: yes ❹
```

ethtool 을 통해서 확인할 수 있는 정보에도 상당히 중요한 내용이 포함
되어 있다. 우선 해당 네트워크 카드가 어느 정도의 속도까지 지원이 가
능한지(❶, ❷), 그리고 현재 연결되어 있는 속도는 얼마인지(❸), 네트
워크 연결은 정상적인지(❹)를 확인할 수 있다. 특히 ❸번의 경우 서버
가 의도했던 것만큼 속도가 나오지 않을 때 가장 먼저 살펴보아야 할 항
목이다. 서버와 연결한 네트워크 케이블이 불량이거나, 연결할 때의 옵
션이 잘못되어 있으면 속도가 원하는 만큼 설정이 되지 않을 수 있다.
코드 1-14의 경우 네트워크 카드는 최대 1Gbps(1000Mbps)의 속도를
낼 수 있는 카드이며 실제 연결 속도도 1000Mb/s이다(❸). 이를 통해
서버의 네트워크 상태가 정상임을 확인할 수 있다.

　　ethtool 명령을 이용하면 네트워크 카드의 여러 가지 세팅 정보도 확
인이 가능하다. 시스템의 성능에 중요한 몇 가지 옵션을 확인해 보자.
첫 번째로 -g와 -G 옵션이다.

코드 1-15 ethtool의 -g 옵션 결과

```
[root@server ~]# ethtool -g eth0
Ring parameters for eth0:
Pre-set maximums:
RX:             2040
RX Mini:        0
RX Jumbo:       8160
TX:             255
Current hardware settings:
RX:             2040
RX Mini:        0
RX Jumbo:       0
TX:             255
```

-g 옵션을 이용하면 Ring Buffer의 크기를 확인할 수 있다. Ring Buffer
는 네트워크 카드의 버퍼 공간을 의미한다. 케이블을 통해서 들어온 패
킷 정보는 제일 먼저 네트워크 카드의 Ring Buffer라는 버퍼 공간에 복
사된다. 그 후 커널에 패킷의 도착을 알리고 패킷의 정보를 다시 커널로

복사한다. 그렇기 때문에 Ring Buffer의 크기가 작다면 네트워크 성능 저하를 일으킬 수 있다. 항상 maximums 값과 current의 값이 같도록 세팅해야 한다.

-G 옵션은 위에서 확인한 Ring Buffer의 값을 설정할 때 사용되는 옵션이다. -g를 통해서 확인한 결과 current 값이 maximums 값보다 작다면 -G 옵션을 통해서 값을 설정할 수 있다. 코드 1-16은 -G 옵션을 이용해서 임의의 값을 설정하는 예제이다.

코드 1-16 ethtool의 –G 옵션 예제

```
[root@server ~]# ethtool –G eth0 rx 255
[root@server ~]# ethtool –g eth0
Ring parameters for eth0:
Pre-set maximums:
RX:             2040
RX Mini:        0
RX Jumbo:       8160
TX:             255
Current hardware settings:
RX:             255
RX Mini:        0
RX Jumbo:       0
TX:             255
```

다음은 -k, -K 옵션이다. -k 옵션으로 현재 사용 중인 네트워크 카드의 다양한 성능 최적화 옵션을 확인할 수 있다. -K 옵션은 -k 옵션으로 확인한 네트워크 카드의 성능 최적화 옵션을 설정할 때 사용된다.

코드 1-17 ethtool의 –k 옵션 결과

```
[root@server ~]# ethtool –k eth0
Features for eth0:
rx-checksumming: on
tx-checksumming: on
        tx-checksum-ipv4: on
        tx-checksum-unneeded: off [fixed]
        tx-checksum-ip-generic: off [fixed]
        tx-checksum-ipv6: on
        tx-checksum-fcoe-crc: off [fixed]
        tx-checksum-sctp: off [fixed]
scatter-gather: on
        tx-scatter-gather: on
        tx-scatter-gather-fraglist: off [fixed]
```

```
tcp-segmentation-offload: on
        tx-tcp-segmentation: on
        tx-tcp-ecn-segmentation: on
        tx-tcp6-segmentation: on
udp-fragmentation-offload: off [fixed]
generic-segmentation-offload: on
generic-receive-offload: on ❶
large-receive-offload: off [fixed]
... (중략)...
fcoe-mtu: off [fixed]
loopback: off [fixed]
```

네트워크 카드는 단순하게 패킷을 주고 받는 기능 외에도 더 빠르게 패
킷을 주고 받을 수 있게 해주는 다양한 기능을 제공한다. 여기에서 가장
중요한 기능 중 하나가 tcp-offload 기능(❶)인데 이 기능은 MTU 이상
의 크기를 가지는 패킷의 분할 작업을 CPU가 아닌 네트워크 카드가 직
접 함으로써 CPU의 부담을 줄이고 패킷 처리 성능을 높이는 기능이다.
하지만 이 기능은 특정한 환경, 예를 들어 네트워크 대역폭이 아주 높은
서버들에서 이슈를 일으킬 수 있기 때문에 불특정한 패킷 유실이 자주
일어나는 것 같다면 기능을 Off하는 편이 좋다.

마지막으로 -i 옵션이다. 네트워크 카드의 커널 모듈 정보를 표시
한다.

코드 1-18 ethtool의 -i 옵션 결과

```
[root@server ~]# ethtool -i eth0
driver: bnx2
version: 2.2.5
firmware-version: bc 5.2.3 NCSI 2.0.12
bus-info: 0000:03:00.0
supports-statistics: yes
supports-test: yes
supports-eeprom-access: yes
supports-register-dump: yes
supports-priv-flags: no
```

이 명령을 통해서 사용 중인 네트워크 카드가 어떤 커널 드라이버를 사
용하는지, 버전이 몇인지를 알 수 있다. 이는 특정 커널 드라이버의 버
전에서 문제가 생겼을 경우 내가 사용하는 버전이 여기에 해당하는지
아닌지를 판단할 때 필요하다.

1.6 요약

이번 장에서는 시스템의 정보를 확인하는 방법을 살펴보았다. CPU, 메모리, 디스크, 네트워크 카드 등은 서버를 이루는 중요한 리소스들이며 각각의 정보를 파악하는 것이 문제 해결의 첫 번째 단계이다. 서버에서 발생하는 이슈가 특정 하드웨어의 특정 펌웨어 버전 때문일 수도 있기 때문에 가장 먼저 하드웨어의 정보를 수집할 수 있어야 한다.

이번 장에서 배운 내용을 정리하면 다음과 같다.

1. dmidecode 명령을 통해서 CPU, 메모리, BIOS 등의 정보를 확인할 수 있다. 주로 사용되는 키워드는 bios, system, processor, memory 4개의 키워드다.

2 CPU 정보는 /proc/cpuinfo 파일을 통해서도 확인할 수 있다.

3. free 명령을 통해서 시스템에 설치된 메모리의 전체 크기를 알 수 있다.

4. 시스템에 마운트된 블록 디바이스의 정보는 df 명령을 통해서 확인할 수 있다. sda는 오래된 SCSI 방식의 디스크나 요즘에 나오는 SAS, SATA와 같은 하드디스크 타입의 인터페이스를 사용하는 장치, hda는 IDE 기반의 디스크, vda는 가상 하이퍼바이저 기반의 디스크가 마운트되어 있다는 것을 의미한다.

5. 네트워크 카드 정보는 ethtool 명령을 통해서 확인할 수 있다. 그 중에서도 -g, -k, -i 옵션을 가장 많이 사용한다.

6. ethtool 명령 중 -g 옵션으로 네트워크 카드에 설정된 Ring Buffer의 최대 크기와 현재 크기를 확인할 수 있다.

7. ethtool 명령 중 -k 옵션으로 네트워크 카드의 부수적인 기능들을 확인할 수 있다.

8. ethtool 명령 중 -i 옵션으로 네트워크 카드가 사용 중인 커널 드라이버의 정보를 확인할 수 있다.

2장

top을 통해 살펴보는 프로세스 정보들

리눅스에는 시스템의 상태를 살펴볼 수 있는 다양한 명령들이 있다. 그 중에서도 top 명령은 시스템의 상태를 전반적으로 가장 빠르게 파악할 수 있는 명령 중 하나이다. 이번 장에서는 top 명령으로 시스템의 상태를 전반적으로 파악하는 방법과 특히 프로세스와 관련된 값들이 어떤 의미가 있는지 살펴보려 한다.

2.1 시스템의 상태 살피기

백문이 불여일견, 직접 top 명령을 입력해 보자. 옵션 없이 입력하면 주어진 Interval 간격(기본 3초)으로 화면을 갱신하면서 정보를 보여준다. 순간의 top 정보를 확인하기 위한 옵션으로 -b를 사용한다.

코드 2-1 top -b 옵션의 결과

```
[root@server ~]# top -b -n 1
top - 23:13:05 up 15 days,❶  6:55,  1 user,  load average: 0.00, 0.00, 0.00❷
Tasks: 88 total,   1 running,  87 sleeping,   0 stopped,   0 zombie❸
Cpu(s):  0.1%us,  0.0%sy,  0.0%ni, 99.8%id,  0.0%wa,  0.0%hi,  0.0%si,  0.0%st
Mem:   8194380k total,  4914016k used,  3280364k free,   313084k buffers
Swap: 10485752k total,        0k used, 10485752k free,  3660448k cached❹

    PID USER      PR❺  NI❻    VIRT❼   RES❽   SHR❾ S❿ %CPU %MEM    TIME+  COMMAND
      1 root      20    0   19228   1512   1224 S   0.0  0.0   0:00.96 init
      2 root      20    0       0      0      0 S   0.0  0.0   0:00.00 kthreadd
```

```
3 root      RT   0      0      0      0 S   0.0  0.0   0:00.62 migration/0
4 root      20   0      0      0      0 S   0.0  0.0   0:00.00 ksoftirqd/0
```

스냅샷처럼 많은 정보가 나와있는데 하나씩 살펴보도록 하자.

❶ 현재 서버의 시간과 서버가 얼마나 구동되었는지 구동 시간이 나와 있다. 이 시스템은 구동한 지 15일 정도 되었다.

❷ 몇 명의 사용자가 로그인해 있는지, 시스템의 Load Average는 어느 정도인지 보여준다. Load Average는 현재 시스템이 얼마나 많은 일을 하고 있는지를 보여주는 데이터로, Load Average가 높으면 서버가 많은 일을 하고 있다고 볼 수 있다. Load Average가 시스템에서 어떻게 계산되는지, 그리고 과연 이 값을 어떻게 시스템 상태 확인에 사용할 수 있는지 다음 장에서 더 자세히 살펴볼 것이다.

❸ 현재 시스템에서 구동 중인 프로세스의 개수를 나타낸다. 출력 결과에는 Tasks 로 표현되어 있는 부분이 바로 프로세스의 수와 관련된 정보이다.

❹ 각각 CPU, Mem, swap 메모리의 사용량이다. swap 메모리가 상단에 있다는 것은 swap 메모리의 사용 여부가 시스템의 상태에 중요한 영향을 끼친다는 뜻으로 해석할 수 있다.

그 밑으로는 각 프로세스의 상세한 정보인 PID, 메모리 사용률, 상태, CPU 점유 시간 등의 정보가 나와 있다. 이 중에서도 특히 눈여겨봐야 할 부분은 ❺번부터 ❿번의 내용이다. PR(❺)은 프로세스의 실행 우선순위, 즉 다른 프로세스들보다 더 먼저 실행되어야 하는지의 여부를, NI(❻)는 PR을 얼마만큼 조절할 것인지를 결정한다. 기본 PR 값에 NI 값을 더해서 실제 PR의 값이 결정된다. 이 내용은 뒤에서 더 자세히 알아볼 것이다.

VIRT(❼), RES(❽), SHR(❾)은 프로세스가 사용하는 메모리의 양이 얼마인지를 확인할 수 있는 정보로, 이를 통해 프로세스에 메모리 누수가 있는지를 확인할 수 있어 중요한 정보 중 하나이다. 이 부분도 역시 이후의 절에서 더 자세히 설명할 것이다.

마지막으로 S(⑩)는 프로세스의 상태를 나타내는 정보이다. 현재 CPU를 사용하면서 작업하는 상태인지, I/O를 기다리는 상태인지, 아니면 아무 작업도 하지 않는 유휴 상태인지를 나타낸다. 역시 시스템의 성능과 관련된 중요한 정보이기 때문에 이후의 절에서 더 자세히 설명할 것이다.

여기까지가 top을 통해 확인할 수 있는 프로세스의 간략한 정보이다. 그럼 각각의 내용에 대해 조금 더 상세하게 살펴보자.

2.2 VIRT, RES, SHR ..?

프로세스와 관련된 항목 중에 눈에 띄는 것이 있다면 VIRT, RES, SHR을 꼽을 수 있다. 이 세 가지 항목은 현재 프로세스가 사용하고 있는 메모리와 관련된 값이다.

어떤 것들을 표현하고 있는지 man 페이지를 통해서 확인해 보자(명령어의 출력 결과 중 더 살펴보고 싶은 내용이 있다면 man을 활용하는 것이 가장 빠르고 정확하다).

man 페이지에서는 VIRT를 다음과 같이 정의하고 있다.

```
The total amount of virtual memory used by the task. It includes all
code, data and shared libraries plus pages that have been swapped out.
```

(보통 프로세스라고 부르는) task가 사용하고 있는 virtual memory의 전체 용량이라고 설명한다. 그 다음으로 RES에 대해서는 man 페이지에서 다음과 같이 정의하고 있다.

```
A task's currently used share of available physical memory.
```

현재 task가 사용하고 있는 물리 메모리의 양을 의미한다고 설명했다. 그럼 마지막으로 SHR은 어떻게 정의하고 있는지 확인해보자.

```
The amount of  shared memory used by a task. It simply reflects memory
that could be potentially shared with other processes.
```

다른 프로세스와 공유하고 있는 shared memory의 양을 의미한다고 정리했다. 그림으로 표현하면 그림 2-1과 같다.

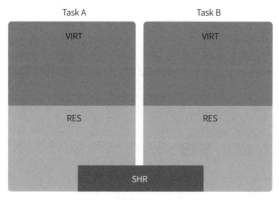

그림 2-1 VIRT, RES, SHR의 관계

VIRT는 Task, 즉 프로세스에 할당된 가상 메모리 전체의 크기이며 RES는 그중 실제로 메모리에 올려서 사용하고 있는 물리 메모리의 크기, 그리고 SHR은 다른 프로세스와 공유하고 있는 메모리의 크기를 말한다.

SHR의 구체적인 예는 어떤 것이 있을까? 라이브러리가 SHR 영역에 포함될 수 있다. 대부분의 리눅스 프로세스들은 glibc라는 라이브러리를 참조하기 때문에 사용하는 프로세스마다 glibc의 내용을 메모리에 올려서 사용하는 것은 공간 낭비다. 커널은 이럴 경우를 대비해서 공유 메모리라는 개념을 도입했고, 다수의 프로세스가 함께 사용하는 라이브러리는 공유 메모리 영역에 올려서 함께 사용하도록 구현했다.

VIRT는 실제로는 할당되지 않은 가상의 공간이기 때문에 해당 값이 크다고 해도 문제가 되진 않는다. 실제 사용하고 있는 메모리는 RES 영역이기 때문에 메모리 점유율이 높은 프로세스를 찾기 위해서는 RES 영역이 높은 프로세스를 찾아야 한다.

2.3 VIRT와 RES 그리고 Memory Commit의 개념

그렇다면 왜 메모리는 VIRT와 RES로 구분되어 있을까? 둘 다 프로세스가 사용하는 메모리를 표현하는 것이지만 차이점이 있다.

VIRT로 표현되는 가상 메모리는 프로세스가 커널로부터 사용을 예약 받은 메모리라고 생각할 수 있다. 그림 2-2처럼 프로세스는 malloc()과 같은 시스템 콜로 자신이 필요로 하는 메모리의 영역을 할당해 줄 것을 요청한다. 이에 대해 커널은 가용한 공간이 있다면 성공 메시지와 함께 해당 프로세스가 사용할 수 있도록 가상의 메모리 주소를 전달해 준다.

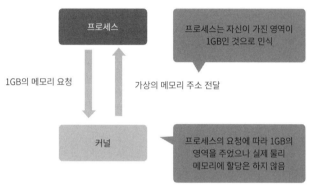

그림 2-2 Memory Commit의 과정

하지만 기억해야 할 것은 이때에도 물리 메모리에 해당 영역이 할당된 상태는 아니라는 점이다. 이런 동작 방식을 Memory Commit이라고 하며, 커널 파라미터 중에 vm.overcommit_memory를 통해서 동작 방식을 정의할 수 있다.

그 후 프로세스가 할당받은 메모리 영역에 실제로 쓰기 작업을 하면 Page fault가 발생하며, 그제서야 커널은 실제 물리 메모리에 프로세스의 가상 메모리 공간을 매핑한다. 이것은 Page Table이라고 불리는 커널의 전역 변수로 관리된다. 그리고 이렇게 물리 메모리에 바인딩된 영역이 RES로 계산된다.

백문이 불여일견이니 간단한 프로그램을 만들어서 확인해 보자. malloc()을 호출하고 아무것도 하지 않았을 때와 호출 후 쓰기 작업까지 진행한 후 변화된 모습을 살펴보자.

코드 2-2 malloc 테스트 코드

```c
#include <stdio.h>
#include <string.h>
```

```
#include <stdlib.h>

#define MEGABYTE 1024*1024

int main() {
    void *myblock = NULL;
    int count = 0;

    while (1) {
                myblock = (void *) malloc(MEGABYTE);
                if (!myblock) {
                        printf("Error!");
                        break;
                }
        printf("Currently allocating %d MB\n", (++count)*MEGABYTE);
//    memset(myblock, 1, MEGABYTE);
// 첫 번째 예제에서는 이 항목은 주석 처리한다.
        sleep(1);
    }

    exit(0);
}
```

코드 2-2를 보면 malloc()으로 메모리 영역을 요청한 후 아무것도 하지 않는다. 터미널을 하나 더 띄워서 top 명령으로 해당 프로세스의 변화 과정을 살펴보자(그림 2-3).

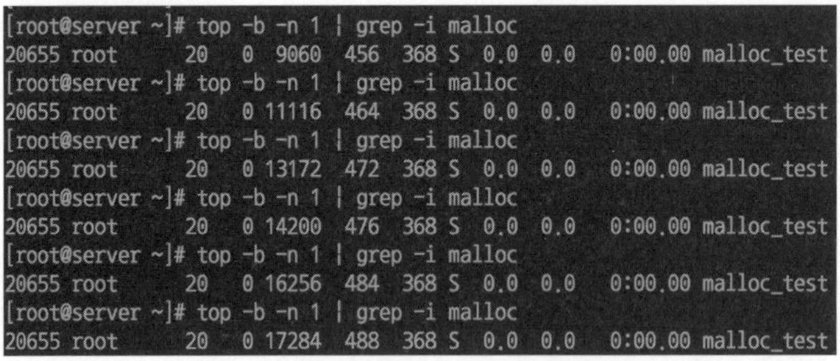

그림 2-3 단순 malloc() 후 VIRT, RES 값의 변화

시간이 지나면서 VIRT는 계속해서 높아지지만 RES는 늘어나지 않는 것을 볼 수 있다. 그럼 이번엔 주석 처리한 부분을 해제하고 돌려보자. 할당받은 메모리를 받은 순간에 바로 사용한다(그림 2-4).

```
[root@server ~]# top -b -n 1 | grep -i malloc
20777 root      20    0  8032 4556  376 S  0.0  0.1   0:00.00 malloc_test
[root@server ~]# top -b -n 1 | grep -i malloc
20777 root      20    0  9060 5584  376 S  0.0  0.1   0:00.00 malloc_test
[root@server ~]# top -b -n 1 | grep -i malloc
20777 root      20    0 11116 7640  376 S  0.0  0.1   0:00.00 malloc_test
[root@server ~]# top -b -n 1 | grep -i malloc
20777 root      20    0 13172 9696  376 S  0.0  0.1   0:00.00 malloc_test
[root@server ~]# top -b -n 1 | grep -i malloc
20777 root      20    0 16256 12m   376 S  0.0  0.2   0:00.00 malloc_test
```

그림 2-4 메모리 쓰기 작업 후 VIRT와 RES의 변화

아까와는 다르게 RES 영역이 VIRT 영역의 늘어나는 비율과 비슷하게 늘어난다. 그렇기 때문에 메모리 사용과 관련해서 중요한 부분은 VIRT 가 아니라 실제로 메모리를 쓰고 있는 RES임을 확인할 수 있다.

그렇다면 궁금점이 하나 생긴다. VIRT는 malloc() 등의 시스템 콜을 사용하면 늘어나게 되는데, 한도 끝도 없이 늘어나게 될까? 할당 받고 사용한 메모리는 RES 영역으로 계산이 되고, 이것은 물리 메모리와 관련이 있기 때문에 더 이상 줄 수 있는 메모리 영역이 없다면 swap을 사용하거나 OOM으로 프로세스를 죽이는 등의 방법으로 메모리를 확보하게 될 것이다. 그렇다면 VIRT와 같이 실제 사용하지 않는 영역의 경우는 어떻게 될까? 실제로 사용하지 않기 때문에 무한대로 할당을 받을 수 있는 걸까?

대답은 그렇게 할 수도, 그렇게 하지 못하게 막을 수도 있다. 이 동작은 커널 파라미터 중 vm.overcommit_memory 파라미터에 의해 결정된다.

좀 더 자세히 알아보기 전에 Memory Commit에 대해 조금 더 이야기 해보자. 프로세스는 자신만의 작업 공간이 필요하고 그 공간은 메모리에 존재한다. 프로세스가 커널에 필요한 만큼의 메모리를 요청하면 커널은 프로세스에 사용 가능한 메모리 영역을 주고 실제로 할당은 하지 않지만 해당 영역을 프로세스에 주었다는 것을 저장해 둔다. 이 일련의 과정을 Memory Commit이라고 부른다.

그럼 왜 커널은 프로세스의 메모리 요청에 따라 즉시 할당하지 않고 Memory Commit과 같은 기술을 써서 요청을 지연시키는 걸까? 여러 가지 이유가 있겠지만 가장 큰 이유는 fork()와 같은, 새로운 프로세스를 만들기 위한 콜을 처리해야 하기 때문이다.

fork() 시스템 콜을 사용하면 커널은 현재 실행 중인 프로세스와 똑같은 프로세스를 하나 더 만들게 되는데, 대부분은 fork() 후 exec() 시스템 콜을 통해서 전혀 다른 프로세스로 변한다. 따라서 이때 확보한 메모리 영역이 대부분 쓸모 없어질 수도 있다. 그래서 COW(Copy-On-Write)라는 기법을 통해서 복사된 메모리 영역에 실제 쓰기 작업이 발생한 후에야 실질적인 메모리 할당을 시작한다. 그리고 이런 작업을 지원하기 위해 Memory Commit이 필요하다. 만약 Memory Commit을 하지 않고 바로 할당한다면 COW와 같은 기술도 사용할 수 없기 때문이다.

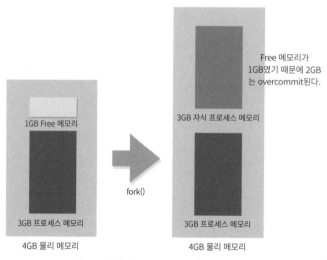

Free 메모리가 1GB였기 때문에 2GB는 overcommit된다.

1GB Free 메모리

3GB 자식 프로세스 메모리

fork()

3GB 프로세스 메모리

3GB 프로세스 메모리

4GB 물리 메모리

4GB 물리 메모리

그림 2-5 fork()와 Memory Commit

그럼 현재 시스템의 Memory Commit 상태는 어떻게 확인할 수 있을까? sar이라는 모니터링 툴을 이용하면 확인할 수 있다(그림 2-6).

```
Linux 2.6.32-573.7.1.el6.centos.plus.x86_64 (server)    11/25/15    _x86_64_    (2 CPU)

13:04:51    kbmemfree kbmemused %memused kbbuffers  kbcached  kbcommit  %commit
13:04:52     6055532   2005872    24.88    158636   1335708    557100     3.00
13:04:53     6055532   2005872    24.88    158636   1335708    557100     3.00
13:04:54     6055532   2005872    24.88    158636   1335708    557100     3.00
13:04:55     6055532   2005872    24.88    158636   1335708    557100     3.00
```

그림 2-6 sar -r의 결과

그림 2-6에서 %commit의 숫자는 시스템의 메모리 커밋 비율을 나타
낸다. 할당만 해주고 실제 사용하지 않는 메모리의 양이 전체 메모리의
3.00% 정도라는 것이다. 저 메모리에 순간적으로 쓰기 작업이 들어가
도 시스템 전체적으로는 전혀 문제가 없는 상황이다.

하지만 커밋된 메모리의 비율이 높다면 순간적으로 시스템에 부하를
일으키거나 최악의 경우에는 커널 응답 불가 현상을 일으킬 수도 있다.
그렇기 때문에 커널은 메모리 커밋에 대한 동작 방식을 vm.overcommit_
memory라는 파라미터로 제어할 수 있게 해두었다.

이 값은 0, 1, 2 세 가지로 세팅할 수 있는데 각각의 값이 가지는 의미
는 다음과 같다.

0: 커널에서 사용하고 있는 기본값이다. 별다른 세팅을 하지 않았다면
0으로 설정되며, overcommit할 수 있는 최댓값은 page cache와 swap
영역 그리고 slab reclaimable 이 세 가지의 값을 합한 값이 된다. 현재
메모리에 가용 공간이 얼마인지는 고려하지 않는다. 저기서 합산된 값
보다 작으면 계속해서 commit할 수 있게 된다(코드 2-3).

코드 2-3 vm.overcommit_memory가 0일 때의 처리 로직

```
if (sysctl_overcommit_memory == OVERCOMMIT_GUESS) {
            unsigned long n;

            free = global_page_state(NR_FILE_PAGES);
            free += get_nr_swap_pages();

            /*
             * Any slabs which are created with the
             * SLAB_RECLAIM_ACCOUNT flag claim to have contents
             * which are reclaimable, under pressure.  The dentry
             * cache and most inode caches should fall into this
             */
            free += global_page_state(NR_SLAB_RECLAIMABLE);

            /*
             * Reserve some for root
             */
            if (!cap_sys_admin)
                 free -= sysctl_admin_reserve_kbytes >> (PAGE_SHIFT - 10);

            if (free > pages)
                 return 0;
```

1: 무조건 commit을 진행한다. 아무것도 계산하지 않고 요청 온 모든 메모리에 대해 commit이 일어난다. 이렇게 되면 가용 메모리보다 훨씬 큰 메모리를 요청하는 일이 발생할 수 있다. 메모리 누수가 있는 프로세스가 있다면 시스템 응답 불가 현상을 일으킬 수도 있다(코드 2-4).

코드 2-4 vm.overcommit_memory가 1일 때의 처리 로직

```
if (sysctl_overcommit_memory == OVERCOMMIT_ALWAYS)
                return 0;
```

2: 제한적으로 commit을 진행한다. 값이 0일 때와 같이 계산식이 있으며, vm.overcommit_ratio에 설정된 비율과 swap 영역의 크기를 토대로 계산된다. 이 값은 /proc/meminfo에서도 확인할 수 있다(그림 2-5).

코드 2-5 vm.overcommit_memory가 2일 때의 처리 로직

```
allowed = vm_commit_limit();
        /*
         * Reserve some for root
         */
        if (!cap_sys_admin)
                allowed -= sysctl_admin_reserve_kbytes >> (PAGE_SHIFT - 10);

        /* Don't let a single process grow too big:
           leave 3% of the size of this process for other processes */
        if (mm)
                allowed -= mm->total_vm / 32;

        if (percpu_counter_read_positive(&vm_committed_as) < allowed)
                return 0;
```

그림 2-5를 보면 커널은 어찌 되었든 overcommit을 지원한다. 다만 overcommit할 수 있는 최댓값을 결정하는 방법을 세 가지로 나누어서 관리한다. 0, 2번에서도 본 것처럼 swap 영역은 commit 메모리를 결정하는 데 큰 역할을 한다. 즉, 시스템의 안정성을 유지하는 데에 큰 역할을 한다고 볼 수 있다.

이렇게 vm.overcommit_memory 파라미터를 이용해서 커널의 메모리 커밋 동작 방식을 제어할 수 있으며 프로세스에게 할당되는 VIRT 메모리의 양도 제어할 수 있다.

2.4 프로세스의 상태 보기

지금까지 VIRT, RES, SHR 값을 통해 프로세스의 메모리와 관련된 내용을 살펴 봤는데, 이번에는 살짝 주제를 바꿔서 프로세스의 현재 상태에 대해 살펴보자.

프로세스의 상태는 SHR 옆에 있는 S 항목으로 볼 수 있다. 어떤 항목들이 있을지 man 페이지를 통해서 확인해 보자.

```
S  --  Process Status
          The status of the task which can be one of:
              'D' = uninterruptible sleep
              'R' = running
              'S' = sleeping
              'T' = traced or stopped
              'Z' = zombie
```

D: uninterruptible sleep 상태로, 디스크 혹은 네트워크 I/O를 대기하고 있는 프로세스를 의미한다. 이 상태의 프로세스들은 대기하는 동안 Run Queue에서 빠져나와 Wait Queue에 들어가게 된다.

R: 실행 중인 프로세스를 의미한다. 실제로 CPU 자원을 소모하고 있는 프로세스이다.

S: sleeping 상태의 프로세스로, D 상태와의 가장 큰 차이점은 요청한 리소스를 즉시 사용할 수 있는지 여부이다.

T: traced or stopped 상태의 프로세스로, strace 등으로 프로세스의 시스템 콜을 추적하고 있는 상태를 보여준다. 보통의 시스템에서는 자주 볼 수 없는 상태의 프로세스이다.

Z: zombie 상태의 프로세스이다. 부모 프로세스가 죽은 자식 프로세스를 의미한다.

먼저 Uninterruptible sleep 상태에 대해 알아보자. 프로세스가 디스크 혹은 네트워크 작업을 하게 되면 디스크 디바이스 혹은 네트워크 디바이스에 요청을 보낸다. 디스크를 예로 든다면 어느 블록에 있는 어느 데이터를 읽어 달라고 요청하는 것이다. 프로세스의 입장에서 보면 보낸 요청이 도착할 때까지 아무것도 할 수 없기 때문에, CPU에 대한 사용권을 다른 프로세스에 넘기고 자신을 UNINTERRUPTIBLE 상태로 마킹한 후 대기 상태로 빠진다. 이렇게 요청 후에 그에 대한 응답을 기다려야 하는 상태를 Uninterruptible sleep 상태, 즉 D 상태라고 말할 수 있다.

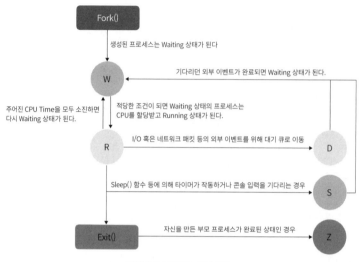

그림 2-7 프로세스 상태 변화

반면에 sleep() 시스템 콜 등을 호출해서 타이머를 작동시키거나, 콘솔 입력을 기다리는 프로세스들은 Interruptible sleep 상태가 된다. 이 상태는 특정 요청에 대한 응답을 기다리는 상태가 아니며, 언제 어떻게 시그널이 들어올지 모르기 때문에 언제든 시그널을 받아서 처리할 수 있도록 INTERRUPTIBLE 상태로 마킹하고 대기 상태에 빠진다. 이때의 상태를 S 상태라고 한다.

사실 S 상태의 프로세스가 많은 것은 시스템에 큰 영향을 끼치지 않는다. 하지만 D 상태의 프로세스가 많으면 특정 요청이 끝나기를 기다리고 있는 프로세스가 많다는 뜻이고, 이 프로세스들은 요청이 끝나면 R 상태로 다시 돌아가야 하기 때문에 시스템의 부하를 계산하는 데 포함된다.

그렇다면 Z 상태는 어떤 경우에 발생할까? 모든 프로세스는 fork()를 통해서 만들어지기 때문에 부모와 자식 관계가 되고, 보통 부모 프로세스는 자식이 완료될 때까지 기다리게 된다.

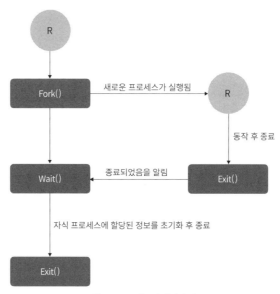

그림 2-8 프로세스의 생성과 종료

하지만 그렇지 못한 경우, 즉 부모 프로세스가 죽었는데도 자식 프로세스가 남아 있거나 자식 프로세스가 죽기 전에 비정상적인 동작으로 부모 프로세스가 죽는 경우가 발생할 수 있다. 이런 경우 좀비 프로세스가 만들어진다.

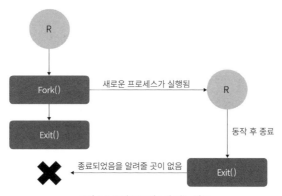

그림 2-9 좀비 프로세스가 되는 경우

사실 좀비 프로세스는 시스템의 리소스를 차지하지 않기 때문에 그 존재 자체는 큰 문제가 되지 않는다. 스케줄러에 의해 선택되지 않기 때문에 당연히 CPU를 사용하지 않고, 좀비 프로세스 자체는 이미 사용이 중지된 프로세스이기 때문에 메모리를 사용하지도 않는다. 그런데 왜 문제가 될까? 바로 좀비 프로세스가 점유하고 있는 PID 때문이다. 좀비 프로세스가 사용한 PID가 정리되지 않고 쌓이면 새로운 프로세스에 할당할 PID가 모자라게 되고, 이는 결국 더 이상 PID를 할당하지 못하는 PID 고갈을 일으킬 수 있다.

✅ **생성 가능한 최대 PID 확인하기**

리눅스상의 모든 프로세스들은 PID를 가지며 이 PID는 integer 형태의 숫자로 구성되어 있다. 그리고 리눅스 커널에는 kernel.pid_max라는 커널 파라미터를 통해서 PID의 최댓값을 정의하고 있다.

```
[root@server driver]# sysctl -a | grep -i pid_max
kernel.pid_max = 65536
```

이 시스템에서 생성되는 프로세스가 가질 수 있는 PID의 최댓값은 65536이다. 그래서 이 시스템에서 생성되는 모든 프로세스는 1~65536 사이의 임의의 값을 PID로 배정 받는다. 또한 최댓값이 65536이기 때문에 프로세스 갯수도 65536개 이상 존재할 수 없다.

2.5 프로세스의 우선순위

마지막으로 top을 통해 볼 수 있는 항목 중 PR과 NI 값을 살펴보자. PR과 NI는 커널이 프로세스를 스케줄링할 때 사용하는 우선순위를 나타내는 값이다. 좀 더 자세한 이야기를 하기 전에 프로세스 스케줄링이 무엇인지 간단하게 살펴보자. 프로세스 스케줄링이 진행되는 구조는 그림 2-10과 같다.

CPU마다 Run Queue라는 것이 존재하며, Run Queue에는 우선순위별로 프로세스가 연결되어 있다.

스케줄러는 유휴 상태에 있던 프로세스가 깨어나거나 특정 프로세스가 스케줄링을 양보하는 등의 경우에 현재 Run Queue에 있는 프로세스들 중 가장 우선순위가 높은 프로세스를 꺼내서 디스패처에 넘겨준다. 디스패처는 현재 실행 중인 프로세스의 정보를 다른 곳에 저장한 후 넘겨받은 프로세스의 정보를 가지고 다시 연산을 하도록 요청한다. 사실 내부적으로 살펴보면 더 복잡하지만 개념적으로는 이렇게 정리할 수 있다.

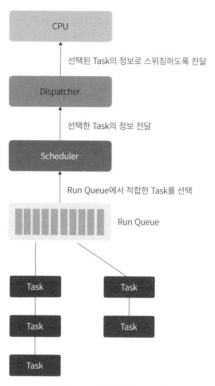

그림 2-10 스케줄러의 기본 동작

그럼 다시 본론으로 돌아와서, PR이 어떤 의미인지 살펴보자. man top 을 통해 확인한 값은 다음과 같다.

```
PR  --  Priority
        The priority of the task.
```

이 값은 커널에서 인식하는 해당 프로세스의 실제 우선순위 값을 의미한다.

NI는 다음과 같이 설명하고 있다.

```
NI  --  Nice value
The nice value of the task. A negative nice value means higher
priority, whereas a positive nice value means lower priority. Zero in
this field simply means priority will not be adjusted in determining a
task's dispatchability.
```

NI는 nice 값이라고 부르며, 명령어를 통해서 우선순위를 낮출 때 사용된다. 우선순위는 값이 낮을수록 우선순위가 높은 것으로, nice 명령을 이용해서 PR 값을 낮출 수 있다. 그럼 더 높은 우선순위를 가지기 때문에 더 많은 스케줄링이 될 수 있는 기회를 얻게 된다.

top 명령의 출력으로 다시 한번 돌아가서 확인해보자.

코드 2-6 top 명령의 출력 결과 중 프로세스 관련 부분

```
 PID USER   PR NI   VIRT  RES  SHR S %CPU %MEM   TIME+   COMMAND
   1 root   20  0  19228 1516 1224 S  0.0  0.0  0:01.01  init
   2 root   20  0      0    0    0 S  0.0  0.0  0:00.00  kthreadd
   3 root   RT  0      0    0    0 S  0.0  0.0  0:03.80  migration/0
   4 root   20  0      0    0    0 S  0.0  0.0  0:00.30  ksoftirqd/0
   5 root   RT  0      0    0    0 S  0.0  0.0  0:00.00  watchdog/0
   6 root   RT  0      0    0    0 S  0.0  0.0  0:02.20  migration/1
   7 root   20  0      0    0    0 S  0.0  0.0  0:00.06  ksoftirqd/1
   8 root   RT  0      0    0    0 S  0.0  0.0  0:00.00  watchdog/1
   9 root   20  0      0    0    0 S  0.0  0.0  0:00.36  events/0
1013 root   20  0      0    0    0 S  0.0  0.0  0:00.74  flush-8:0
1219 root   16 -4  91104  900  604 S  0.0  0.0  0:02.19  auditd
```

기본적으로 모든 프로세스들은 20의 우선순위 값을 갖는데 여기에 nice 값을 주면 우선순위 값이 바뀐다. 제일 밑에 있는 auditd 데몬처럼 nice 값이 -4가 되면 20에 -4가 적용된 16이 되며 20보다 더 자주 실행된다. nice 값이 실제 프로세스의 실행에 어떤 영향을 끼치는지 간단하게 테스트해보자.

코드 2-7 nice 명령 테스트를 위한 파이썬 스크립트

```python
#!/usr/bin/python

import datetime

start_time = datetime.datetime.now()
print "START : " + str(start_time)
sum = 0
```

```
for i in range(1,50000000):
    sum = sum + i
    #print(i)
print sum

end_time = datetime.datetime.now()
print "END : " + str(end_time)
elapsed_time = end_time - start_time
print "Elapsed : " + str(elapsed_time)
```

1부터 5천만까지의 합을 구하는 간단한 파이썬 스크립트이다. 처음에는 두 개의 터미널을 열어서 각자 실행해 보자. 첫 번째 터미널에서는 nice -n -10으로 우선순위를 낮춰서 실행시키고 나머지 터미널에서는 그냥 실행시키면 재미있는 결과가 나온다. nice로 우선순위를 낮춘 프로세스가 먼저 끝나지 않는다. 얼핏 생각하기에는 먼저 끝나는 게 맞는데 먼저 끝날 때도 있고 더 늦게 끝날 때도 있다. 그 이유는 바로 CPU Core 수와 관련이 있다.

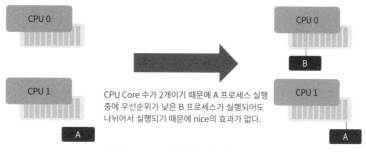

CPU Core 수가 2개이기 때문에 A 프로세스 실행 중에 우선순위가 낮은 B 프로세스가 실행되어도 나뉘어서 실행되기 때문에 nice의 효과가 없다.

그림 2-11 nice의 효과를 받지 못하는 경우

nice로 우선순위를 낮췄다고는 해도 CPU Core 수(테스트용 시스템은 CPU Core가 2개 있다)와 동일한 수의 프로세스가 돌아가고 있다면 CPU 경합을 벌일 필요가 없기 때문에 nice로 우선순위를 낮춰도 비슷한 시간에 끝나게 된다.

이번에는 터미널을 하나 더 열어서 3개의 프로세스를 동시에 실행시켜 보자. 이번엔 첫 번째 터미널에서 nice로 우선순위를 낮춘 프로세스가 확실하게 먼저 끝난다. 이때의 top 내용을 보면 그림 2-12와 같다.

```
top - 22:24:15 up 10 days,  4:00,  5 users,  load average: 0.24, 0.27, 0.40
Tasks:  98 total,   4 running,  94 sleeping,   0 stopped,   0 zombie
Cpu(s):  0.1%us,  0.1%sy,  0.0%ni, 99.7%id,  0.1%wa,  0.0%hi,  0.0%si,  0.0%st
Mem:   8194380k total,  5040324k used,  3154056k free,     3996k buffers
Swap: 10485752k total,    15376k used, 10470376k free,    22644k cached

  PID USER      PR  NI  VIRT  RES  SHR S %CPU %MEM    TIME+  COMMAND
29228 root      10 -10 1668m 1.5g 1728 R 99.5 19.5   0:04.25 nice_test.py
29226 root      20   0 1668m 1.5g 1728 R 49.8 19.5   0:02.03 nice_test.py
29227 root      20   0 1668m 1.5g 1728 R 49.8 19.5   0:02.27 nice_test.py
```

그림 2-12 top의 출력 내용

그림 2-13을 보면 nice 값으로 우선순위를 낮춘 프로세스가 CPU 1개를 독차지하고 나머지 두 개가 하나의 CPU를 나눠서 사용한다. 그래서 무조건 우선순위를 낮춘 프로세스가 먼저 끝나게 된다.

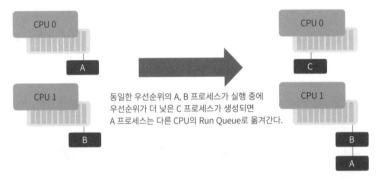

그림 2-13 nice의 효과를 받는 경우

동작 중인 프로세스가 빨리 실행되어야 한다면 renice 명령을 통해 우선순위를 낮출 수 있다. 다만, 그 경우에도 CPU Core 수와 프로세스의 수가 동일하다면 효과를 볼 수 없기 때문에 잘 계산해서 우선순위를 조절해야 한다.

그 외에 우선순위와 관련된 출력 값을 보면 재밌는 값이 하나 보이는데 바로 RT로 표현되는 프로세스들이다. 사실 RT(RealTime) 스케줄러는 일반적인 사용자가 생성한 프로세스에 적용되는 스케줄러가 아니다. 이름에서도 알 수 있듯이 반드시 특정 시간 안에 종료되어야 하는 중요한 프로세스들, 바로 커널에서 사용하는 데몬들이 대상이다. RT 스케줄러의 적용을 받게되는 프로세스들은 CFS(Completely Fair

Scheduling) 스케줄러보다 더 먼저 실행된다. 이는 시스템의 안정적인 운영을 위한 것이다. 메모리가 부족한 상태에서 사용하지 않는 메모리들을 회수하고 관리하는 프로세스가 일반적인 사용자 프로세스보다 더 중요함은 따로 설명할 필요가 없을 정도로 자명한 일이다.

2.6 요약

지금까지 top을 통해 확인할 수 있는 프로세스들의 상태를 살펴보면서 커널 내부의 동작도 함께 살펴보았다. 이제 top의 결과가 조금 다르게 다가올 것이다. 기존에는 그냥 출력을 쓱 봤다면 이제는 그 결과들이 의미하는 것이 어떤 것인지, 그래서 지금 시스템에서는 무슨 일이 일어나고 있는지를 살펴보고 확인할 수 있게 되었을 것이다.

이번 장에서 배운 내용을 정리하면 다음과 같다.

1. top 명령으로 현재 시스템의 CPU, Memory, swap의 사용량 및 각 프로세스들의 상태와 메모리 점유 상태를 확인할 수 있다.

2. top 명령의 결과 중 VIRT는 프로세스에게 할당된 가상 메모리 전체의 크기를 가리킨다. RES는 그 중에서도 실제로 메모리에 올려서 사용하고 있는 물리 메모리의 크기, 그리고 SHR은 다른 프로세스와 공유하고 있는 메모리의 크기를 의미한다.

3. 커널은 프로세스가 메모리를 요청할 때 그에 맞는 크기를 할당해 주지만 해당 영역을 물리 메모리에 바로 할당하지는 않는다. 프로세스가 할당 받은 메모리 영역을 사용할 때가 되어서야 비로소 물리 메모리를 할당하기 시작하며 이를 Memory Commit이라 부른다.

4. vm.overcommit_memory는 커널의 Memory Commit 동작 방식을 변경할 수 있게 해주는 커널 파라미터이다. 이 값이 0이면 최댓값을 바탕으로 Memory Commit을 진행하고, 1이면 무조건 overcommit을 하게 한다. 이 값이 2가 되면 현재 시스템의 정보를 바탕으로 vm.overcommit_ratio에 설정된 비율을 바탕으로 제한적으로 Memory Commit을 진행한다.

5. top으로 볼 수 있는 프로세스의 상태 중 D는 I/O 대기 중인 프로세스, R은 실제 실행 중인 프로세스, S는 sleep 상태의 프로세스를 의미한다. 그리고 T는 tracing 중인 프로세스, Z는 좀비 상태의 프로세스를 의미한다.

6. 프로세스에는 우선순위라는 것이 있어서 우선순위가 낮을수록 더 빨리 실행된다. 우선순위는 nice 명령을 통해서 조절될 수 있다.

3장

Load Average와 시스템 부하

이번 장에서는 Load Average에 대해 이야기할 것이다. 흔히 Load가 높다/낮다고 표현하는 이 값의 의미는 무엇이고 시스템에 어떤 영향을 미치는지, 그리고 이 값을 바탕으로 시스템의 부하를 어떻게 결정하면 좋을지를 살펴보자.

3.1 Load Average의 정의

Load Average란 무엇을 의미하는 것일까? man proc을 통해 loadavg를 찾아보면 다음과 같이 정의하고 있다.

```
The first three fields in this file are load average figures
giving the number of jobs in the run queue (state R) or waiting for
disk I/O (state D) averaged over 1, 5, and 15 minutes.
```

2장에서 확인한 프로세스의 상태의 상태 중 R과 D 상태에 있는 프로세스 개수의 1분, 5분, 15분마다의 평균 값이라고 설명해 놓았다. 즉, 얼마나 많은 프로세스가 실행 중 혹은 실행 대기 중이냐를 의미하는 수치이다. Load Average가 높다면 많은 수의 프로세스가 실행 중이거나 I/O 등을 처리하기 위한 대기 상태에 있다는 것이며, 낮다면 적은 수의 프로세스가 실행 중이거나 대기 중이라는 의미이다. 프로세스의 수를 세는 것이기 때문에 시스템에 있는 CPU Core 수가 몇 개냐에 따라 각각의 값은 의미가 상대적이다.

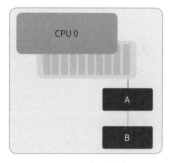
CPU Core가 1개일 때

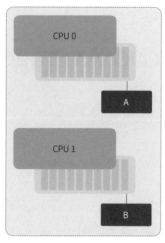
CPU Core가 2개일 때

그림 3-1 CPU 코어와 프로세스의 관계

그림 3-1과 같은 상황을 가정해 보자. CPU Core가 하나인 경우와 2개인 경우 둘 다 Load Average 값은 2의 근사값이 나오겠지만 그 의미는 좀 다르다. 첫 번째 경우는 하나의 Run Queue에 두 개의 프로세스가 있으며 이 경우 한 번에 하나만 실행이 되기 때문에(A가 실행되거나 B가 실행되거나) 나머지 하나의 프로세스는 대기 상태에 있을 수밖에 없다. 이는 현재 시스템이 처리할 수 있는 프로세스보다 조금 더 많은 프로세스가 있다는 뜻이다.

하지만 두 번째 경우는 첫 번째와 똑같이 Run Queue에 두 개의 프로세스가 있지만 서로 다른 CPU에 있기 때문에 A와 B는 동시에 실행될 수 있다. 현재 시스템에 처리 가능한 만큼의 프로세스가 있는 것이다. 이처럼 같은 Load Average라고 해도 CPU Core가 몇 개냐에 따라 전혀 다른 의미일 수 있다.

3.2 Load Average 계산 과정

그럼 이번에는 Load Average가 커널 내부에서 어떻게 계산되는지 살펴보자. 어디서부터 시작해야 할까? Load Average, 하면 딱 떠오르는 명령어가 있다. 바로 uptime 명령이다.

```
[root@server ~]# uptime
 07:35:37 up 20 days, 12:58,  1 user,  load average: 0.00, 0.00, 0.00
```

uptime 명령어부터 시작해서 차근차근 찾아가보려 한다. 우선 strace를 이용해서 uptime 명령을 분석해보자.

```
[root@server ~]# strace -s 65535 -f -t -o uptime_dump uptime
 07:36:26 up 20 days, 12:59,  1 user,  load average: 0.00, 0.00, 0.00
```

생성된 덤프 파일을 편집기로 열어서 천천히 살펴볼 것이다. execve()를 통해서 bash가 uptime 명령을 실행시키고, 관련된 라이브러리 파일들을 읽는 과정을 확인할 수 있다. 그러다가 덤프 파일 하단부에 보면 아래와 같은 내용이 보인다.

```
8011  07:36:26 open("/proc/loadavg", O_RDONLY) = 4
8011  07:36:26 lseek(4, 0, SEEK_SET)    = 0
8011  07:36:26 read(4, "0.00 0.00 0.00 2/128 8011\n", 2047) = 26
8011  07:36:26 fstat(1, {st_mode=S_IFCHR|0620, st_rdev=makedev(136, 0),
...}) = 0
```

uptime 명령은 /proc/loadavg 파일을 열어서 그 파일의 내용을 읽고 화면에 출력해주는 명령이다. 즉, 직접 Load Average 값을 계산하는 게 아니고 커널이 미리 준비해 둔 /proc/loadavg를 단순히 읽어서 보여주는 명령이다. 그럼 이번엔 /proc/loadavg를 열어보자.

```
[root@server ~]# cat /proc/loadavg
0.00 0.00 0.00 1/127 8027
```

예상대로 uptime에서 본 값들이 기록되어 있다. 그럼 이 값은 어떻게 만들어지는 걸까? 이제 커널 코드를 살펴볼 차례다.

커널의 동작원리를 분석하기 위해 어디서 시작해야 할지 모를 때에는 strace로 시스템 콜을 분석해서 시작점을 찾는 방법도 유용하다.

/proc 파일 시스템과 관련된 커널 소스는 fs/proc/에 위치해 있다. 그 중 loadavg 파일과 관련된 파일은 fs/proc/loadavg.c 파일이다. 이 파일을 보면 loadavg_proc_show() 함수를 볼 수 있다.

코드 3-1 loadavg_proc_show() 함수

```
static int loadavg_proc_show(struct seq_file *m, void *v)
{
    unsigned long avnrun[3]; ❶

    get_avenrun(avnrun, FIXED_1/200, 0); ❷

    seq_printf(m, "%lu.%02lu %lu.%02lu %lu.%02lu %ld/%d %d\n", ❸
        LOAD_INT(avnrun[0]), LOAD_FRAC(avnrun[0]),
        LOAD_INT(avnrun[1]), LOAD_FRAC(avnrun[1]),
        LOAD_INT(avnrun[2]), LOAD_FRAC(avnrun[2]),
        nr_running(), nr_threads,
        task_active_pid_ns(current)->last_pid);
    return 0;
}
```

❶ avnrun이라는 unsigned long 타입의 3개짜리 배열이다. 여기에 각각 1분, 5분, 15분 평균값이 입력된다.

❷ get_avenrun() 함수를 통해서 avnrun 배열에 값을 입력한다.

❸ avnrun 배열에 있는 값을 토대로 Load Average 값을 출력한다.

아쉽지만 이 함수를 통해서도 실제 계산되는 과정을 찾을 수 없다. 이 함수 역시 내부적으로 계산된 값을 보여주는 함수였다. get_avenrun() 함수를 통해 배열에 값을 넣는다는 사실을 알았으니 이번엔 해당 함수를 찾아보자. 커널 함수를 찾는 방법에는 여러 가지가 있겠지만, 가장 쉽고 단순한 방법 중 하나인 grep을 사용하도록 하자.

코드 3-2 grep을 통해서 get avenrun() 함수 찾기

```
linux-2.6.32 $ grep -R get_avenrun ./*
./fs/proc/loadavg.c:        get_avenrun(avnrun, FIXED_1/200, 0);
```

```
./include/linux/sched.h:extern void get_avenrun(unsigned long *loads,
unsigned long offset, int shift);
./kernel/sched.c: * get_avenrun - get the load average array
./kernel/sched.c:void get_avenrun(unsigned long *loads, unsigned long
offset, int shift)  ❶
./kernel/timer.c: get_avenrun(info->loads, 0, SI_LOAD_SHIFT - FSHIFT);
```

❶을 보면 kernel/sched.c 파일에 get_avenrun() 함수가 정의되어 있다.
해당 함수의 내용을 살펴보자.

코드 3-3 get avenrun() 함수

```
void get_avenrun(unsigned long *loads, unsigned long offset, int shift)
{
        loads[0] = (avenrun[0] + offset) << shift;
        loads[1] = (avenrun[1] + offset) << shift;
        loads[2] = (avenrun[2] + offset) << shift;
}
```

아쉽지만 이 함수도 우리가 바라던 계산을 해주는 함수는 아니었다.
unsigned long 형태의 배열을 인자로 받아서 해당 배열에 값을 넣어주
는 함수인데, 중요한 배열이 하나 더 있다. 바로 avenrun 배열로, 인자로
받은 loads 배열에 avenrun 배열에 있는 값을 토대로 계산한 값을 넣어
준다. 그럼 이번엔 avenrun 배열을 찾아보자.

코드 3-4 grep으로 avenrun 배열 찾기

```
linux-2.6.32 $ grep -R avenrun ./*
... (중략) ...
./kernel/sched.c: avenrun[0] = calc_load(avenrun[0], EXP_1, active);
./kernel/sched.c: avenrun[1] = calc_load(avenrun[1], EXP_5, active);
./kernel/sched.c: avenrun[2] = calc_load(avenrun[2], EXP_15, active);
... (후략) ...
```

이번엔 꽤 많은 코드가 잡혔다. 여기서 제일 중요한 부분은 calc_load()
함수와 관련된 부분이다. 해당 로직은 calc_global_load() 함수에 있다.

코드 3-5 calc_global_load() 함수

```
void calc_global_load(void)
{
        unsigned long upd = calc_load_update + 10;
```

```
        long active;

        if (time_before(jiffies, upd))
            return;

        active = atomic_long_read(&calc_load_tasks); ❶
        active = active > 0 ? active * FIXED_1 : 0;

        avenrun[0] = calc_load(avenrun[0], EXP_1, active); ❷
        avenrun[1] = calc_load(avenrun[1], EXP_5, active);
        avenrun[2] = calc_load(avenrun[2], EXP_15, active);

        calc_load_update += LOAD_FREQ;
}
```

❶ calc_load_tasks 값을 atomic_long_read()라는 매크로를 통해서 읽
어온 후 active 값에 넣는다.

❷ active 값을 바탕으로 avenrun[] 배열에 있는 값들을 calc_load() 함
수를 이용해서 계산한다.

여기서 중요한 두 가지 사실을 알 수 있는데, active 변수와 calc_load()
함수이다. 먼저 active 변수의 값을 살펴보자. active 변수의 값에 대해
알기 위해서는 calc_load_tasks가 어떤 값을 가지게 되는지 살펴봐야
한다. grep으로 찾다 보면 다음과 같은 함수를 볼 수 있다.

코드 3-6 calc_load_account_active() 함수

```
static void calc_load_account_active(struct rq *this_rq)
{
        long nr_active, delta;

        nr_active = this_rq->nr_running; ❶
        nr_active += (long) this_rq->nr_uninterruptible; ❷

        if (nr_active != this_rq->calc_load_active) {
            delta = nr_active - this_rq->calc_load_active;
            this_rq->calc_load_active = nr_active;
            atomic_long_add(delta, &calc_load_tasks); ❸
        }
}
```

❶ nr_active 변수에 Run Queue를 기준으로 nr_running 상태의 프로세스 개수를 입력한다. 이 프로세스들이 바로 R 상태의 프로세스다.

❷ nr_active 변수에 Run Queue를 기준으로 nr_uninterruptible 상태의 프로세스 개수를 더해준다. 이 프로세스들이 바로 D 상태의 프로세스다.

❸ nr_active 값이 기존에 계산된 값과 다르다면 그 차이 값을 구한 후 calc_load_tasks 변수에 입력한다.

이렇게 cpu_load_account_active() 함수가 매번 Tick 주기마다 깨어나서 현재 CPU의 Run Queue에 있는 nr_running 프로세스의 개수와 nr_uninterruptible 프로세스의 개수를 세어서 calc_load_tasks 변수에 넣어준다. 그 후 5초 간격으로 calc_global_load() 함수가 calc_load_tasks 변수 값을 바탕으로 1분, 5분, 15분마다의 평균 Load Average를 계산해서 넣어준다. 지금까지의 과정을 정리한다면 그림 3-2와 같다.

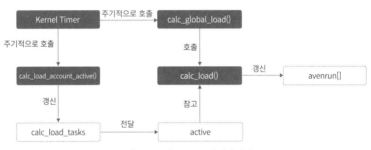

그림 3-2 Load Average의 계산 과정

그림 3-2를 보면 Kernel Timer가 두 함수를 주기적으로 호출한다. 먼저 calc_load_account_active()가 더 잦은 빈도로 호출되며 그때마다 calc_load_tasks의 변수를 갱신한다. 그 후 calc_global_load() 함수가 호출되어 내부적으로 active 변수에 calc_load_tasks의 값을 저장하고 calc_load() 함수를 통해서 최종적으로 계산된 값을 avenrun[] 배열에 저장한다. 과정이 조금 복잡해 보일 수 있지만, 결국 프로세스의 개수를 센다는 점만 기억하면 된다.

3.3 CPU Bound vs I/O Bound

지금까지 Load Average가 계산되는 과정을 살펴봤다. 결국 Load Average는 상대적인 값이 아니고 계산하는 순간을 기준으로 존재하는 nr_running 상태의 프로세스 개수와 nr_uninterruptible 상태의 프로세스 개수를 합한 값을 바탕으로 계산되는 것이었다.

Load Average가 높다는 것은 단순히 CPU를 사용하려는 프로세스가 많다는 것을 의미하는 것이 아니고, I/O에 병목이 생겨서 I/O 작업을 대기하는 프로세스가 많을 수도 있다는 의미이다. Load Average 값만으로는 시스템에 어떤 상태의 부하가 일어나는지 확인하기 어렵다는 뜻이기도 하다.

그렇다면 시스템에 어떤 상태의 부하가 일어나는지 확인할 수 있는 방법은 무엇일까? 부하를 일으키는 프로세스의 종류에 대해 조금 더 생각해 볼 필요가 있다.

부하를 일으키는 프로세스는 크게 두 가지 종류로 나눌 수 있다. nr_running으로 표현되는, CPU 자원을 많이 필요로 하는 CPU Bound 프로세스와 nr_uninterruptible로 표현되는, 많은 I/O 자원을 필요로 하는 I/O Bound 프로세스이다. 테스트 프로그램을 하나 만들어서 해당 프로세스들이 각각 어떻게 Load Average로 표현되는지 살펴보자.

첫 번째는 무한루프를 돌면서 수치 연산을 하는 파이썬 스크립트이다 (코드 3-7).

코드 3-7 CPU Bound의 파이썬 스크립트 예제

```
#!/usr/bin/python

test = 0
while True:
    test = test+1
```

이 스크립트를 실행시켜서 uptime 명령을 통해서 확인해 보면 Load Average가 올라가는 것을 확인할 수 있다.

```
[root@server ~]# uptime
 07:19:01 up 33 days, 12:41,  2 users,  load average: 0.16, 0.04, 0.01
[root@server ~]# uptime
 07:19:10 up 33 days, 12:42,  2 users,  load average: 0.29, 0.07, 0.02
[root@server ~]# uptime
 07:19:35 up 33 days, 12:42,  2 users,  load average: 0.53, 0.14, 0.04
```

이번에는 무한루프를 돌면서 I/O를 발생시키는 파이썬 스크립트를 실행시켜 보자(코드 3-8).[1]

코드 3-8 I/O Bound의 파이썬 스크립트 예제

```
#!/usr/local/python

while True:
        f = open("./io_test.txt", 'w')
        f.write("TEST")
        f.close()
```

이 스크립트를 실행시키면 첫 번째 예제와 마찬가지로 Load Average가 올라가는 것을 확인할 수 있다.

```
[root@server script]# uptime
 07:24:47 up 33 days, 12:47,  2 users,  load average: 0.20, 0.16, 0.08
[root@server script]# uptime
 07:24:53 up 33 days, 12:47,  2 users,  load average: 0.32, 0.19, 0.09
[root@server script]# uptime
 07:25:01 up 33 days, 12:47,  2 users,  load average: 0.37, 0.20, 0.10
```

어떻게 보면 둘 다 비슷한 수준의 Load Average를 보여주고는 있지만 사실 일으키고 있는 부하는 전혀 다른 부하이다. 전자의 경우는 CPU 리소스를 너무 많이 사용해서 발생하는 부하이고, 후자의 경우는 I/O 리소스를 너무 많이 사용해서 발생하는 부하이다. 어떤 부하인지가 중요한 이유는, 부하의 종류에 따라서 해결 방법이 달라지기 때문이다. Load Average가 높다고 해서 단순히 CPU가 더 많은 장비를 사용하는 것으로 해결할 수 없다는 의미이다. 또한 비슷한 Load Average라 하더

---

[1] 정확한 테스트를 위해서는 Load Average가 1, 5, 15분 모두 0으로 돌아갈 때까지 기다린 후에 하는 것이 좋다.

라도 부하를 일으키는 원인이 무엇이냐에 따라 시스템의 반응 속도가 전혀 다를 수 있다. 그렇다면 부하의 원인을 어떻게 확인할 수 있을까?

3.4 vmstat으로 부하의 정체 확인하기

Load Average 값은 시스템에 부하가 있다는 것을 알려주지만 구체적으로 어떤 부하인지는 알 수 없다. 어떤 부하가 일어나는지에 대한 정보는 vmstat을 통해서 확인할 수 있다.

코드 3-7에서 사용한 CPU Bound 스크립트를 다시 실행시켜서 vmstat 명령으로 시스템의 상태를 확인해보자.

```
[root@server ~]# vmstat 1
procs -----------memory---------- ---swap-- -----io---- --system-- -----cpu-----
 r  b   swpd   free   buff  cache   si   so    bi    bo   in   cs us sy id wa st
 1  0 152184 6812588 151900 728140    0    0     0     0 2032   66 50  0 50  0  0
 1  0 152184 6812588 151900 728140    0    0     0    20 2112  198 50  0 49  1  0
```

그리고 코드 3-8의 I/O를 일으키는 스크립트를 실행시키고 vmstat의 결과를 살펴보도록 하자.

```
[root@server script]# vmstat 1
procs -----------memory---------- ---swap-- -----io---- --system-- -----cpu-----
 r  b   swpd   free   buff  cache   si   so    bi    bo   in   cs us sy id wa st
 0  1 152184 6809588 151908 728248    0    0     0   716 1303  438  0  1 51 48  0
 0  1 152184 6809456 151908 728248    0    0     0   688 1277  457  1  1 49 49  0
```

두 출력 값 사이의 차이점은 바로 첫 번째 칼럼인 r 열과 두 번째 열인 b 열의 값이다. r과 b가 각각 무엇을 의미하는지 man 페이지의 설명을 확인해 보자.

```
Procs
      r: The number of processes waiting for run time.
      b: The number of processes in uninterruptible sleep
```

r은 실행되기를 기다리거나 현재 실행되고 있는 프로세스의 개수를, b는 I/O를 위해 대기열에 있는 프로세스의 개수를 말한다. 즉 각각이 nr_running, nr_uninterruptible을 의미한다고 볼 수 있다.

두 스크립트를 돌려보면 비슷한 수준의 Load Average가 나오지만, vmstat으로 확인해 보면 CPU가 일으키는 Load Average인지, 아니면 I/O가 일으키는 Load Average인지 확인해볼 수 있다. 사실 I/O가 일으키는 Load Average 값이 1이나 2 정도로 낮은 편에 속한다고 해도(CPU가 1개 혹은 2개인 경우에는 높은 수준의 값이지만) 시스템에 문제를 일으킬 수 있는 소지가 있다. 지속적으로 I/O를 일으키는 프로세스가 시스템에 존재한다는 것을 의미하며, 의도하지 않은 불필요한 프로세스일 가능성이 있다. 그럼 각각의 경우가 일으키는 부하가 시스템에 어떤 영향을 끼치는지에 대해 좀 더 살펴보자.

3.5 Load Average가 시스템에 끼치는 영향

그럼 같은 수준의 Load Average라면 시스템에 끼치는 영향도 같을까? 부하를 일으키는 원인이 무엇이냐에 따라서 같을 수도 다를 수도 있다. 같은 수치의 Load Average라고 해도 그 원인에 따라 영향이 다를 수 있다는 뜻이다.

간단하게 테스트를 해보자. 테스트 서버에는 nginx와 java를 통해서 간단한 GET 요청을 처리할 수 있도록 세팅한다. 그리고 코드 3-7과 3-8에서 사용한 두 가지 스크립트를 이용해서 서로 다른 부하를 일으키도록 한다.[2] 첫 번째 스크립트를 사용해서 CPU 기반의 부하를 일으키는 총 10개의 프로세스를 생성한다.

```
[root@server script]# python ./load_test.py &
[1] 21503
... (중략) ...
[root@server script]# python ./load_test.py &
[10] 21566
```

그리고 클라이언트의 역할을 하는 서버에서 다음과 같이 명령을 입력해서 응답 시간을 측정한다.

---

2 테스트를 위한 도구는 siege라는 오픈 소스 테스트 툴을 사용한다. 자세한 정보는 *https://www.joedog.org/siege-home*에서 확인할 수 있다.

```
[root@client bin]# ./siege -c 100 -r 10 -q http://server/hello.jsp
```

테스트 환경마다 다르겠지만 필자가 진행한 테스트에서는 응답 속도가
9~10초 정도 나왔다.

```
Transactions:                 1000 hits
Availability:                 100.00 %
Elapsed time:                 10.04 secs
Data transferred:             0.14 MB
Response time:                0.16 secs
Transaction rate:             99.60 trans/sec
Throughput:                   0.01 MB/sec
Concurrency:                  15.91
Successful transactions:      1000
Failed transactions:          0
Longest transaction:          0.40
Shortest transaction:         0.00
```

top 명령을 통해 이때의 프로세스 상태를 살펴보면 재미있는 사실을 발
견할 수 있다.

```
[root@server script]# top -b -n 1
top - 22:39:43 up 8 days,  5:28,  2 users,  load average: 9.65, 5.51, 4.40
Tasks: 124 total,  12 running, 112 sleeping,   0 stopped,   0 zombie
Cpu(s):  0.1%us,  0.3%sy,  0.0%ni, 99.6%id,  0.0%wa,  0.0%hi,  0.0%si,  0.0%st
Mem:   8061404k total,  1238504k used,  6822900k free,    73284k buffers
Swap: 10485756k total,        0k used, 10485756k free,   787856k cached

  PID USER      PR  NI  VIRT  RES  SHR S %CPU %MEM    TIME+  COMMAND
 7688 nobody    20   0 63884  40m  784 R 16.6  0.5  0:47.40 nginx
21503 root      20   0  112m 3480 1528 R 16.6  0.0  0:36.04 python
21517 root      20   0  112m 3476 1528 R 16.6  0.0  0:35.09 python
21524 root      20   0  112m 3480 1528 R 16.6  0.0  0:34.81 python
21538 root      20   0  112m 3476 1528 R 16.6  0.0  0:34.46 python
21566 root      20   0  112m 3480 1528 R 16.6  0.0  0:33.78 python
21531 root      20   0  112m 3472 1528 R 15.1  0.0  0:33.30 python
21545 root      20   0  112m 3480 1528 R 15.1  0.0  0:33.07 python
21552 root      20   0  112m 3476 1528 R 15.1  0.0  0:32.97 python
21510 root      20   0  112m 3480 1528 R 13.6  0.0  0:34.10 python
21559 root      20   0  112m 3476 1528 R 13.6  0.0  0:32.88 python
20806 root      20   0 4494m 161m  13m S 10.5  2.0  0:53.63 java
```

이미 돌고 있는 10개의 파이썬 스크립트들이 CPU를 차지하고 있고 요
청을 처리하기 위한 nginx와 java 프로세스들이 중간중간에 끼어들어

서 실행되고 있는 것을 볼 수 있다. nginx와 java를 방해하는 프로세스
가 없는 상태보다는 응답 속도가 느려질 수밖에 없는 상황이다.

이번엔 I/O 기반의 부하를 일으켜 보자.

```
[root@server script]# python ./io_load.py &
[1] 21626
... (중략) ...
[root@server script]# python ./io_load.py &
[10] 21689
```

두 경우 모두 10개의 프로세스를 띄우기 때문에 uptime을 통해서 보는
Load Average 값은 비슷하다. 하지만 siege 툴을 통해 확인한 응답 속
도는 차이가 있다.

```
Transactions:              1000 hits
Availability:              100.00 %
Elapsed time:              8.15 secs
Data transferred:          0.14 MB
Response time:             0.02 secs
Transaction rate:          122.70 trans/sec
Throughput:                0.02 MB/sec
Concurrency:               2.42
Successful transactions:   1000
Failed transactions:       0
Longest transaction:       0.08
Shortest transaction:      0.00
```

빠른 경우에는 8초 초반 정도로 측정되었다. 왜 이런 결과가 발생하는
걸까? 다음은 I/O 부하를 일으킬 경우의 top 결과이다.

```
[root@server script]# top -b -n 1
top - 22:42:21 up 8 days,  5:31,  2 users,  load average: 8.95, 6.90, 5.11
Tasks: 124 total,   3 running, 121 sleeping,   0 stopped,   0 zombie
Cpu(s):  0.1%us,  0.3%sy,  0.0%ni, 99.6%id,  0.0%wa,  0.0%hi,  0.0%si,  0.0%st
Mem:   8061404k total,  1241364k used,  6820040k free,    73432k buffers
Swap: 10485756k total,        0k used, 10485756k free,   788312k cached

  PID USER      PR  NI  VIRT  RES  SHR S %CPU %MEM   TIME+  COMMAND
 7688 nobody    20   0 63884  40m  784 S 16.7  0.5  0:49.81 nginx
20806 root      20   0 4494m 162m  13m S 13.0  2.1  0:55.97 java
21704 root      20   0 15028 1104  816 R  5.6  0.0  0:00.06 top
21626 root      20   0  112m 3488 1528 D  3.7  0.0  0:02.13 python
21640 root      20   0  112m 3488 1528 D  3.7  0.0  0:01.95 python
```

I/O를 일으키는 파이썬 스크립트들은 D 상태에 빠져있는 것을 볼 수 있다. I/O 대기 상태이기 때문에 당연한 상태다. 하지만 CPU 기반의 부하일 때와는 다르게 파이썬 스크립트보다 nginx와 java의 CPU Usage가더 많다. 이는 CPU에 대한 경합이 전자의 경우보다 덜하기 때문에 더빠른 응답 속도를 보여줄 수 있다는 의미이다. 즉, 우리가 돌리고 있는프로세스가 어떤 시스템 자원을 많이 쓰느냐에 따라서 부하가 시스템에미치는 영향이 다르다는 뜻이다.

위 결과는 CPU 기반의 부하가 많을 때보다 I/O 기반의 부하가 많을 때 더 빠르다는 이야기를 의미하는 것이 아니다.
예제에서 사용한 테스트 프로그램은 CPU만을 사용하는 프로그램이었기 때문에위와 같은 결과가 나왔으며, CPU와 I/O를 함께 사용하는 애플리케이션의 경우에는 CPU 기반의 부하가 많을 때가 I/O 기반의 부하가 많을 때보다 더 빠를 수도 있다. 위 예제에서의 테스트 결과는 서로 다른 형태의 부하는 시스템의 성능에 다른 영향을 끼친다는 것을 의미한다.

3.6 Case Study - OS 버전과 Load Average

이번에는 Load Average와 관련해서 실제 발생한 이슈를 살펴보려 한다. 서비스 중인 서버들의 OS를 업그레이드하는 과정에서 서버마다서로 상이한 버전의 OS로 운영 중이던 시기가 있었다. 그런데 동일한 애플리케이션을 운영하고 있음에도 불구하고, 두 서버 간의 LoadAverage 차이가 상당히 벌어졌다.

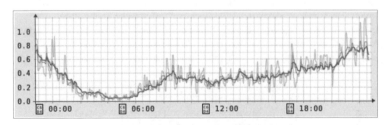

그림 3-3 CentOS 7.x에서의 LoadAverage

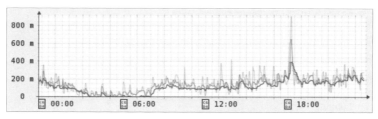

그림 3-4 CentOS 6.x에서의 Load Average

앞에서도 살펴본 것처럼 Load Average는 단순히 프로세스의 개수를 바탕으로 한 값이다. 차이가 있다는 것은 프로세스의 개수가 다르다는 의미인데, 동일한 애플리케이션이기 때문에 그럴 가능성은 매우 적다.

그래서 두 가지 방식으로 간단한 테스트를 해보기로 했다. 첫 번째 테스트는 코드 3-7에서 사용한 CPU Bound의 파이썬 프로세스를 다시 사용해서 진행했다. 두 서버에서 돌린 결과는 다음과 같았다.

server1에서의 결과

```
[root@server1 test]# ./load_test.py &
[1] 10483
[root@ server1 test]# uptime
 22:53:18 up 28 days,  4:22,  1 user,  load average: 0.08, 0.03, 0.01
[root@ server1 test]# uptime
 22:53:24 up 28 days,  4:22,  1 user,  load average: 0.15, 0.05, 0.01
[root@ server1 test]# uptime
 22:53:35 up 28 days,  4:22,  1 user,  load average: 0.28, 0.08, 0.02
```

server2에서의 결과

```
[root@server2 test]# ./load_test.py &
[1] 23648
[root@ server2 test]# uptime
 22:51:52 up 89 days,  7:53,  1 user,  load average: 0.08, 0.03, 0.05
[root@ server2 test]# uptime
 22:52:03 up 89 days,  7:53,  1 user,  load average: 0.22, 0.06, 0.06
[root@ server2 test]# uptime
 22:52:07 up 89 days,  7:53,  1 user,  load average: 0.29, 0.08, 0.07
```

위 결과에서 볼 수 있는 것처럼 두 서버 간의 Load Average 차이는 거의 없었다.

두 번째 테스트는 조금 다르게 코드 3-9의 파이썬 스크립트를 사용해 진행했다.

코드 3-9 멀티 스레드의 CPU Bound 파이썬 스크립트

```
#!/usr/bin/python
import threading

def infinite():
    test = 0
    while True:
        test = test+1

threads = []

for i in range(10):
    thread = threading.Thread(target=infinite, args=[])
    thread.start()

for thread in threads:
    thread.join()
```

첫 번째와는 다르게 실제 일은 10개의 스레드를 만들어서 진행하고, 부
모 스레드는 아무 작업을 하지 않도록 한다. 결과는 다음과 같았다.

server1에서의 결과

```
[root@server1 test]# python ./load_test.py &
[1] 28673
[root@server1 test]# uptime
22:18:17 up 5 days,  3:19,  1 user,  load average: 0.06, 0.03, 0.00
[root@server1 test]# uptime
22:18:24 up 5 days,  3:19,  1 user,  load average: 0.05, 0.03, 0.00
[root@server1 test]# uptime
22:18:52 up 5 days,  3:20,  1 user,  load average: 0.03, 0.03, 0.00
```

server2에서의 결과

```
[root@server2 script]# python ./load_test.py &
[1] 16670
[root@ server2 script]# uptime
22:18:28 up 237 days,  6:00,  1 user,  load average: 0.00, 0.01, 0.05
[root@ server2 script]# uptime
22:18:31 up 237 days,  6:00,  1 user,  load average: 0.64, 0.15, 0.09
[root@ server2 script]# uptime
22:18:39 up 237 days,  6:00,  1 user,  load average: 1.32, 0.31, 0.14
[root@ server2 script]# uptime
22:19:35 up 237 days,  6:01,  1 user,  load average: 2.27, 0.73, 0.29
```

놀랍게도 Load Average 차이가 실제로 확인되었다. 위 결과에서 볼 수
있는 것처럼 CentOS 7.2에서의 Load Average가 더 정확하게 측정되었

으며 CentOS 6.5에서는 Load Average가 전혀 상승하지 않았다.[3]

Load Average가 서로 다른 값을 보이고 있지만, 두 서버가 동일한 작업을 진행 중이라는 것을 어떻게 확인할 수 있을까? 이 경우에는 vmstat 명령을 통해서 확인할 수 있다. 3.4절에서 다룬 것처럼 vmstat은 r과 b 열을 통해서 현재 시스템에서 동작 중인 프로세스의 개수를 출력해주기 때문에, 이 값이 같다면 두 서버에서 돌아가고 있는 프로세스(스레드)의 개수가 다르지 않다는 것을 확인할 수 있다.

server1에서의 vmstat

```
[root@server1 test]# vmstat 1
procs -----------memory---------- ---swap-- ----io---- --system-- -----cpu-----
 r  b   swpd   free    buff  cache si so  bi bo    in    cs   us sy id wa st
10  0      0 1460400 148908 219796 0  0   0   0 126181 468116 31 34 35  0  0
10  0      0 1460400 148908 219796 0  0   0  12 126321 466608 31 36 34  0  0
```

server2에서의 vmstat

```
[root@server2 script]# vmstat 1
procs -----------memory---------- ---swap-- ----io--- -system-- ------cpu---
 r  b  swpd  free buff  cache  si so bi bo   in    cs   us sy id wa st
10  0     0 96820  476 875912  0  0  0  0 13992 685590 45 37 18  0  0
10  0     0 96324  476 875916  0  0  0  0 18664 490040 43 34 23  0  0
```

위 결과를 보면 두 서버 모두 r 열의 값이 10으로 동일한 것을 볼 수 있다. 즉, 측정되는 running 프로세스의 개수는 Load Average 자체가 잘못 계산된 것으로 볼 수도 있다.

조금 더 상세하게 살펴볼 수 있는 방법은 /proc/sched_debug를 보는 것이다. 이 파일은 proc 파일 시스템에 있는 파일로, 각 CPU의 Run Queue 상태와 스케줄링 정보도 살펴볼 수 있다.

코드 3-10은 CentOS 6.5에서의 /proc/sched_debug 값이다. 전체 출력 값은 너무 길어서 중요 부분 외에는 생략했다.

---

[3] 실제로 이것은 Tickless 기반의 CentOS 6.5 커널의 버그로 확인이 되었으며, 2016년 3월 22일에 패치가 되었다(*https://rhn.redhat.com/errata/RHSA-2016-0494.html*). 패치 버전에서는 정상적으로 Load Average가 출력된다.

코드 3-10 /proc/sched_debug의 내용

```
Sched Debug Version: v0.09, 2.6.32-431 #9
now at 58776857.383206 msecs
  .jiffies                    : 4353444153
... (중략) ...
cpu#0, 3392.294 MHz
.nr_running                   : 4  ❶
... (중략) ...
cfs_rq[0]:/
  .exec_clock                 : 80625.798025
... (중략) ...

runnable tasks: ❷
       task   PID        tree-key  switches  prio   exec-runtime       sum-exec      sum-sleep
----------------------------------------------------------------------------------------------
   python  9387   53542.692408    362500    120   53542.692408   2000.832822   8041.011179 /
   python  9388   53542.987850    365875    120   53542.987850   1984.839700   8100.273076 /
   python  9389   53540.990212    358614    120   53540.990212   2030.667527   7965.197746 /
   python  9390   53542.834897    363305    120   53542.834897   1983.519580   8059.102136 /
   python  9392   53542.653711    361613    120   53542.653711   1985.958837   8017.375512 /
 R python  9393   53542.860906    355917    120   53542.860906   2096.549295   7893.678390 /
   python  9394   53542.673727    355926    120   53542.673727   2038.463402   7914.012000 /
   python  9395   53540.859151    364066    120   53540.859151   1985.729086   8056.752089 /

cpu#1, 3392.294 MHz
.nr_running                   : 4  ❸
... (중략) ...
cfs_rq[1]:/
  .exec_clock                 : 41246.734696
... (중략) ...

runnable tasks: ❹
       task   PID        tree-key  switches  prio   exec-runtime       sum-exec      sum-sleep
----------------------------------------------------------------------------------------------
   python  9385   36646.299868    365617    120   36646.299868   2086.817849   8293.835283 /
   python  9386   36646.550487    362297    120   36646.550487   2004.502403   8040.580772 /
   python  9391   36646.603293    362355    120   36646.603293   2011.250659   8020.139007 /
 R    cat  9451   36648.613099        74    120   36648.613099      0.368619      0.000000 /
```

멀티 스레드 기반의 두 번째 스크립트를 돌릴 때의 정보이다. Load Average 값은 제대로 찍히지 않았지만 /proc/sched_debug에 보면 실제 파이썬 스크립트들이 큐에 들어가 있다.

❶~❸ CPU 0번과 1번의 Run Queue에 들어가 있는 실행/실행 대기 중인 프로세스의 개수를 의미한다. 그런데 ❶번 항목을 보면 ❷번 항

목에서 볼 수 있는 runnable tasks의 수와 다르다. 이를 통해서도 현재 커널에서의 측정 값에 문제가 있다는 것을 유추해 볼 수 있다. 하지만 runnable tasks에는 파이썬 스크립트들이 전부 들어가 있다는 것을 확인할 수 있다. 정상적으로 잘 스케줄링되고 실행되고 있다는 뜻이다.[4]

이 이슈는 커널의 버그로 인해 발생한 이슈였지만, 실제 운영 중에도 비슷한 일들이 일어날 수 있다. 커널은 완벽하지 않기 때문에 버그가 있을 수 있으며, 커널 버전이 달라지면 잘 알고 있는 모니터링용 지표가 제대로 수집되지 않을 가능성도 있다. 그렇기 때문에 하나의 지표로만 모니터링하거나 시스템의 상태를 확인하지 말고 다양한 툴들과 지표를 조합해서 운영해야 한다.

3.7 요약

이번 장을 통해서 우리는 Load Average가 의미하는 값이 무엇인지 그리고 어떻게 계산되는지 커널 로직을 살펴보았다. 또한 시스템에 부하가 있을 경우 Load Average 외에 사용해야 할 vmstat 툴과 정상적인 시스템의 스케줄링 과정을 확인하기 위해 /proc/sched_debug를 보는 방법을 간단하게 다뤘다.

이번 장에서 배운 내용을 정리해 보면 다음과 같다.

1. Load Average는 실행 중 혹은 실행 대기 중이거나 I/O 작업 등을 위해 대기 큐에 있는 프로세스들의 수를 기반으로 만들어진 값이다.
2. Load Average 자체의 절대적인 높음과 낮음은 없으며 현재 시스템에 장착되어 있는 CPU 코어를 기반으로 한 상대적인 값으로 해석해야 한다.
3. 커널에도 버그가 있으며 Load Average 값을 절대적으로 신뢰해서는 안된다.

---

4 패치된 커널에서는 /proc/sched_debug 값도 정상적으로 출력된다.

4. vmstat 툴 역시 시스템의 부하를 측정하는 데 사용될 수 있으며 r과 b 열을 눈여겨볼 필요가 있다. 특히 b 열의 경우 I/O 작업 등의 이유로 대기 상태에 있는 프로세스의 수를 의미하며 전체적인 시스템의 성능을 떨어뜨릴 수 있는 프로세스들이다. b 열의 수가 높다면 I/O 처리 과정에 문제가 있지 않은지 살펴봐야 한다.

5. /proc/sched_debug는 vmstat 툴을 통해 확인할 수 있는 것보다 더 자세한 정보들을 제공해주며 특히 nr_running과 runnable tasks 항목에서는 각 CPU에 할당된 프로세스 수와 프로세스의 PID 등의 정보를 확인할 수 있다.

4장

free 명령이 숨기고 있는 것들

메모리는 커널이 제공하는 중요한 리소스 중 하나이다. CPU가 프로세스의 연산 과정에 필요한 리소스라고 한다면, 메모리는 프로세스가 연산할 수 있는 공간을 제공해 주는 리소스라고 할 수 있다. 프로세스는 메모리라는 공간에 자신이 필요한 함수를 넣어 두거나 변수에 값을 저장하거나 하는 방식으로 연산을 위한 공간을 확보하고 작업을 진행한다. 메모리가 부족하다면 프로세스는 더 이상 연산을 위한 공간을 확보할 수 없고, 이는 시스템 응답 불가 현상 또는 큰 성능 저하를 일으킬 수 있다.

그렇기 때문에 메모리가 어떻게 활용되고 있는지를 파악하는 것은 CPU 사용률과 Load Average 만큼 중요한 포인트이다.

이번 장에서는 free 명령을 통해 시스템의 메모리 사용량을 확인하고, 각각이 의미하는 것이 무엇인지, free만으로 살펴볼 수 없는 상세한 정보는 어떻게 볼 수 있는지 살펴볼 것이다.

4.1 메모리 사용량 확인하기

리눅스 시스템에서 메모리의 전체적인 현황을 가장 빠르게 살펴볼 수 있는 명령은 free 명령이다. free 명령은 전체 메모리 용량과, 사용 중인 용량, 그리고 buffers와 cached로 명명되는 캐싱 영역의 용량을 확인하는 데 사용된다.

다음은 free 명령의 출력 결과이다.

```
[root@server ~]# free -m
            total       used       free     shared    buffers     cached
Mem:         7872       1365       6507          0        152        865
-/+ buffers/cache:       347       7525
Swap:       10239          0      10239
```

우선 첫 번째 줄부터 살펴보자.

Mem: 7872❶   1365❷   6507❸   0❹   152❺   865❻

❶ 현재 시스템에 설치되어 있는 전체 메모리 양을 의미한다. -m을 옵션으로 주었기 때문에 MB 단위로 표시한다.

✓ 출력 데이터 단위에 따라 옵션이 다르다.
  -b: byte 단위
  -k: KB 단위
  -g: GB 단위

---

❷ 시스템에서 사용하고 있는 메모리 양을 의미한다. 이 시스템은 7872 MB의 메모리 중에서 1365MB를 사용하고 있다.

❸ 시스템에서 아직 사용하고 있지 않는 메모리 양을 의미한다. 그야말로 아무도 사용하고 있지 않기 때문에 애플리케이션이 사용할 수도 있고, 커널이 사용할 수도 있다.

❹ 프로세스 사이에 공유하고 있는 메모리의 양이다. 출력에는 MB 단위라서 0으로 출력되었지만 단위를 더 낮추면 값이 보일 수 있다.

❺ 버퍼 용도로 사용하고 있는 메모리 양을 의미한다. 프로세스가 사용하는 메모리 영역이 아니고 시스템의 성능 향상을 위해서 커널에서

사용하고 있는 영역으로 이후에 자세한 내용을 다룰 것이다.

❻ 페이지 캐시라고 불리는 캐시 영역에 있는 메모리 양을 의미한다. I/O 관련 작업을 더 빠르게 진행하기 위해 커널에서 사용하고 있는 영역이다. 역시 자세한 내용은 이후의 절에서 다룬다.

이번엔 두 번째 줄을 살펴보자.

```
-/+ buffers/cache:❶ 347❷          7525❸
```

❶ 아주 중요한 구문이다. 첫 번째 줄의 결과에서 buffers와 cache 영역을 제외한 양을 보여준다는 의미이다.

❷ buffers와 cache 영역을 제외하고 사용하고 있는 영역을 의미한다. 이 시스템은 buffers와 cache를 빼면 347MB를 사용하고 있다.

❸ buffers와 cache 영역을 제외하고 사용하지 않는 영역을 의미한다. 첫 번째 줄에서 볼 수 있는 free 영역(❸)보다 더 큰 값을 볼 수 있다. 이 의미에 대해서는 뒤에서 다룰 것이다.

마지막으로 세 번째 줄을 살펴보자.

```
Swap:❶ 10239❷          0❸          10239❹
```

❶ swap 영역에 대한 정보를 보여준다는 의미이다. swap 영역에 대해서는 다음 장에서 더 자세히 다룰 예정이다.

❷ swap 영역의 전체 용량을 보여준다. 10,239 MB, 즉 약 10GB 정도의 영역을 swap 영역으로 사용하고 있다.

❸ swap 영역 중 실제로 사용하고 있는 영역에 대한 정보이다. 아직 swap 영역을 사용하지 않고 있다는 것을 알 수 있다.

❹ swap 영역 중 사용하지 않은 영역에 대한 정보이다. 사용하고 있는 swap 영역이 없기 때문에 전체 영역과 같다.

이렇게 free 명령은 현재 시스템의 메모리 사용량에 관한 종합적인 정보를 보여준다. 전체 메모리가 어느 정도 크기이고 그중 어느 정도를 사용하고 있는지, 또 swap 영역을 사용하고 있는지의 여부를 가장 빠르고 간편하게 살펴볼 수 있다. 하지만 조금 아리송한 결과도 있다. 왜 free 명령은 두 번째 줄을 통해서 buffers와 cache를 제외한 영역에 대한 결과를 다시 한번 보여주는 걸까? 그에 대한 해답을 다음 절에서 찾아 보도록 하자.

4.2 buffers와 cached 영역

free 명령은 두 번째 줄을 통해서 buffers와 cached 영역을 제외한 가용 영역을 출력한다. 그래서 첫 번째 줄에서 확인한 가용 영역보다 훨씬 큰 영역을 가용 영역으로 출력하는 경우가 많다. 과연 어떤 값이 진짜 가용 영역일까? 어떤 값을 믿어야 하는 걸까? 그에 대한 이야기를 하기 전에 buffers와 cached 영역이 어떤 영역인지 알아보자.

커널은 블록 디바이스라고 부르는 디스크로부터 데이터를 읽거나 사용자의 데이터를 디스크에 저장한다. 하지만 디스크는 다른 장치들에 비해 매우 느리기 때문에 디스크에 대한 요청을 기다리는 시간이 상당히 많이 소요되고, 이로 인해 시스템에 부하가 일어나기도 한다. 커널은 이렇게 상대적으로 느린 디스크에 대한 요청을 좀 더 빠르게 하기 위해 메모리의 일부를 디스크 요청에 대한 캐싱 영역으로 할당해서 사용한다. 즉 한번 읽은 디스크의 내용을 메모리에 저장해 두어서, 동일한 내용을 읽고자 하면 디스크로 요청하지 않고 메모리로 요청하게 된다. 이런 캐싱 기능을 통해서 커널은 다수의 디스크 요청을 좀 더 빠르게 처리할 수 있다. 그리고 이때 사용되는 캐싱 영역을 buffers, cached라고 부른다. 그럼 두 영역의 차이점이 무엇인지 살펴보자.

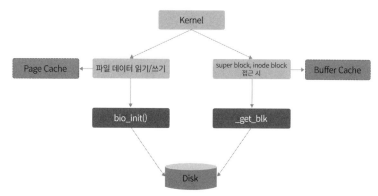

그림 4-1 커널에서 사용하는 Page Cache와 Buffer Cache의 관계도

그림 4-1은 Page Cache와 Buffer Cache가 사용되는 과정을 보여준다. 앞에서도 이야기한 것처럼 커널은 블록 디바이스에서 데이터를 읽을 때 데이터가 위치한 특정 블록의 주소를 넘겨주고, 블록 디바이스는 해당 블록 주소의 데이터를 커널에 전달한다. 이 과정에 디바이스 드라이버가 있지만 간단한 설명을 위해 그림에서는 생략했다. 커널이 읽어야 할 데이터가 파일의 내용이라면 커널은 bio 구조체를 만들고 해당 구조체에 Page Cache 용도로 할당한 메모리 영역을 연결해준다. 그리고 bio 구조체는 디바이스 드라이버와 통신해서 디스크로부터 데이터를 읽어서 Page Cache에 파일의 내용을 채운다.

super block, inode block처럼 파일의 내용이 아닌 파일 시스템을 관리하기 위한 메타 데이터를 읽어올 때는 bio 구조체를 사용하지 않고 _get_blk()와 같은 내부 함수를 통해 블록 디바이스와 직접 통신한다. 그리고 이때 가져온 블록 디바이스의 특정 블록 내용을 Buffer Cache 영역에 저장해 둔다.

정리하자면 Page Cache는 파일의 내용을 저장하고 있는 캐시, Buffer Cache는 파일 시스템의 메타 데이터를 담고 있는 블록을 저장하고 있는 캐시라고 할 수 있다. 그리고 각각이 free에서 표현하고 있는 cached, buffers 영역이다.

그렇다면 free 명령은 왜 이 두 영역을 제외한 영역을 가용한 영역으로 계산해서 다시 보여주는 걸까?

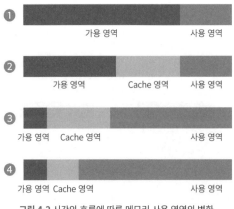

그림 4-2 시간의 흐름에 따른 메모리 사용 영역의 변화

서버의 운영 기간이 그리 길지 않을 때는 아마도 ❶번과 같은 메모리 사용 현황을 볼 수 있을 것이다. 아무 곳에서도 사용하지 않는 가용 영역에 있는 free 메모리와 애플리케이션에서 사용하고 있는 영역으로 나뉜다. 하지만 시간이 조금 지나면 커널은 가용 영역 중 일부를 Cache 영역으로 사용하게 된다(❷). 그리고 시간이 흐를수록 애플리케이션에서 사용하게 되는 영역이 점점 넓어진다. 어느 순간까지는 가용 영역의 메모리를 가져다가 사용하게 될 것이다(❸). Cache 영역이 충분히 있어야 I/O 성능 향상의 효과를 받을 수 있기 때문이다. 하지만 사용 영역이 점점 더 커져서 일정 수준 이상이 되면 커널은 Cache 영역으로 사용하던 영역을 애플리케이션이 사용할 수 있도록 메모리 관리 시스템에 반환한다(❹). ❸번에 비해 Cache 영역이 줄고 애플리케이션의 사용 영역이 늘어난다. 이런 과정을 거치다 보면 더 이상 반환할 메모리도 없고 가용할 메모리가 없는 순간이 발생하게 되는데, 시스템은 이때부터 swap이라는 영역을 사용하게 되고 시스템의 성능이 줄어든다. 이와 관련된 커널 파라미터와 swap 영역에 대해서는 5장에서 더 자세히 다룰 것이다.

이처럼 buffers와 cached 영역은 시스템의 I/O 성능 향상을 위해서 커널이 사용하는 영역이다. 메모리가 부족한 상황이 되면 커널은 해당 영역을 자동으로 반환하기 때문에 free 명령에서도 해당 영역을 제외한 영역을 실제 사용 가능한 영역으로 계산하게 된다.

4.3 /proc/meminfo 읽기

그럼 free 명령보다 좀 더 자세하게 메모리의 사용 현황을 알 수 있는 방법은 없는 것일까? free 명령은 시스템이 사용하고 있는 전체 메모리 와 앞으로 가용한 메모리의 용량을 볼 수 있지만 각 메모리가 시스템의 어느 부분에 사용되고 있는지 자세하게 볼 수는 없다.

그래서 리눅스에서는 /proc/meminfo를 통해서 자세한 메모리 현황을 볼 수 있는 방법을 제공하고 있다. 출력 값은 커널 버전에 따라 조금 씩 다르기 때문에 대부분의 커널에서 출력하는 공통적인 부분만 알아보려 한다.

코드 4-1 /proc/meminfo의 결과

```
MemTotal:         8061404 kB
MemFree:          6662596 kB
Buffers:           156720 kB
Cached:            906248 kB
SwapCached:             0 kB ❶
Active:            564272 kB
Inactive:         679900 kB
Active(anon):     181196 kB ❷
Inactive(anon):      164 kB ❸
Active(file):     383076 kB ❹
Inactive(file):   679736 kB ❺
... (중략) ...
SwapTotal:       10485756 kB
SwapFree:        10485756 kB
Dirty:                60 kB ❻
... (중략) ...
Slab:              73128 kB
SReclaimable:      48076 kB
SUnreclaim:        25052 kB
... (후략) ...
```

free 명령을 통해 볼 수 있는 정보보다 훨씬 많은 정보가 출력된다. 일 부 값들은 free 명령을 통해서도 확인할 수 있다. 여기서는 그 외에 중 요한 메모리 영역을 살펴볼 것이다.

❶ SwapCached: SwapCached 영역은 swap으로 빠진 메모리 영역 중 다시 메모리로 돌아온 영역을 의미한다.

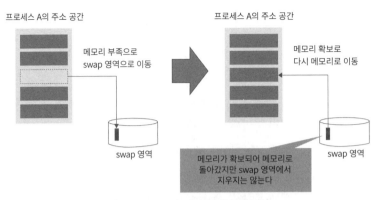

그림 4-3 Swap Cached 영역이 발생하는 경우

그림 4-3과 같은 상황을 가정해보자. 시스템에 메모리가 부족하면 커널은 프로세스의 주소 공간 중 swap 영역으로 이동시킬 수 있는 메모리를 선택해서 swap 영역으로 이동시킨다. 이 과정에서 I/O 가 일어나기 때문에 성능 저하가 발생한다. 그 후 메모리가 다시 확보되어 swap 영역으로 빠졌던 영역이 다시 메모리로 돌아가게 되더라도 커널은 swap 영역에서 해당 메모리 내용을 삭제하지 않는다. 이후에 또다시 메모리 부족 현상이 일어날 경우를 대비하는 것이다. 해당 메모리 영역이 다시 swap 영역으로 내려와야 하는 일이 생긴다면 swap 영역으로 다시 복사하는 것이 아니라 이전에 참고한 메모리 영역을 삭제하지 않고 그대로 다시 활용한다. 이를 통해서 swap이 발생하더라도 조금이나마 I/O를 줄일 수 있다.

❷ Active(anon): anon이란 표현은 anonymous의 줄임말이다. Anonymous가 '익명'이라는 뜻이 있어서 오해의 소지가 있지만, 여기서는 특정 파일의 내용을 저장하고 있는 Page Cache 영역을 제외한 메모리 영역을 의미한다. 주로 프로세스들이 사용하는 메모리 영역을 지칭할 때 많이 사용된다. 그중에서도 비교적 최근에 메모리 영역이 참조되어 swap 영역으로 이동되지 않을 메모리 영역을 의미한다.

❸ Inactive(anon): ❷번과 같이 영역을 의미하지만, 비교적 참조된 지 오래되어 Swap 영역으로 이동될 수 있는 메모리 영역을 의미한다.

❹ Active(file): anon과는 다르게 file로 되어있는 이 영역은 커널이 I/O 성능 향상을 위해 사용하는 영역을 의미한다. 4.2에서 살펴본 buffers와 cached 영역이 여기에 속한다. Active라는 이름에서 알 수 있듯이 비교적 최근까지 메모리 영역이 참조되어 Swap 영역으로 이동되지 않을 메모리 영역이다.

❺ Inactive(file): ❹번과 마찬가지로 I/O 성능 향상을 위해 커널이 캐시 목적으로 사용하고 있는 영역이다. Inactive라는 단어에서 알 수 있듯이 비교적 참조된 지 오래되어 Swap 영역으로 이동될 수 있는 메모리 영역이다.

❻ Dirty: ❹, ❺번과 비슷한 용도로 I/O 성능 향상을 위해 커널이 캐시 목적으로 사용하는 영역 중 쓰기 작업이 이루어져서 실제 블록 디바이스의 블록에 씌어져야 할 영역을 의미한다. 커널은 기본적으로 I/O 쓰기 요청이 발생했을 때 바로 블록 디바이스로 명령을 내리지 않고 일정량이 될 때까지 모았다가 한 번에 쓰는 일종의 지연 쓰기 작업을 한다. Dirty 메모리는 이 과정에서 사용되는 메모리 영역으로, 이에 관해서는 10장에서 더 자세히 알아볼 것이다.

이렇게 /proc/meminfo 에서 확인할 수 있는 몇 가지 정보들을 살펴봤는데, 아직 풀리지 않은 궁금증이 있다. 바로 Active 영역과 Inactive 영역을 구분하는 방법이다. 두 영역은 어떤 기준으로 구분될까? 이쯤에서 간단하게 커널의 소스 코드를 살펴보자.

　fs/proc/meminfo.c 파일을 살펴보면 다음과 같은 코드가 있다.

```
seq_printf(m,
... (중략) ...
        "Active(anon):   %8lu kB\n"
        "Inactive(anon): %8lu kB\n"
        "Active(file):   %8lu kB\n"
        "Inactive(file): %8lu kB\n"
... (중략) ...
K(pages[LRU_ACTIVE_ANON]),
        K(pages[LRU_INACTIVE_ANON]),
        K(pages[LRU_ACTIVE_FILE]),
        K(pages[LRU_INACTIVE_FILE]),
```

코드 중 Active, Inactive 메모리를 표현하는 부분만 가져왔다. 각각을 보면 이름 그대로 메모리 페이지 중 LRU_ACTIVE_XXX, LRU_INACTIVE_XXX의 페이지들을 가져오는 것을 볼 수 있다. 그렇다면 LRU_ACTIVE, LRU_INACTIVE는 무엇을 의미하는 것일까?

커널이 직접 사용하는 메모리 영역을 제외하고 대부분의 메모리는 프로세스가 사용하거나, 4.2에서 언급한 캐시 영역으로 사용된다. 위의 결과에서 보면 이 메모리들이 각각 anon과 file을 의미한다.

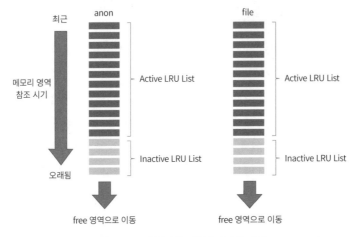

그림 4-4 anon 영역과 file 영역의 LRU List 모습

그림 4-4를 보면 anon, file 영역의 메모리는 LRU 기반의 리스트로 관리되고, 이 리스트는 다시 Active, Inactive 두 개의 리스트로 나뉜다. anon 영역과 file 영역은 방식은 조금 다르긴 하지만 결과적으로는 자주 사용되는 메모리 영역이 Active 리스트에 남게 되고 자주 사용되지 않는 영역은 Inactive 리스트에 남게 된다. 가장 최근에 참조한 메모리가 Active List에, 그리고 참조 시기가 오래될수록 Inactive 영역으로 이동하고 이후 free 영역으로 이동한다.

그렇다면 Active 리스트와 Inactive 리스트 사이의 이동은 어떻게 결정될까? 기본적으로 프로세스가 메모리 할당을 요청하면 해당 메모리의 페이지가 Active 리스트에 연결된다. 그 후 메모리 할당이 실패하거나 메모리가 부족하게 되면 kswapd 혹은 커널 내부에서 try_to_free_pages() 함수를 통해서 LRU 리스트에 있는 메모리들을 확인한다. 이 과정에서 Active 리스트에 있던 페이지가 Inactive 리스트로 옮겨가거나 Inactive 리스트에 있던 페이지가 해제되어 다른 프로세스에게 할당되는 작업이 이루어진다.

2장에서 사용한 malloc() 함수 테스트용 코드를 살짝 바꿔서 간단하게 테스트해보자.

코드 4-2 메모리 영역 테스트를 위한 프로그램

```
#include <stdio.h>
#include <string.h>
#include <stdlib.h>

#define MEGABYTE 1024*1024

int main() {
    void *myblock = NULL;
    int count = 0;

    while (1) {

                myblock = (void *) malloc(MEGABYTE);
                if (!myblock) {
                        printf("Error!");
                        break;
                }

                printf("Currently allocating %d MB\n", (++count)*MEGABYTE);
                memset(myblock, 1, MEGABYTE);
                sleep(1);

                if (count == 10) {      ❶
                        break;
                }
    }

        sleep(600); ❷

    exit(0);
}
```

2장에서 사용한 코드에 ❶의 if 구문과 ❷의 sleep 절이 추가되었다. 10번 할당한 후 더이상 할당하지 않고 10분간 쉬었다가 종료되는 스크립트이다. 10분간 쉬는 이유는 malloc()을 통해 할당 받은 메모리 영역에 아무런 작업을 하지 않으면 과연 Inactive 영역으로 돌아갈 것인가를 확인해 보는 것이다.

```
[root@server ~]# cat /proc/meminfo | grep -i anon
Active(anon):        8108 kB
Inactive(anon):      9196 kB
[root@server ~]# cat /proc/meminfo | grep -i anon
Active(anon):        9144 kB
Inactive(anon):      9260 kB
[root@server ~]# cat /proc/meminfo | grep -i anon
Active(anon):       10160 kB
Inactive(anon):      9260 kB
[root@server script]# cat /proc/meminfo | grep -i anon
Active(anon):       12256 kB
Inactive(anon):     10316 kB
[root@server script]# cat /proc/meminfo | grep -i anon
Active(anon):       12256 kB
Inactive(anon):     10316 kB
```

위 결과를 보면 Active(anon) 메모리 영역이 계속해서 증가하는 것을 볼 수 있다. 그리고 10번의 할당이 끝난 후에 sleep 함수를 통해 아무것도 하지 않아도 메모리 영역은 계속 Active 영역에 남아있다. 단순히 시간이 지난다고 해서 Active 메모리가 Inactive로 이동하지는 않는다는 것을 확인할 수 있다.

그럼 Active에 있는 페이지는 언제 Inactive로 이동할까? 위에서도 언급했지만 메모리 부족 현상이 발생해서 해제해야 할 메모리를 찾아야 하는 순간이 와야 커널은 비로소 LRU 리스트를 살펴보게 된다. 그럼 kswapd를 강제로 실행시켜 보자. 커널 파라미터 중에는 vm.min_free_kbytes라는 파라미터가 있다. 해당 파라미터는 이름에서 알 수 있는 것처럼 시스템에서 유지해야 하는 최소한의 free 메모리 양이다. 이 값을 조금 높게 설정해 보겠다.

```
[root@server script]# sysctl -w vm.min_free_kbytes=6553500
vm.min_free_kbytes = 6553500
```

그리고 나서 top을 통해 살펴보면 kswapd가 실행되는 것을 확인할 수
있다.

```
[root@server script]# top -b -n 1
top - 23:00:39 up 48 days,  5:49,  2 users,  load average: 0.08, 0.04, 0.07
Tasks: 115 total,   1 running, 114 sleeping,   0 stopped,   0 zombie
Cpu(s):  0.2%us,  4.3%sy,  0.0%ni, 88.2%id,  7.3%wa,  0.0%hi,  0.1%si,  0.0%st
Mem:   8061404k total,   360896k used,  7700508k free,   156840k buffers
Swap: 10485756k total,   193944k used, 10291812k free,    81204k cached

  PID USER    PR  NI  VIRT  RES  SHR S %CPU %MEM   TIME+  COMMAND
   46 root    20   0     0    0    0 D  5.8  0.0  0:03.16 kswapd0
```

kswapd 데몬이 열심히 일을 하면서 Active 영역에 있는 페이지 중 오래
된 페이지를 우선적으로 Inactive로 옮긴 후 메모리를 해제하는 작업을
진행하고 있다.

```
[root@server script]# cat /proc/meminfo | grep -i anon
Active(anon):        348 kB
Inactive(anon):     1380 kB
[root@server script]# free -k
            total       used       free     shared    buffers     cached
Mem:      8061404     360268    7701136          0     156840      81336
-/+ buffers/cache:     122092    7939312
Swap:    10485756     193744   10292012
```

거의 12MB에 달하던 active(anon) 영역이 348 KB 수준으로 내려갔고
free 영역이 vm.min_free_kbytes에 설정한 값 이상으로 올라간 것을 볼
수 있다. vm.min_free_kbytes 값을 원래대로 설정하면 kswapd가 더는 실
행되지 않는다. 그리고 해당하는 메모리들이 대부분 Swap 영역으로 빠
진다. 그래서 위의 kswapd 데몬 상태가 D 상태로 보인다.

메모리 재할당에 관해서는 다음 장에서 더 자세히 다룰 것이다. 이번
절에서는 간단한 테스트를 통해서 Active와 Inactive 영역 사이의 움
직임에 대해서만 살펴봤다. 결과적으로 /proc/meminfo에서 보이는
Inactive(anon), Inactive(file) 영역의 크기는 각각 영역에서 자주 사용
되지 않은, 누군가 참조한 지 오래된 메모리의 양을 의미하며, 메모리가
부족할 경우 반환될 수 있다.

4.4 slab 메모리 영역

지금까지 우리는 buffers, cached라고 부르는 캐싱 영역과 anon이라고 부르는 프로세스의 메모리 영역을 살펴봤다. 아직 이야기하지 않은 중요한 영역이 있다. 바로 커널이 내부적으로 사용하는 영역이다. 커널 역시 프로세스의 일종이기 때문에 메모리를 필요로 하며, 조금 특별한 방법으로 메모리를 할당 받아서 사용한다. 그리고 우리가 앞 절에서 본 /proc/meminfo의 내용 중 아직 언급하지 않은, Slab으로 표시되는 영역이 바로 커널이 사용하는 영역이다. 아까의 결과 중 일부분을 다시 가져와 살펴보자.

```
Slab:            73128 kB ❶
SReclaimable:    48076 kB ❷
SUnreclaim:      25052 kB ❸
```

❶ Slab: 메모리 영역 중 커널이 직접 사용하는 영역을 Slab 영역이라고 한다. 이 영역에는 dentry cache, inode cache 등 커널이 사용하는 메모리가 포함된다.

❷ SReclaimable: Slab 영역 중 재사용될 수 있는 영역이다. 캐시 용도로 사용하는 메모리들이 주로 여기에 포함된다. 다음 장에서도 이야기하겠지만 메모리 부족 현상이 일어나면 해제되어 프로세스에 할당될 수 있는 영역이다.

❸ SUnreclaim: Slab 영역 중 재사용될 수 없는 영역이다. 커널이 현재 사용 중인 영역이며, 해제해서 다른 용도로 사용할 수 없다.

그럼 Slab 영역은 어떻게 구성되어 있을까? 그리고 프로세스의 메모리 할당과 어떻게 다를까?

그에 대한 이야기를 하기 전에 Slab 영역에 대한 더 자세한 정보를 확인하는 방법을 알아보자. 친절하게도 리눅스에서는 slabtop 명령을 통해 현재 시스템에서 사용 중인 Slab의 정보를 살펴볼 수 있다.

```
[root@server ~]# slabtop -o
 Active / Total Objects (% used)    : 327621 / 333117 (98.4%)
```

```
Active / Total Slabs (% used)      : 15061 / 15061 (100.0%)
Active / Total Caches (% used)     : 101 / 199 (50.8%)
Active / Total Size (% used)       : 62751.17K / 63493.10K (98.8%)
Minimum / Average / Maximum Object : 0.02K / 0.19K / 4096.00K
```

OBJS	ACTIVE	USE	OBJ SIZE	SLABS	OBJ/SLAB	CACHE SIZE	NAME
191068	191065	99%	0.10K	5164	37	20656K	buffer_head
28000	27918	99%	0.03K	250	112	1000K	size-32
27380	27350	99%	0.19K	1369	20	5476K	dentry
14632	13861	94%	0.06K	248	59	992K	size-64
12544	12543	99%	0.98K	3136	4	12544K	ext4_inode_cache

그럼 Slab은 어떤 영역이길래 다른 영역과 구분되는 걸까? 모든 프로세스는 작업을 하기 위해 메모리가 필요하고 이는 커널도 예외가 아니다. I/O 작업을 조금이라도 더 빠르게 하기 위해 inode cache, dentry cache 등을 사용하거나, 네트워크 소켓을 위한 메모리 영역을 확보하거나 하는 작업들은 커널(좀 더 엄밀히 말하자면 디바이스 드라이버)이 하게 되는데 이 과정에서 메모리가 필요하다. 하지만 메모리를 할당해 주는 버디 시스템은 4KB의 페이지 단위로 메모리를 할당한다. 사실 커널 입장에서는 이렇게 큰 영역을 할당 받을 필요가 없다. 또한 영역이 크다면 실제 사용하는 영역과 할당 받은 영역의 차이가 커지면서 메모리 단편화 현상도 발생할 수 있다. 그렇기 때문에 커널이 사용하려는 메모리 영역은 좀 더 작고 효율적으로 사용할 수 있어야 한다. 이를 충족시키기 위해서 커널은 Slab 할당자를 통해서 원하는 메모리 영역을 확보한다.

그림 4-5는 slab 할당자가 메모리에 어떻게 저장되는지를 보여준다. 물론 이것보다 복잡하게 관리되고 있지만, 메모리의 기본 단위인 4KB의 영역을 Slab 할당자가 어떻게 나눠서 사용하는지를 간단히 정리한 것이다. 그림을 보면 Slab 할당자는 각각의 목적에 맞는 캐시별로 영역을 할당 받아 사용한다. dentry cache, inode cache 등이 목적별로 나뉘어 있다. 이렇게 버디 시스템을 통해서 페이지 크기인 기본 4KB의 영역을 할당 받은 후에 각각의 캐시 크기에 맞게 영역을 나눠서 사용한다. 그래서 경우에 따라서는 페이지 크기의 배수로 딱 떨어지지 않는 경우도 존재할 수 있다.

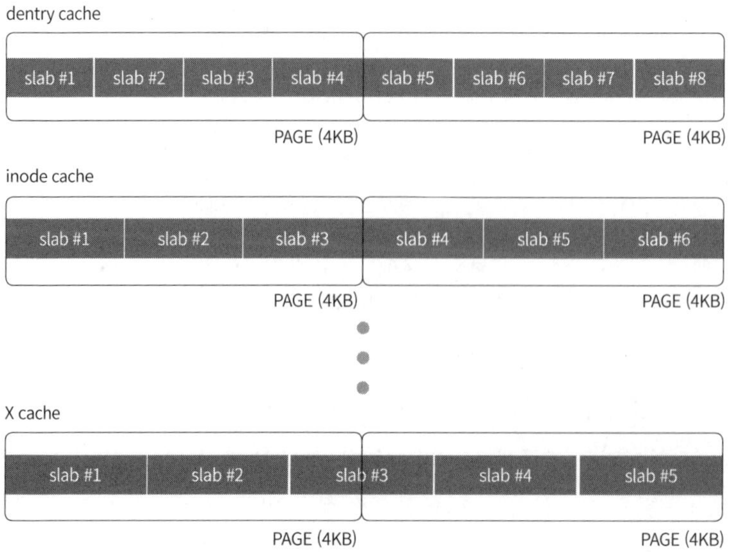

dentry cache

slab #1 | slab #2 | slab #3 | slab #4 | slab #5 | slab #6 | slab #7 | slab #8

PAGE (4KB)　　　　　　　　　　　PAGE (4KB)

inode cache

slab #1 | slab #2 | slab #3 | slab #4 | slab #5 | slab #6

PAGE (4KB)　　　　　　　　　　　PAGE (4KB)

X cache

slab #1 | slab #2 | slab #3 | slab #4 | slab #5

PAGE (4KB)　　　　　　　　　　　PAGE (4KB)

그림 4-5 slab 할당자의 메모리 사용 개념도

간단한 테스트를 통해 Slab 영역이 늘어나는 것을 확인해 보자. Slab 영역 중 가장 많이 사용되는 캐시가 dentry와 inode_cache이다. 각각은 디렉터리의 계층 관계를 저장해 두는 캐시, 파일의 inode에 대한 정보를 저장해 두는 캐시이다.

```
[root@server ~]# slabtop -o | grep dentry
 10560  10557  99%    0.19K    528      20     2112K dentry
[root@server ~]# cd /boot
[root@server boot]# ls -al
합계 99955
dr-xr-xr-x.  5 root root    3072 2016-03-04 10:02 .
dr-xr-xr-x. 25 root root    4096 2016-05-25 18:28 ..
-rw-r--r--   1 root root     183 2015-12-17 02:19 .vmlinuz-2.6.32-
573.12.1.el6.centos.plus.x86_64.hmac
... (중략) ...
[root@server ~]# slabtop -o | grep dentry
 10640  10595  99%    0.19K    532      20     2128K dentry
```

위 예제처럼 간단하게 cd로 이동해서 ls 명령으로 디렉터리를 살펴보는 것만으로도 dentry 값은 증가한다. 만약 파일에 자주 접근하고 디렉터리의 생성/삭제가 빈번한 시스템이 있다면 Slab 메모리가 높아질 수 있으며, 그중에서도 dentry, inode_cache가 높아질 수 있다.

또한 Slab 할당자는 **free** 명령에서는 used로 계산된다. 커널이 사용하는 캐시 영역이기 때문에 buffers/cached 영역에 포함될 것이라고 생각할 수 있지만 used 영역으로 계산된다. 그래서 간혹 프로세스들이 사용하는 메모리 영역을 모두 더하고도 used와 맞지 않을 경우 Slab 메모리에서 누수가 발생하는 것일 수도 있다.

4.5 Case Study - Slab 메모리 누수

이번에는 운영 중 실제로 발생한 메모리 누수(leak)와 관련된 이슈를 살펴보자.

운영하던 서버에서 지속적으로 메모리의 사용량이 증가하는 이슈가 있었다. free 명령을 입력하면 20GB가 넘게 확인되었지만 ps 명령을 통해 확인한 프로세스들의 메모리 사용량을 합한 값은 10GB도 되지 않았다. 어디서 메모리를 사용하고 있는지 정확히 파악되지 않던 상황에서 /proc/meminfo를 확인해 보니 재미있는 결과를 볼 수 있었다.

```
MemTotal:       32740576 kB
MemFree:         2261328 kB
MemAvailable:   31815432 kB
Buffers:              40 kB
Cached:          3016504 kB
Slab:           27048772 kB
SReclaimable:   26988056 kB
SUnreclaim:        60716 kB
```

Slab 메모리 영역이 무려 27GB 가량을 사용하고 있었다. Slab 영역 중에서 어떤 영역이 문제가 있는지 slabtop 명령을 통해 확인해 봤다.

```
OBJS ACTIVE   USE OBJ SIZE  SLABS OBJ/SLAB CACHE SIZE NAME
140358414 140358272  8%   0.19K 6683734     21  26734936K dentry
```

dentry cache가 무려 26GB 정도를 사용하고 있었다. dentry cache는 파일 시스템의 디렉터리 엔트리들을 저장하고 있는 캐시로, 디렉터리 간의 부모/자식 관계 등을 저장하고 있어서 디렉터리 간 이동을 더 빠르게 할 수 있도록 도와주는 캐시이다. 사실 저 캐시가 26GB 정도나 되는 것은 정상적인 상황이 아니다.

메모리 점유율이 높아지는 원인이 프로세스가 아닌 Slab 메모리에 있다는 것을 확인한 후 취할 수 있는 조치는 **drop cache**를 이용한 캐시 영역 강제 플러싱이 있다.

```
echo 2 > /proc/sys/vm/drop_caches
```

시스템에서 문제가 발생한 부분은 dentry cache 영역이기 때문에 dentry cache를 날릴 수 있도록 echo 2를 이용한다. 3을 이용하면 dentry cache뿐 아니라 page cache까지 모두 플러싱할 수 있지만, 불필요한 작업으로 CPU 자원을 낭비할 필요는 없기 때문이다.

하지만 캐시를 플러싱한 후에도 일정 기간이 지나면 또 똑같이 메모리 릭이 발생했다. 이번에도 Slab 영역에서 dentry cache의 용량이 커지는 것을 확인할 수 있었다. 이제 문제의 본질로 돌아가서 dentry cache가 왜 증가하는지 원인을 파악해야 했다. **lsof** 명령으로 참조하고 있는 디렉터리들의 정보를 확인해 보았지만 문제가 될 만한 수준은 아니었다.

```
[root@server script]# lsof | grep DIR | wc -l
241
```

결국 시간을 두고 **slabtop**의 기록을 바탕으로 확인하는 방법밖에 없었다. 하루 정도의 시간을 두고 **slabtop**의 내용을 살펴보니 dentry cache의 값이 일정한 간격을 두고 증가하는 것을 확인할 수 있었다. 일정한 간격을 두고 증가한다는 것은 스케줄링되어 있는 작업이 영향을 끼치는 것이라고 생각했다. 살펴본 결과 cron에 설정해놓은 **curl**과 관련된 작업이 영향을 끼친 것으로 확인되었다. 실제로 해당 스크립트를 실행하자 약 1MB 수준의 dentry cache가 증가했다. **curl**과 dentry cache와 관련된 내용을 찾아보니 **curl**에서 https에 대한 요청을 처리할 때 사용하는 **nss-softokn** 라이브러리에 버그가 있었다. 2014년 10월 13일에 발표된 패치였으며 잘못된 파일 참조로 인해 dentry cache가 증가하는 이슈였다.[1] 결국 시스템은 라이브러리의 작은 버그로 인해 메모리가 가득 차기를 반복하는 상황이었다.

이번 경우처럼 Slab 영역에서 메모리 누수가 발생하는 것은 추적하기 어려운 이슈이다. 프로세스에서 사용하는 메모리의 영역에서 누수가 발생한다면 코드를 살펴보거나 사용하는 라이브러리들을 살펴보면 되지만 지금처럼 범용적으로 사용하는 시스템 라이브러리에서 버그가 있어 Slab 영역에서 누수가 발생하면 추적하기가 어렵다. 하지만 해당 영역의 메모리 사용량이 어떤 경우에 올라가게 되는지 추적하기 위한 데이터를 잘 수집해서 분석하면 해결하기가 좀 더 수월하다.

메모리 사용량이 올라가는 경우에 단순하게 free 명령으로만 확인했다면 위와 같은 Slab 영역의 메모리 누수는 잡을 수 없었을 것이다. 메모리의 동작이 이상하다고 생각될 때는 /proc/meminfo를 통해서 좀 더 정확한 정보를 수집하는 것도 필요하다.

4.6 요약

이번 장을 통해서 free 명령을 통해 볼 수 있는 각 항목의 의미가 무엇인지, 그리고 /proc/meminfo를 통해서 시스템 메모리의 전반적인 상태를 어떻게 확인하는지 알아보았다. 또한 case study를 통해서 메모리 누수가 의심될 경우 해결하는 과정도 살펴보았다.

이번 장에서 배운 내용은 다음과 같다.

1. free 명령으로 볼 수 있는 buffers는 파일 시스템의 메타 데이터 등을 저장하고 있는 블록 디바이스의 블록을 위한 캐시이다.
2. free 명령으로 볼 수 있는 cached는 I/O 작업의 효율성을 위하여 한 번 읽은 파일의 내용을 저장하는 데 사용하는 캐시 영역이다.

---

1 해당 패치에 대한 내용은 아래 주소에서 확인할 수 있다.
   https://access.redhat.com/documentation/en-US/Red_Hat_Enterprise_Linux/6/html/6.6_Technical_Notes/
   nss.html#RHBA-2014-1378

3. buffers와 cached는 미사용 중인 메모리 영역을 시스템의 효율성을 위해서 커널이 사용하는 용도이며, 프로세스가 필요로 할 때는 언제든지 해당 영역을 해제하여 프로세스에게 전달해 준다.

4. /proc/meminfo에서 보이는 anon 영역은 프로세스에서 사용하는 영역이고, file 영역은 위에서 언급한 I/O 성능 향상을 위해 커널이 캐싱 용도로 사용하는 영역이다.

5. anon과 file 영역은 각각 Active, Inactive라 불리는 LRU List를 통해 관리되고 있으며 각각은 시스템에 해당 메모리 영역에 얼마나 최근에 접근했는지를 기준으로 관리된다.

6. Slab 영역은 커널이 사용하는 캐싱 영역을 의미하며 dentry cache, inode cache, buffer_head 등 다양한 캐싱 용도로 사용된다.

5장

swap, 메모리 증설의 포인트

앞장에서는 리눅스에서 메모리 사용량을 확인하는 방법과 전체 메모리
가 어떤 영역에 어떻게 활용되고 있는지를 살펴보았다. 그럼 활용되고
있는 메모리가 부족할 경우에는 어떤 일이 벌어질까? 이번 장에서는 메
모리가 부족한 것을 어떻게 확인할 수 있는지, 그리고 부족할 경우에 커
널은 어떻게 대처하는지에 대해서 알아보자.

5.1 swap 영역

먼저 swap 영역이 무엇인지 알아보자. swap 영역은 물리 메모리가 부
족할 경우를 대비해서 만들어 놓은 영역이다. 앞에서도 이야기한 것처
럼 메모리는 프로세스가 연산을 하기 위해 만들어 놓은 일종의 저장 공
간과 같은 것인데, 이 공간이 모자라면 프로세스는 더 이상 연산을 위한
공간을 확보할 수 없기 때문에 전체 시스템이 응답 불가 상태에 빠질 수
있다. 이런 응답 불가 상태에 빠지지 않고 시스템이 안정적으로 운영될
수 있도록 비상용으로 확보해 놓은 메모리 공간이 swap 영역이다. 하
지만 swap 영역은 물리 메모리가 아니라 디스크의 일부분을 메모리처
럼 사용하기 위해 만들어 놓은 공간이기 때문에, 메모리가 부족할 때 사
용한다고는 하지만 메모리에 비해 접근과 처리 속도가 현저하게 떨어

진다. 그래서 swap 영역을 사용하게 되면 시스템의 성능 저하가 일어난다.

리눅스에서 사용 중인 swap 영역 정보는 free 명령을 통해서 확인할 수 있다.

코드 5-1 free 명령으로 swap 영역 확인하기

```
[root@server ~]# free -k
               total       used       free     shared    buffers     cached
Mem:         8061188    4046344    4014844          4     140912    2279828
-/+ buffers/cache:      1625604    6435584
Swap:       10485756 ❶    30800 ❷  10454956 ❸
```

코드 5-1은 지난 장에서 확인해본 free 명령의 출력 결과이다. 지난 장과 달리 이번에는 swap 영역에 사용량이 있다.

❶ 전체 swap 영역의 크기를 의미한다. -k 옵션은 KB 단위이기 때문에 약 10GB 정도의 영역을 확보해둔 것을 알 수 있다.

❷ 현재 사용 중인 swap 영역의 크기를 의미한다. 30800KB 정도의 swap 영역을 사용하고 있다. 전체 영역에 비해서는 아주 적은 양이지만 swap 영역을 사용했다는 것 자체가 시스템에 메모리와 관련해 문제가 있을 수 있다는 의미이다. 아주 적은 양이라도 swap 영역을 쓰기 시작했다면 반드시 살펴봐야 한다.

❸ 현재 남아있는 swap 영역의 크기이다.

swap 영역을 사용한다는 것 자체가 시스템의 메모리가 부족할 수 있다는 의미이기 때문에 어떤 프로세스가 사용하고 있는지 확인해볼 필요가 있다. 서비스 용도가 아닌 관리 용도의 프로세스에 메모리 누수가 있어서 메모리를 계속해서 점유하려 하고, 그 과정에서 swap을 사용하고 있을 수도 있기 때문이다. 이런 경우라면 관리 용도의 프로세스를 죽여서 메모리 부족 현상으로 인한 성능 저하를 해결할 수 있다. swap의 사용 여부를 판단하는 것도 중요하지만 누가 swap을 사용하느냐도 매우 중요한 판단 기준이 된다.

모든 프로세스는 /proc/〈pid〉의 디렉터리에 자신과 관련된 정보들을 저장한다. 예를 들어 pid가 1234인 프로세스는 /proc/1234에 관련 정보들이 저장된다. 프로세스가 사용하는 메모리에 대한 정보도 이곳에 저장되는데 그중에서도 /proc/〈pid〉/smaps 파일이 바로 메모리 정보를 저장하고 있다. 이 파일 내용을 살펴보자(코드 5-2).

코드 5-2 proc 파일 시스템의 smaps 파일(일부)

```
[root@server 1574]# cat smaps | more
7f7c25377000-7f7c2538e000 r-xp 00000000 08:03 2752534
/lib64/libpthread-2.12.so
Size:                  92 kB
Rss:                    4 kB
Pss:                    0 kB
Shared_Clean:           4 kB
Shared_Dirty:           0 kB
Private_Clean:          0 kB
Private_Dirty:          0 kB
Referenced:             4 kB
Anonymous:              0 kB
AnonHugePages:          0 kB
Swap:                   0 kB ❶
KernelPageSize:         4 kB
MMUPageSize:            4 kB
VmFlags: rd ex mr mw me ??
7f7c2538e000-7f7c2558e000 ---p 00017000 08:03 2752534
/lib64/libpthread-2.12.so
Size:                2048 kB
Rss:                    0 kB
Pss:                    0 kB
Shared_Clean:           0 kB
```

프로세스가 사용하고 있는 메모리 영역 중 해당 번지에 속한 메모리 영역이 swap 영역에 있는지 아닌지를 확인할 수 있다. 코드 5-2에서 볼 수 있는 것처럼 해당 프로세스의 논리적 메모리 7f7c25377000-7f7c2538e000 사이에 있는 메모리는 크기가 92KB이며 swap 영역에는 없다(❶).

코드 5-3 proc 파일 시스템의 smaps 파일(일부)

```
7f7c25590000-7f7c25594000 rw-p 00000000 00:00 0
Size:                  16 kB
Rss:                    0 kB
```

```
Pss:                    0 kB
Shared_Clean:           0 kB
Shared_Dirty:           0 kB
Private_Clean:          0 kB
Private_Dirty:          0 kB
Referenced:             0 kB
Anonymous:              0 kB
AnonHugePages:          0 kB
Swap:                   4 kB ❶
KernelPageSize:         4 kB
MMUPageSize:            4 kB
```

하지만 코드 5-3을 보면 16KB 중에서 4KB가 swap 영역에 속해 있다. 이렇게 /proc/⟨pid⟩/smaps 파일의 정보를 통해서 각 프로세스의 메모리 영역별로 사용하는 swap 영역을 확인할 수 있다. 하지만 프로세스의 메모리 영역별로 살펴봐야 하기 때문에 불편하다. 그래서 특정 프로세스가 사용하는 전체 swap 영역에 대한 정보가 필요할 경우에는 /proc/⟨pid⟩/status 파일을 통해서도 확인할 수 있다.

코드 5-4 proc 파일 시스템의 status 파일(일부)

```
[root@server 4563]# cat /proc/4563/status
Name: ismlive
State:   S (sleeping)
Tgid: 4563
Pid:  4563
PPid: 4555
TracerPid:          0
Uid: 0  0           0           0
Gid: 0  0           0           0
Utrace:  0
FDSize:  64
Groups:
VmPeak:     23636 kB
VmSize:     23636 kB
VmLck:          0 kB
VmHWM:       1068 kB
VmRSS:       1068 kB
VmData:      1012 kB
VmStk:         88 kB
VmExe:        164 kB
VmLib:       1832 kB
VmPTE:         80 kB
VmSwap:         0 kB ❶
Threads: 1
```

많은 출력 결과 중 VmSwap 항목이 해당 프로세스가 사용하는 swap 영역에 대한 정보를 의미한다.

이 외에 전체 프로세스별로 사용 중인 swap 영역의 크기를 확인하고 싶은 경우가 있는데, 이런 경우에 유용한 smem이라는 유틸리티가 있다.[1] smem 유틸리티는 /proc/〈pid〉의 내용을 바탕으로 각 프로세스들의 메모리 사용 현황을 보여준다.

코드 5-5 smem 유틸리티의 출력 결과

```
[root@server ~]# smem -t
  PID User   Command                          Swap      USS       PSS       RSS
  595 root   /sbin/udevd -d                    500        0         3       108
 4719 root   /sbin/udevd -d                    496        0         3        96
 4720 root   /sbin/udevd -d                    496        0         3        96
 4706 root   /sbin/mingetty /dev/tty1           64        4         6       100
 4708 root   /sbin/mingetty /dev/tty2           68        4         6       100
 4114 root   /usr/sbin/sshd                    620       92       130       320
 4184 root   crond                            516      108       130       400
 1574 root   irqbalance --pid=/var/run/i       152      172       190       428
 1537 root   auditd                           128      228       250       576
    1 root   /sbin/init                       104      268       281       508
... (중략) ...
 4125 ntp    ntpd -u ntp:ntp -p /var/run       440      380       421       764
 1559 root   /sbin/rsyslogd -i /var/run/       360     4248      4267      4560
 4189 root   python /usr/bin/smem -t             0     5520      5668      6312
 1358 root   /usr/sbin/vmtoolsd               3804     7396      7456      7880
-----------------------------------------------------------------------------
   44 3                                      31084  1408968   1410844   1423872
```

출력 결과는 일부 생략했다. 제일 마지막 줄이 전체 합계인데, 약 31084 KB가 swap에 사용되었다. free 명령을 통해 확인한 양과 비슷한 양이다. 결과를 보면 vmtoolsd 프로세스가 가장 많이 사용하고 있긴 하지만 다른 프로세스들도 전체적으로 조금씩 사용하고 있다. 이 시스템에서는 프로세스들이 고르게 swap 영역을 사용하고 있고, 현재는 가용 메모리가 많이 남아 있는 상태이기 때문에 순간적으로 메모리 사용량이 늘어났고 그때 swap 영역을 사용했음을 짐작할 수 있다. 현재는 메모리의 사용률이 높지 않고, 사용 중인 swap 영역도 전체 용량에 비해 작은 영역을 사용하기 때문이다.

---

1 smem 유틸리티는 다음 사이트에서 다운 받을 수 있다. *https://www.selenic.com/smem*

5.2 버디 시스템

바로 앞에서 swap 영역은 메모리가 부족할 때 사용한다고 했는데, 그럼 메모리가 부족한 상황이라는 것은 어떤 상황일까? 그에 대해 알아보기 전에 커널이 메모리를 할당하는 과정을 간단하게 살펴보자.

그림 5-1 버디 시스템의 구조

커널은 버디 시스템을 통해서 프로세스에 메모리를 할당한다. 버디 시스템은 물리 메모리를 연속된 메모리 영역으로 관리한다(그림 5-1). 예를 들어 연속 1개의 페이지 크기별 버디, 연속 2개의 페이지 크기별 버디 등으로 관리한다. 그래서 프로세스가 4KB의 메모리 영역을 요청하면 연속 1개짜리 페이지를 꺼내서 사용하도록 내어준다. 만약 8KB의 메모리 영역을 요청하면 연속 1개짜리를 두 개 주는 것이 아니라 연속 2개짜리 영역 하나를 내어준다. 이런 방식으로 메모리의 단편화도 막을 수 있고 프로세스의 요청에 더 빠르게 응답할 수 있다. 버디 시스템의 현재 상황은 /proc/buddyinfo에서 볼 수 있다(코드 5-6).

코드 5-6 버디 시스템의 현재 상황 확인하기

```
[root@server ~]# cat /proc/buddyinfo
Node 0, zone     DMA     1     1     0     1     2     1     0     0     1     1     3
Node 0, zone   DMA32     6     7     6     5     5     9     8    11     7     6   677
Node 0, zone  Normal  1410  1718  1445  1325   838   208   136    83    33    11   205
```

 /proc/buddyinfo의 결과 중 DMA, DMA32, Normal과 같은 zone에 대한 이야기는 6장에서 다룬다.

각각의 행은 2의 배수이며 각각 연속 1개, 2개, 4개의 영역을 의미한다. DMA 절의 메모리 가용량을 본다면 4KB × 1개 + 8KB × 1개 + 32 KB ×

1개 + 64 KB × 2개 + 128KB × 1개 + 1024KB × 1개 + 2048KB × 1개 + 4096KB × 3개로, 가용 영역의 총합은 15660KB이다.

이를 토대로 계산해 보면 DMA가 15660KB, DMA32가 2801936KB, Normal이 1138472KB로, 전체를 합치면 가용 영역은 3956068KB이다. free 명령으로 한번 확인해 보자(코드 5-7).

코드 5-7 free 명령의 결과

```
[root@server ~]# free -k
             total        used        free      shared     buffers      cached
Mem:       8061404     4105460     3955944         160      216412     3492556
-/+ buffers/cache:      396492     7664912
Swap:     10485756           0    10485756
```

코드 5-7의 결과 중 첫 번째 행을 보면 비슷한 수치의 free 영역이 있다. 실제로 프로세스가 메모리를 할당 받으면 buddyinfo의 내용이 정말로 변하게 될까?

간단하게 테스트해보자. 코드 4-2에서 사용한, malloc()을 활용한 프로그램을 사용해서 4MB의 영역에 대해 할당 요청을 해보자. 작은 단위는 다른 프로세스에서도 할당을 요청하기 때문에 빠르게 변화하지만 상대적으로 큰 단위는 변화가 적기 때문에 변화하는 것을 더 확실하게 볼 수 있을 것이다. 우선 테스트 전의 buddyinfo이다.

코드 5-8 테스트 전의 버디 시스템 정보

```
[root@server ~]# cat /proc/buddyinfo
Node 0, zone      DMA     1    1    0    1    2    1    0     0    1    1       3
Node 0, zone    DMA32     7    6    6    5    5   10    8    11    7    6     677
Node 0, zone   Normal   161   88   54   33   34   13   23    28   16   10 ❶ 1211
```

❶ Normal 존에 4096KB의 버디가 10개 있다. 만약 프로세스에서 4MB 크기의 메모리 영역에 대한 할당을 요청하면 아마도 저 버디 리스트에서 할당될 것이다.

이제 테스트 코드를 실행시켜 보자.

코드 5-9 테스트 후의 버디 시스템 정보

```
[root@server test]# ./memory_leak &
malloc ok
[root@server ~]# cat /proc/buddyinfo
Node 0, zone    DMA   1   1   0   1   2   1   0   0   1   1    3
Node 0, zone   MA32   7   6   6   5   5  10   8  11   7   6  677
Node 0, zone Normal  17  28  21  46  23  12  23  28  16   9 ❶ 211
```

Normal 존에 4096KB의 버디가 10개에서 9개로 줄어든 것을 확인할 수 있다. 이런 식으로 커널은 메모리의 요청이 발생했을 때 버디 시스템에서 가장 적당한 버디 리스트를 찾아 프로세스에 넘겨준다.

5.3 메모리 재할당 과정

지금까지 버디 시스템이란 무엇인지, 그리고 커널이 버디 시스템을 어떻게 활용해서 메모리를 할당하는지를 살펴보았다. 그럼 이번엔 커널이 메모리를 재할당하는 과정을 살펴보자.

커널에서의 메모리 재할당은 주로 두 가지 로직으로 처리된다.

첫 번째는 커널이 사용하는 캐시 메모리의 재할당이다. 이전 장에서도 이야기했지만, 커널은 메모리가 아무 데도 쓰이지 않고 가용 상태로 남아있는 것을 좋아하지 않는다. 프로세스가 사용하고 있지 않는 가용한 메모리는 주로 커널에서 캐시 용도로 사용한다. Page Cache, Buffer Cache, inode cache, dentry cache 등이 그 예다. 이렇게 사용하고 있지 않는 메모리를 캐시 용도로 사용하면 시스템의 성능이 전반적으로 향상된다. 하지만 이 경우 정작 프로세스가 메모리를 필요로 할 때 사용할 메모리가 부족해질 수 있다. 이럴 때 메모리 재할당이 일어난다. 커널은 캐시 용도로 사용하던 메모리를 사용 해제하고 가용 메모리 영역으로 돌린 후 프로세스가 사용할 수 있도록 재할당한다. 이는 시스템 운영 중에 자연스럽게 발생하는 과정이다.

두 번째는 swap을 사용하는 재할당이다. 위에서 언급한 캐시 용도의 메모리 외에 프로세스가 사용하는 메모리는 커널이 임의로 해제하고 재할당할 수 없고 그렇게 해서도 안된다. 프로세스가 언제 해당 메모리 영역을 참조하려 할지 알 수도 없을뿐더러 해당 메모리 영역에 있는 내용이 어떤 내용인지도 알 수 없기 때문이다. 캐시 용도의 메모리를 해제할 만큼 해제하고도 더 이상 프로세스에 할당해줄 메모리가 없다면 어떻게 해야 할까? 바로 이때 swap을 사용하게 된다. 커널은 프로세스가 사용하는 메모리 중 Inactive 리스트에 있는 메모리를 골라서 swap 영역으로 이동시킨다. 그런 다음 해당 메모리 영역을 해제하고 다른 프로세스에 할당한다. 해당 메모리 영역이 물리 메모리에서는 해제되었지만 swap 영역으로 이동했기 때문에 프로세스가 해당 메모리 영역을 참조하려고 하면 다시 swap 영역에서 불러들여야 한다. 이렇게 메모리를 swap 영역으로 쓰거나 읽는 작업이 디스크에서 일어나기 때문에 I/O를 일으키고 이 과정에서 시스템의 성능이 저하된다. 아무래도 디스크 작업은 메모리 작업보다 느릴 수밖에 없기 때문이다.

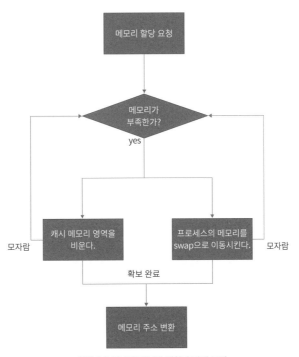

그림 5-2 커널의 메모리 재할당 관련 로직

이렇게 두 가지 로직을 통해 메모리 재할당 작업이 진행된다. 이 중에서 우리가 알아보려는 과정은 두 번째 과정이다. 첫 번째 재할당은 시스템 운영의 입장에서 자연스럽고 성능 저하에 크게 영향을 주지 않지만, swap을 사용하는 두 번째 재할당은 성능 저하를 일으키기 때문이다.

간단한 테스트를 통해서 실제로 메모리 재할당이 일어나는 과정을 알아보자. 먼저 dd 명령을 이용해서 1GB 크기의 파일을 7개 정도 생성해 보고 그에 따른 메모리의 사용량 변화를 살펴보자.

코드 5-10 dd 명령을 이용해서 I/O를 일으킨 뒤 free 명령으로 메모리 사용률 확인하기

```
[root@server ~]# dd if=/dev/zero of=./file_1 bs=1024 count=1000000
1000000+0 records in
1000000+0 records out
1024000000 bytes (1.0 GB) copied, 7.37338 s, 139 MB/s
[root@server ~]# free -m
             total       used       free     shared    buffers     cached
Mem:          7872       1192       6679          0         13       1028
-/+ buffers/cache:        149       7722
Swap:        10239          0      10239
[root@server ~]# dd if=/dev/zero of=./file_2 bs=1024 count=1000000
1000000+0 records in
1000000+0 records out
1024000000 bytes (1.0 GB) copied, 1.50393 s, 681 MB/s
[root@server ~]# free -m
             total       used       free     shared    buffers     cached
Mem:          7872       2201       5671          0         13       2005
-/+ buffers/cache:        182       7690
Swap:        10239          0      10239
[root@server ~]# dd if=/dev/zero of=./file_3 bs=1024 count=1000000
1000000+0 records in
1000000+0 records out
1024000000 bytes (1.0 GB) copied, 1.8388 s, 557 MB/s
[root@server ~]# dd if=/dev/zero of=./file_4 bs=1024 count=1000000
1000000+0 records in
1000000+0 records out
1024000000 bytes (1.0 GB) copied, 2.16429 s, 473 MB/s
[root@server ~]# dd if=/dev/zero of=./file_5 bs=1024 count=1000000
1000000+0 records in
1000000+0 records out
1024000000 bytes (1.0 GB) copied, 1.52722 s, 670 MB/s
[root@server ~]# dd if=/dev/zero of=./file_6 bs=1024 count=1000000
1000000+0 records in
1000000+0 records out
1024000000 bytes (1.0 GB) copied, 2.0361 s, 503 MB/s
[root@server ~]# dd if=/dev/zero of=./file_7 bs=1024 count=1000000
1000000+0 records in
```

```
1000000+0 records out
1024000000 bytes (1.0 GB) copied, 1.5322 s, 668 MB/s
[root@server ~]# free -m
              total       used       free     shared    buffers     cached
Mem:           7872       6834       1037          0          3       6511
-/+ buffers/cache:         319       7552
Swap:         10239          0      10239
```

총 7개의 파일을 만들었으며, 중간 부분을 확인해 보면 파일 하나의 크 기만큼 cached 영역이 늘어났다. 코드 5-10의 free 명령 결과만 보면 사용 가능한 메모리가 1037MB 정도 밖에 되지 않고, 그 외의 영역을 사용하고 있는 것처럼 오해할 수 있다. 그럼 이 상태에서 프로세스의 메모리 할당을 시작해 보자. vmstat을 통해서 살펴보면 아래와 같이 메모리의 변화를 초 단위로 확인할 수 있다.

코드 5-11 vmstat 명령으로 메모리 할당 변화 확인하기

```
procs -----------memory---------- ---swap-- ----io---- --system-- ----cpu----
 r  b   swpd    free   buff  cache   si   so   bi   bo    in   cs  us  sy  id wa st
 0  0      0 1044932   6908 6683316❶  0    0    0    0    20   15   0   0 100  0  0
 0  0      0 1041440   6736 5637472❷  0    0    0    0  1246   45   4  17  80  0  0
 0  0      0 1061220   6740 4566816❸  0    0    0    0   895   44   4  30  65  0  0
[root@server ~]# free -m
              total       used       free     shared    buffers     cached
Mem:           7872       6836       1036          0          6      4459❹
-/+ buffers/cache:        2369❺      5502
Swap:         10239          0      10239
```

코드 5-11의 결과를 살펴보면, ❶에서는 6GB 정도에 육박하던 cache 영역이 ❷에서는 5GB 정도로 줄어들고 ❸에서는 4GB 정도로 줄어들었다. 해당 행의 free를 보면 free 영역의 변화는 거의 없다. 이를 통해 프로세스의 메모리 할당 요청에서 커널이 페이지 캐시를 비워서 확보했음을 알 수 있다. 그리고 ❹를 보면 이전 출력 값에서 2GB 정도가 빠져 있으며 ❺를 보면 buffers/cache를 제외한 영역이 2GB 정도로 늘어나 있다.

하지만 커널이 항상 페이지 캐시만을 먼저 없애는 것은 아니다. 이번엔 조금 다른 방식으로 테스트해보자. 일정량 이상의 메모리를 사용하는 프로세스를 만든 후 다른 프로세스를 통해서 메모리 할당을 요청하는 방식이다(코드 5-12).

코드 5-12 테스트 전의 메모리 사용률 상태

```
[root@server ~]# free -m
             total      used      free    shared   buffers    cached
Mem:          7872      6853      1018         0         6      3450
-/+ buffers/cache:      3396      4476
Swap:        10239         0     10239
```

코드 5-12를 보면 시스템은 이미 3GB 정도를 사용하는 프로세스와 3GB 정도의 페이지 캐시를 사용하고 있는 상태이다. 이 상태에서 메모리 할당 프로세스를 실행시키고 vmstat를 사용해서 모니터링하다 보면 코드 5-13과 같이 cache 영역이 줄어드는 것을 볼 수 있다. 그러다가 어느 순간 더 이상 cache 영역으로도 줄일 수 없을 때에 swap 영역을 사용하기 시작한다.

코드 5-13 vmstat으로 메모리 할당 변화 확인하기

```
procs -----------memory---------- ---swap-- -----io---- --system-- -----cpu-----
 r  b   swpd    free   buff  cache  si    so   bi     bo    in   cs us sy id wa st
 0  0      0 1009572  3412 1466768   0     0    0      0    19   18  0  0 100  0  0
 2  0      0 1026084  3308  989684   0     0    0      0   241   25  2  8  90  0  0
 0  0      0 1020304   752  449828   0     0  116      0   440   35  3 13  80  5  0
 0  0      0 1019932   752  450008   0     0    0      0    49   23  0  0 100  0  0
 0  3 174908  704924   228  220780   0 174840 100 174840   623   89  3 12  52 34  0
 0  2 313668  706036   228  221064   0 138760 220 138760   933  193  1  5  38 56  0
```

여기까지 간단한 테스트를 통해서 캐시를 비우는 경우와 swap을 사용하는 경우를 확인해 보았다. 이를 통해서 커널은 기본적으로 유휴 메모리가 있을 경우 캐시로 활용하려 하고, 메모리 사용 요청이 증가하면 캐시로 활용하고 있는 메모리를 재할당해서 프로세스에 할당함을 확인할 수 있었다. 이런 동작은 커널의 기본적인 동작 원리인데, 커널에서는 몇 가지 커널 파라미터를 이용해서 이런 동작 과정을 조금 더 사용자가 원하는 형태로 조절할 수 있도록 해준다. 바로 vm.swappiness와 vm.vfs_cache_pressure 두 가지 파라미터이다. 다음 절에서는 이 두 개의 파라미터에 대해 살펴보자.

5.4 vm.swappiness와 vm.vfs_cache_pressure

먼저 vm.swappiness에 대해서 알아보자. 커널 문서에 보면 해당 값에 대해서 다음과 같이 정의하고 있다.

```
This control is used to define how aggressive the kernel will swap
memory pages. Higher values will increase aggressiveness, lower values
decrease the amount of swap. The default value is 60.
```

커널이 얼마나 공격적으로 메모리 영역을 swap 영역으로 옮기느냐를 결정하는 파라미터이며, 기본값은 60이라고 정의되어 있다. vm.swappiness 값은 커널 문서에도 정의되어 있는 것처럼 메모리가 부족한 상황에서 캐시를 비우느냐 아니면 특정 프로세스의 메모리 영역을 swap 영역으로 옮기느냐를 결정한다. 이 값이 커지면 캐시를 비우지 않고 swap 영역으로 옮기는 작업을 더 빨리 진행하고, 이 값이 작아지면 가능한 한 캐시를 비우는 작업을 진행한다. 간단한 테스트를 통해서 확인해 보자. 극단적이긴 하지만 차이를 확실하게 알아볼 수 있도록 vm.swappiness 값을 100으로 설정했다.

코드 5-14 테스트 실행 전의 메모리 사용률

```
[root@server ~]# free -m
             total       used       free     shared    buffers     cached
Mem:          7872       6251       1621          0          4       2956
-/+ buffers/cache:       3289       4582
Swap:        10239          0      10239
[root@server ~]# sysctl -w vm.swappiness=100
vm.swappiness = 100
```

코드 5-14는 본격적인 테스트를 돌리기 전의 상황이다. 페이지 캐시로 3GB, 프로세스 메모리로 3GB 정도를 사용하고 있다.

코드 5-15 vm.swappiness의 값이 100일 때의 테스트 결과

```
procs -----------memory---------- ---swap-- -----io---- --system-- -----cpu-----
 r  b   swpd   free   buff  cache   si    so    bi    bo   in   cs us sy id wa st
 0  0      0 1659904   4876 3027624   0     0     0     0   28   18  0  0 100  0  0
 0  1 113492  972200   1656 2723032❶  0 113492❷  0 113492 626  135  4 10  71 15  0
 0  0 154740 1018452   1656 2723396   0     0     0     0   20   17  0  0 100  0  0
 0  3 270232  910704   1660 2130620❸  0 115492❹ 964 115492 648  211  4 15  48 33  0
```

```
[root@server ~]# free -m
              total      used      free    shared    buffers     cached
Mem:           7872      4829      3042         0          1       1846
-/+ buffers/cache:       2981      4891
Swap:         10239       358      9881
```

코드 5-15를 보면 코드 5-13의 테스트와는 사뭇 다른 결과를 보여준다. 지난번에는 페이지 캐시가 거의 없어진 상황이 되어서야 swap을 사용하기 시작했지만, 이번에는 페이지 캐시의 용량이 꽤 남아 있는데도 swap을 사용하기 시작한다. ❶을 보면 아직도 2GB 정도의 용량이 남아 있지만 ❷에서 약 100MB 정도의 swap을 사용한다. 이는 이미 올라가 있는 3GB의 영역을 사용하는 프로세스의 일부 영역을 swap 영역으로 내리고, 해당 영역을 확보해서 새 프로세스에게 할당하는 것이다. ❸과 ❹에서도 아직 페이지 캐시가 남아 있는데도 swap을 사용한다.

이렇게 vm.swappiness 값을 통해서 커널이 메모리를 재할당할 때 캐시 메모리를 재할당할 것인지 아니면 swap을 사용할 것인지의 비율을 조절할 수 있다. vm.swappiness의 값이 작을수록 캐시 메모리를 재할당하고, 높을수록 swap 영역을 사용하게 된다.

그렇다면 왜 이런 인터페이스를 제공해주는 걸까? 무조건적인 페이지 캐시 해제가 항상 좋은 것만은 아니다. 페이지 캐시는 I/O 작업 시 디스크로의 접근을 줄여주기 때문에 전체적인 응답 속도 향상이 일어난다. 관점에 따라 다르겠지만 오히려 자주 사용하지 않는 프로세스의 메모리를 swap 영역으로 내리는 게 더 좋을 수도 있다. 그렇기 때문에 커널은 vm.swappiness라는 파라미터를 통해서 사용자에게 선택권을 주고 있다.

그 다음으로 살펴볼 파라미터는 vm.vfs_cache_pressure이다. 이 파라미터에 대한 커널 문서의 내용 중 일부를 살펴보면 다음과 같다.

This percentage value controls the tendency of the kernel to reclaim
the memory which is used for caching of directory and inode objects.

커널이 메모리를 재할당할 때 디렉터리나 inode에 대한 캐시를 재할당하려는 경향을 조절한다고 설명하고 있다. vm.swappiness 값에 의해 캐시를 재할당할지 swap 영역을 사용할지가 결정된다면, vm.vfs_cache_pressure 값은 캐시를 재할당한다고 결정했을 때 PageCache를 더 많이 재할당할지 아니면 디렉터리나 inode 캐시를 더 많이 재할당할지를 결정한다.

 4.4절에서 이야기한 slab 메모리 영역 중에서 dentry cache가 디렉터리 캐시, inode cache가 inode 캐시이다.

vm.vfs_cache_pressure 파라미터의 기본값은 100이며, 이 값보다 크냐 작으냐에 따라 얼마나 많은 양을 재할당할 것인지 결정한다. vm.vfs_cache_pressure가 어떤 역할을 하는지 소스 코드를 통해 살펴보자. fs/dcache.c 소스 코드를 보면 shrink_dcache_memory()라는 함수를 찾을 수 있다.

코드 5-16 shrink_dcache_memory() 함수의 소스 코드

```
static int shrink_dcache_memory(struct shrinker *shrink, int nr, gfp_t
gfp_mask)
{
    if (nr) {
        if (!(gfp_mask & __GFP_FS))
                return -1;
        prune_dcache(nr);
    }
    return (dentry_stat.nr_unused / 100) * sysctl_vfs_cache_pressure; ❶
}
```

❶을 보면 dentry_stat.nr_unused의 값을 100으로 나눈 후에 커널 파라미터로 설정한 sysctl_vfs_cache_pressure 값을 곱하는 것을 확인할 수 있다. 그래서 기본값인 100을 적용하면 사용하지 않는 객체들의 개수 그대로를 돌려주며, 100보다 작으면 사용하지 않는 객체들의 개수보다 더 적은 양을, 100보다 크면 더 많은 양을 돌려주게 된다. 그리고 이 함수에서 돌려준 만큼의 dentry 캐시를 재할당하게 된다.

사실은 위 함수 외에도 fs/inode.c 파일의 shrink_icache_memory() 함수에서도 유사한 로직을 확인할 수 있다. vfs_cache_pressure 파라미터

는 slab 메모리 중에서도 dentry cache와 inode cache의 재할당에 영향을 미친다는 것을 확인할 수 있다.

 코드 5-16을 보면 알겠지만 vfs_cache_pressure가 0이 되면 리턴 값이 0이 되어 dentry와 inode cache를 반환하지 않는다. 이는 시스템의 메모리 부족 현상을 일으킬 수 있기 때문에 절대로 0으로 설정하면 안된다.

테스트를 통해서 어떤 식으로 동작하는지 확인해 보자. 테스트 전에 dd 명령을 이용해서 PageCache를 생성하고 메모리 할당을 진행해 보면서 dentry cache의 크기 변화를 살펴보자.

코드 5-17 테스트 전 메모리의 상태

```
[root@server  memory_test]# free -m
              total       used       free     shared    buffers     cached
Mem:           7871        166       7705          0          1         10
-/+ buffers/cache:          154       7717
Swap:         10239          0      10239
```

dentry cache의 크기 변화는 코드 5-18의 스크립트를 통해서 확인할 수 있다.

코드 5-18 dentry cache 확인 스크립트

```
#!/bin/bash

while true
do
  slabtop -o | grep -i dentry
  sleep 1
done
```

vm.vfs_cache_pressure가 기본값인 100이었을 때의 테스트 결과는 코드 5-19와 같다.

코드 5-19 첫 번째 테스트 결과

```
[root@server  memory_test]# ./show_dentry.sh
 11000  10976  99%    0.19K    550       20     2200K dentry
 11000  10966  99%    0.19K    550       20     2200K dentry
 11000  10966  99%    0.19K    550       20     2200K dentry
```

```
 ... (중략) ...
 11000  10997  99%   0.19K    550     20     2200K dentry
 11000  10997  99%   0.19K    550     20     2200K dentry
 11000  10990  99%   0.19K    550     20     2200K dentry
 10880  10245  94%   0.19K    544     20     2176K dentry
 10880  10245  94%   0.19K    544     20     2176K dentry
 10880  10191  93%   0.19K    544     20     2176K dentry
 10880  10191  93%   0.19K    544     20     2176K dentry
```

24KB 정도의 아주 적은 양만 반환된 것을 볼 수 있다. 하지만 vm.vfs_ cache_pressure 파라미터의 값을 10000으로 설정하면 코드 5-20과 같은 결과를 볼 수 있다.

코드 5-20 두 번째 테스트 결과

```
[root@ptom283 memory_test]# ./show_slab.sh
  8100   5698  70%   0.19K    405     20     1620K dentry
  8100   5698  70%   0.19K    405     20     1620K dentry
  8100   5687  70%   0.19K    405     20     1620K dentry
 ... (중략) ...
  7680   5493  71%   0.19K    384     20     1536K dentry
  7680   5613  73%   0.19K    384     20     1536K dentry
  7680   5601  72%   0.19K    384     20     1536K dentry
  7680   5661  73%   0.19K    384     20     1536K dentry
  7680   5721  74%   0.19K    384     20     1536K dentry
  7680   5721  74%   0.19K    384     20     1536K dentry
  7680   5696  74%   0.19K    384     20     1536K dentry
```

코드 5-20을 보면 코드 5-19보다 더 많은 양의 dentry cache가 반환되었다. 두 경우 모두 2MB의 적은 양이고 I/O가 빈번히 발생하는 경우가 아니었기 때문에 비교적 적은 양의 dentry cache가 반환되었지만 I/O가 빈번히 일어나서 dentry cache와 inode cache의 양이 GB 수준으로 사용되는 서버에서는 vm.vfs_cache_pressure 값의 변화에 따른 반환량에 큰 차이가 발생한다. 이 값은 코드 5-16에서도 본 것처럼 100 이상이 되면 미사용 중이 아닌 캐시들도 반환하려고 하기 때문에 성능 저하가 발생할 수 있으니 워크로드에 따라서 충분히 테스트한 후 적용해야 한다

5.5 메모리 증설의 포인트

지금까지 커널이 어떻게 메모리를 할당하는지, 그리고 어떻게 재할당하는지를 살펴보았다. 결국 swap 영역의 사용이 문제가 되는 이유는 불필요한 I/O를 일으켜서 시스템의 성능 저하를 일으키기도 하지만 그보다는 메모리가 현재의 워크로드를 수용하기에 부족하다는 것을 알 수 있기 때문이다. 캐시 영역 등을 비워도 요구하는 메모리의 양을 확보할 수 없기 때문에 다른 프로세스에서 사용하는 영역을 swap 영역으로 빼고 그 영역을 사용하는 상황이 된다. 그렇다면 시스템이 swap을 사용한다면 어떻게 대처해야 할까? 메모리를 증설하면 될까? 대답은 메모리를 증설해야 할 수도 있고, 그렇지 않을 수도 있다. 만약 애플리케이션이 메모리 해제를 하지 않아서 메모리 누수가 생긴 것이라면, 메모리를 증설한다고 해도 발현되는 시간만 조금 더 늘어날 뿐 결국 swap 영역을 사용하기 때문이다. 그렇다면 메모리의 누수가 있는 건지, 아니면 정말로 더 많은 메모리가 필요한 것인지 어떻게 알 수 있을까?

두 가지 경우로 나눠서 생각해 보자. 첫 번째는 메모리의 사용량이 선형적으로 증가하는 경우이다. 메모리의 사용량을 그래프로 그려서 확인해 보면 그림 5-3과 같다.

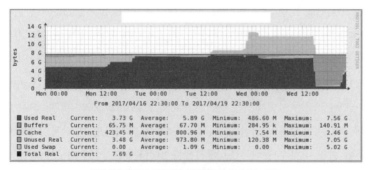

그림 5-3 메모리 사용량이 선형적으로 증가하는 경우

위 서버는 시간이 지남에 따라 메모리의 사용량이 계속적으로 증가하고 있다. 이런 경우에는 보통 메모리 누수를 의심해 볼 수 있다. 애플리케이션이 요청을 처리하기 위해 메모리를 할당 받고 요청이 끝나면 해당 메모리를 해제해야 하는데, 제대로 해제되지 않으면 사용하는 메모리가 계속해서 늘어난다. pmap 등의 명령을 이용해서 해당 프로세스가 사용하는 힙 메모리 영역이 어떻게 변화하는지를 살펴보면 도움이 된다. gdb와 같은 도구를 이용한 디버깅이 허용된다면 늘어나고 있는 힙 메모리의 영역에 메모리 덤프를 생성해서 실제 어떤 데이터들이 메모리에 있는지를 확인하고, 이를 통해 어떤 로직에서 문제가 있을지 예측할 수 있다.

두 번째는 순간적으로 메모리의 사용량이 폭증하는 경우다. 이 경우를 그래프로 그려보면 그림 5-4와 같다.

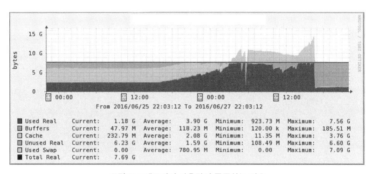

그림 5-4 메모리의 사용량이 폭증하는 경우

평상시에는 사용하는 메모리의 양이 일정 수준을 유지하고 있다가 순간적으로 요청이 증가하면 메모리의 사용량이 폭증해서 swap을 사용하게 된다. 순간적으로 요청이 폭증하면 응답이 느려질 수 있기 때문에, 안정적인 서비스를 위해서 사용한 메모리의 최대치를 계산해서 메모리를 증설하면 도움이 된다. 하지만 이런 경우는 그리 흔치 않고, 서비스에 크게 영향을 끼칠 정도의 응답 속도가 아니라면 swap을 사용하는 것으로 방어하는 것도 하나의 방법이 될 수 있다.

5.6 Case Study - gdb를 이용해서 메모리 누수 잡기

이번 절에서는 gdb를 이용해 메모리 누수를 잡는 과정을 살펴보자. 5.5절에서도 잠깐 언급했지만 메모리 누수가 의심될 때 gdb와 같은 디버깅

도구를 사용하는 것이 허용된다면, 늘어나고 있는 힙 메모리의 영역에
메모리 덤프를 생성하고 살펴보는 것이 도움이 된다. 이번 절에서는 테
스트 프로그램을 이용해서 메모리 덤프를 만들고 분석해보자.

코드 5-21 메모리 누수를 일으키는 테스트 프로그램

```c
#include <stdio.h>
#include <stdlib.h>
#include <sys/time.h>

#define MEGABYTE 1024*1024

int main() {
    struct timeval tv;
    char *current_data;

    while (1) {
        gettimeofday(&tv, NULL);
        current_data = (char *) malloc(MEGABYTE);
        sprintf(current_data, "%d", tv.tv_usec);
        printf("current_data = %s\n", current_data);
        sleep(1);
    }

    exit(0);
}
```

코드를 살펴보면 1MB 영역을 malloc()으로 할당받고 계속 쓰기 작업을
진행한다. 컴파일해서 돌려보면 계속해서 메모리가 증가하는 것을 확
인할 수 있다.

코드 5-22 테스트 프로그램 실행 후 메모리 누수 확인하기

```
[root@server ~]# ps aux | grep -i malloc | grep -iv grep
root    3125  0.0  0.1  19344 12748 pts/0    S+    11:31    0:00 ./malloc_test
[root@server ~]# ps aux | grep -i malloc | grep -iv grep
root    3125  0.0  0.1  21400 12756 pts/0    S+    11:31    0:00 ./malloc_test
```

2장에서 살펴본 것처럼 RSS도 함께 증가한다. pmap 명령을 통해 메모리
영역별 사용량을 보자.

코드 5-23 pmap 명령으로 프로세스의 메모리 영역별 크기 확인하기

```
[root@server ~]# pmap 3125
3125:   ./malloc_test
```

```
0000000000400000      4K r-x--  /root/alden/malloc_test
0000000000600000      4K rw---  /root/alden/malloc_test
0000003d72c00000    128K r-x--  /lib64/ld-2.12.so
0000003d72e1f000      4K r----  /lib64/ld-2.12.so
0000003d72e20000      4K rw---  /lib64/ld-2.12.so
0000003d72e21000      4K rw---     [ anon ]
0000003d73400000   1576K r-x--  /lib64/libc-2.12.so
0000003d7358a000   2048K -----  /lib64/libc-2.12.so
0000003d7378a000     16K r----  /lib64/libc-2.12.so
0000003d7378e000      4K rw---  /lib64/libc-2.12.so
0000003d7378f000     20K rw---     [ anon ]
00007fe15231b000  69916K rw---     [ anon ] ❶
00007fe15676b000      8K rw---     [ anon ]
00007ffe5f11e000     84K rw---     [ stack ]
00007ffe5f1eb000      4K r-x--     [ anon ]
ffffffffff600000      4K r-x--     [ anon ]
 total           73828K
```

❶ malloc()을 통해 확보한 프로세스의 힙 영역이다. pmap 명령을 계속해서 입력해 보면 해당 영역이 늘어나는 것을 볼 수 있다. /proc에 있는 프로세스 정보를 확인해 보면 힙 메모리 영역이 다음과 같이 계속해서 커지는 것을 볼 수 있다. 이 경우를 그래프로 그리면 메모리가 선형적으로 증가하는 전형적인 메모리 누수의 모양이 된다.

코드 5-24 smaps로 메모리 누수 확인하기

```
[root@server ~]# cat /proc/3125/smaps
... (중략) ...
7fe148f88000-7fe156762000 rw-p 00000000 00:00 0
Size:             221032 kB
Rss:              133476 kB
Pss:              133476 kB
Shared_Clean:          0 kB
Shared_Dirty:          0 kB
Private_Clean:         0 kB
Private_Dirty:    133476 kB
Referenced:       133476 kB
Anonymous:        133476 kB
AnonHugePages:    133120 kB
Swap:                  0 kB
KernelPageSize:        4 kB
MMUPageSize:           4 kB
VmFlags: rd wr mr mw me ac
```

그럼 해당 메모리 영역에 gdb를 이용해서 메모리 덤프를 생성해 보자.

코드 5-25 gdb를 이용해서 메모리 덤프 생성하기

```
[root@server ~]# gdb -p 3125
GNU gdb (GDB) Red Hat Enterprise Linux (7.2-83.el6)
Copyright (C) 2010 Free Software Foundation, Inc.
License GPLv3+: GNU GPL version 3 or later <http://gnu.org/licenses/
gpl.html>
This is free software: you are free to change and redistribute it.
There is NO WARRANTY, to the extent permitted by law.  Type "show
copying"
and "show warranty" for details.
This GDB was configured as "x86_64-redhat-linux-gnu".
For bug reporting instructions, please see:
<http://www.gnu.org/software/gdb/bugs/>.
Attaching to process 3125
Reading symbols from /root/alden/malloc_test...(no debugging symbols
found)...done.
Reading symbols from /lib64/libc.so.6...(no debugging symbols
found)...done.
Loaded symbols for /lib64/libc.so.6
Reading symbols from /lib64/ld-linux-x86-64.so.2...(no debugging
symbols found)...done.
Loaded symbols for /lib64/ld-linux-x86-64.so.2
0x0000003d734aca60 in __nanosleep_nocancel () from /lib64/libc.so.6
Missing separate debuginfos, use: debuginfo-install glibc-2.12-1.166.
el6_7.3.x86_64
(gdb) dump memory /root/memory_dump 0x7fe148f88000 0x7fe156762000 ❶
```

가장 중요한 부분은 ❶로 표시한 명령어 부분이다. 코드 5-24를 통해
서 확인한 메모리의 논리 주소를 이용해서 덤프를 생성한다. 그리고
strings 명령으로 해당 메모리 영역의 내용을 살펴보면 코드 5-26과 같이
sprintf()로 메모리 영역에 기록한 값들이 쓰여 있는 것을 볼 수 있다.

코드 5-26 string으로 명령으로 메모리 덤프 읽기

```
[root@server ~]# strings ./memory_dump
595632
595505
595353
595245
595111
594960
594820
594704
594596
```

이렇게 메모리 누수가 의심될 때 gdb를 통해서 메모리 덤프를 생성하고 실제 메모리의 내용을 살펴보면 어떤 로직에서 사용한 메모리 영역이 해제되지 않았는지 확인할 수 있다. 이를 통해서 메모리 누수가 발생하는 로직을 확인하고 수정하면 된다.

5.7 요약

지금까지 커널의 메모리 사용량을 확인하는 방법, 할당과 재할당 과정, 그리고 swap 영역의 역할 등에 대해서 살펴보았다. 이를 통해서 시스템에서 발생할 수 있는 메모리 관련 이슈를 확인했고 해결 방법도 알아보았다. 이번 장에서 배운 내용은 다음과 같다.

1. 커널은 버디 시스템을 통해서 메모리를 할당하며 버디 시스템은 연속된 메모리 페이지 수를 기준으로 관리한다.
2. swap 영역은 메모리가 부족한 경우 프로세스가 사용하는 메모리를 해제해서 저장할 때 사용하며, 이 때문에 불필요한 I/O가 생겨 시스템의 성능이 저하된다.
3. swap 영역을 사용한다는 것은 시스템의 메모리가 부족하다는 의미이며, 이는 프로세스의 메모리 누수이거나 실제로 필요한 메모리가 부족하다는 뜻이다.
4. swap 영역을 사용할 때에는 어떤 프로세스에서 swap 영역을 사용하는지 정확하게 알 필요가 있으며 smem이라는 툴을 이용해서 빠르게 확인할 수 있다.
5. vm.swappiness 파라미터를 통해서 메모리를 재할당할 때 swap을 사용하게 할지 페이지 캐시를 해제하게 할지의 비율을 조절할 수 있다.
6. vm.vfs_cache_pressure 파라미터를 통해서 메모리를 재할당할 때 페이지 캐시를 더 많이 해제할지, 디렉터리 캐시나 inode 캐시를 더 많이 해제할지의 비율을 조절할 수 있다.

6장

NUMA, 메모리 관리의 새로운 세계

4장과 5장을 통해서 리눅스가 메모리를 할당하는 과정과 메모리가 부족할 때 어떻게 동작하는지 살펴보았다. 이번 장에서는 NUMA 아키텍처가 무엇인지, 그리고 NUMA 아키텍처가 메모리 할당에 어떤 영향을 미치는지 이야기할 것이다.

6.1 NUMA 아키텍처

NUMA는 Non-Uniform Memory Access의 약자로, 번역하면 불균형 메모리 접근이라는 뜻이며 멀티 프로세서 환경에서 적용되는 메모리 접근 방식이다. 그림 6-1은 UMA(Uniform Memory Access), 즉 NUMA와 반대되는 개념으로 초창기 아키텍처라고 볼 수 있다. 이 방식에서는 모든 프로세서가 공용 BUS를 이용해서 메모리에 접근한다. 이 방식의 문제점은 BUS를 동시에 사용할 수 없는 것으로, 0번 소켓에 있는 CPU가 메모리에 접근하는 동안 1번 소켓에 있는 CPU는 메모리에 접근할 수가 없다.

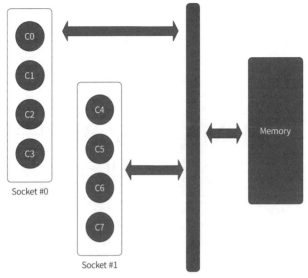

그림 6-1 UMA 아키텍처에서의 메모리 접근

그림 6-2는 우리가 이번 장에서 이야기할 NUMA의 개념도이다. UMA
와 다른 점은 로컬 메모리로의 접근이 동시에 이뤄질 수 있다는 것이다.
0번 CPU가 자신의 로컬 메모리에 접근하는 동안 1번 CPU도 자신의 메
모리에 접근할 수 있어서 성능이 향상된다. 하지만 로컬 메모리의 양이
모자라면 다른 CPU에 붙어있는 메모리에 접근이 필요하게 되고, 이때
메모리 접근에 시간이 소요되어 예상치 못한 성능 저하를 경험하게 된
다. 그래서 로컬 메모리에서 얼마나 많이 메모리 접근이 일어나느냐가
성능 향상의 가장 중요한 포인트이다.

 각각의 CPU마다 별도의 메모리가 있는데 이와 같이 메모리에 접근하는 방식을
로컬 액세스(Local Access)라고 한다. 그리고 이렇게 CPU와 메모리를 합쳐서
노드라고 부른다. NUMA에서는 자신의 메모리가 아닌 다른 노드에 있는 메모리
에도 접근할 수 있으며 이것을 리모트 액세스(Remote Access)라고 부른다.

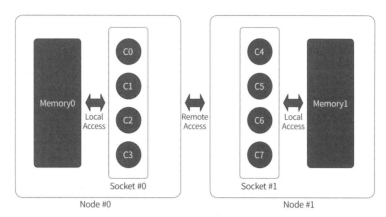

그림 6-2 NUMA 아키텍처에서의 메모리 접근

6.2 리눅스에서의 NUMA 확인

리눅스에는 NUMA를 활용하기 위한 코드를 구현해 놓았고 명령어를 통해서 현재 시스템의 NUMA 상태를 확인할 수 있다.

먼저 numactl 명령어를 살펴보자. numactl은 NUMA와 관련된 정책을 확인하거나 설정할 때 사용한다. 이번 절에서는 확인 용도로 사용해볼 것이다. --show 명령으로 NUMA 정책을 확인해 보자.

코드 6-1 numactl --show 명령의 결과

```
[root@server ~]# numactl --show
policy: default❶
preferred node: current
physcpubind: 0 1 2 3 4 5 6 7 8 9 10 11
cpubind: 0 1
nodebind: 0 1
membind: 0 1
```

❶ 기본 정책이 default인 것을 알 수 있다. default는 현재 사용 중인 프로세스가 포함된 노드에서 메모리를 먼저 가져다가 사용하는 방식이다.

NUMA와 관련된 메모리 할당 정책은 총 4가지이다.

첫 번째는 위에 언급된 default 정책이다. 이 정책은 별도의 설정을 하지 않는 한 모든 프로세스에 적용되며, 현재 프로세스가 실행되고 있는 프로세서가 포함된 노드에서 먼저 메모리를 할당 받아 사용한다.

두 번째는 bind 정책으로, 특정 프로세스를 특정 노드에 바인딩시키는 방식을 취한다. 예를 들어 0번 노드에 할당하면 0번 노드에서만 메모리를 할당 받는다. 이 경우 메모리의 지역성이 좋아지기 때문에 메모리 접근 속도가 빨라서 성능이 좋아질 수 있지만, bind에 설정한 노드의 메모리가 부족하면 성능이 급격히 나빠질 수도 있다.

세 번째는 preferred 정책으로, bind와 비슷하지만 선호하는 노드를 설정한다. bind가 반드시 설정한 노드에서 메모리를 할당 받는 반면에 preferred는 가능한 한 설정한 노드로부터 메모리를 할당 받는다.

마지막은 interleaved 정책으로, 다수의 노드에서 거의 동일한 비율로 메모리를 할당 받는다. Round-Robin 정책에 따라 다수의 노드로부터 한 번씩 돌아가면서 메모리를 할당 받는다. NUMA의 정책에 대해서는 다음 절에서 조금 더 상세하게 설명할 것이다.

다음 옵션은 -H 옵션이다.

코드 6-2 numactl -H 명령의 결과

```
[root@server ~]# numactl -H
available: 2 nodes (0-1) ❶
node 0 cpus: 0 2 4 6 8 10 ❷
node 0 size: 16373 M
node 0 free: 15645 MB
node 1 cpus: 1 3 5 7 9 11 ❷
node 1 size: 16383 MB
node 1 free: 15753 MB
node distances: ❸
node   0   1
  0:  10  20
  1:  20  10
```

❶ NUMA 노드가 2개로 구성되어 있음을 볼 수 있다.

❷ 각각의 노드 0, 1에 해당하는 CPU의 번호와 각 노드에 할당된 메모리의 크기이다. CPU 번호는 시스템마다 조금씩 다를 수 있다.

❸ 각 노드의 메모리에 접근하는 데 걸리는 시간을 의미한다. 각각의 로컬 메모리에 접근할 때 소요되는 시간을 10이라고 하면 리모트 메모리, 즉 0번 노드에서 1번 노드에 있는 메모리에 접근하거나, 1번

노드에서 0번 노드에 있는 메모리에 접근할 때 소요되는 시간은 20임을 보여준다. 이는 절대적인 시간이 아니라 상대적인 값으로, 리모트 메모리에 접근하는 시간이 로컬 메모리에 접근하는 데 필요한 시간의 2배라는 뜻이다.

다음은 NUMA 환경에서 현재 시스템에 할당된 메모리의 상태를 확인할 때 사용하는 명령어인 numastat이다.

코드 6-3 numastat -cm 명령의 결과

```
[root@server ~]# numastat -cm

Per-node system memory usage (in MBs):
                   Node 0 Node 1 Total
                   ------ ------ -----
MemTotal            16374  16384 32758
MemFree             15645  15748 31393
MemUsed               729    636  1365
Active                 52    153   205
Inactive               51    103   154
Active(anon)           31     21    52
Inactive(anon)          0      0     0
Active(file)           21    131   152
Inactive(file)         51    103   154
Unevictable             0      0     0
Mlocked                 0      0     0
Dirty                   2      0     2
Writeback               0      0     0
FilePages              73    234   306
... (후략) ...
```

numastat 명령이 중요한 이유는 NUMA 아키텍처에서 메모리 불균형 상태를 확인할 수 있기 때문이다. 어느 한쪽 노드의 메모리 사용률이 높으면 메모리 할당 정책에 따라 swap을 사용하는 경우도 있기 때문이다. 분명히 전체 메모리에는 free 영역이 많이 있는데도 불구하고 메모리 할당 정책에 따라 한쪽 노드에서 메모리 할당이 과하게 일어나면 swap을 사용하게 되며, 이런 상태를 numastat을 통해서 확인할 수 있다.

이번에는 프로세스가 어떤 메모리 할당 정책으로 실행되었는지 확인하는 방법을 살펴보자. /proc/⟨pid⟩/numa_maps에는 현재 동작 중인 프로세스의 메모리 할당 정책과 관련된 정보가 기록된다.

코드 6-4 numa_maps를 통해 메모리 할당 정책 확인

```
[root@server ~]# cat /proc/29800/numa_maps
00400000 default file=/root/test/malloc_test mapped=1 N1=1
kernelpagesize_kB=4
00600000 default file=/root/test/malloc_test anon=1 dirty=1 N0=1
kernelpagesize_kB=4
3f48600000 default file=/lib64/ld-2.12.so mapped=26 mapmax=12 N1=26
kernelpagesize_kB=4
3f4881f000 default file=/lib64/ld-2.12.so anon=1 dirty=1 N0=1
kernelpagesize_kB=4
3f48820000 default file=/lib64/ld-2.12.so anon=1 dirty=1 N0=1
kernelpagesize_kB=4
```

코드 6-4의 프로세스는 default 정책으로 실행된 것이다. 다른 프로세스
도 한번 확인해보자.

코드 6-5 numa_maps를 통해 메모리 할당 정책 확인

```
[root@server ~]# cat /proc/30492/numa_maps
00400000 interleave:0-1 file=/root/test/malloc_test mapped=1 N1=1
kernelpagesize_kB=4
00600000 interleave:0-1 file=/root/test/malloc_test anon=1 dirty=1 N0=1
kernelpagesize_kB=4
3f48600000 interleave:0-1 file=/lib64/ld-2.12.so mapped=26 mapmax=12
N1=26 kernelpagesize_kB=4
3f4881f000 interleave:0-1 file=/lib64/ld-2.12.so anon=1 dirty=1 N1=1
kernelpagesize_kB=4
3f48820000 interleave:0-1 file=/lib64/ld-2.12.so anon=1 dirty=1 N0=1
kernelpagesize_kB=4
```

코드 6-5의 프로세스는 numactl을 통해서 interleave 정책으로 할당된
것이다. 이 방식으로 각 프로세스들이 어떤 메모리 할당 정책으로 동작
중인지 확인하면 된다.

6.3 메모리 할당 정책별 특징

이번 절에서는 numactl로 직접 정책을 적용해보면서 메모리 할당 정책
을 조금 더 상세하게 알아볼 것이다. 할당 테스트에는 2장에서 사용한
malloc() 테스트 프로그램을 사용한다. 이 프로그램은 1초에 한 번씩
1MB의 메모리를 할당해서 사용한다.

코드 6-6 malloc 테스트 프로그램

```c
#include <stdio.h>
#include <string.h>
#include <stdlib.h>

#define MEGABYTE 1024*1024

int main() {
    void *myblock = NULL;
    int count = 0;

    while (1) {
        myblock = (void *) malloc(MEGABYTE);

        if (!myblock) {
                printf("Error!");
                break;
        }
        printf("Currently allocating %d MB\n", (++count)*MEGABYTE);
        memset(myblock, 1, MEGABYTE);

        sleep(1);
    }
}
```

먼저 default 정책을 살펴보자. default는 리눅스 메모리 할당의 기본 정
책으로, 아무것도 해주지 않아도 된다. 컴파일된 프로그램을 실행시켜
보면 다음과 같다.

```
[root@server test]# ./malloc_test
Currently allocating 1 MB
Currently allocating 2 MB
```

numastat 명령으로 확인해 보면 실제로 프로세스가 어떤 노드로부터 메
모리를 할당 받아서 사용하고 있는지 확인할 수 있다.

코드 6-7 numastat을 통해 numa 상태 확인

```
[root@server~]# numastat `pidof malloc_test`

Per-node process memory usage (in MBs) for PID 4597 (malloc_test)
                            Node 0          Node 1          Total
                      --------------- --------------- ---------------
Huge                           0.00            0.00            0.00
```

```
Heap                       0.00              0.00              0.00
Stack                      0.00              0.01              0.01
Private                    0.36              5.08              5.45
────────────────   ────────────────   ────────────────   ────────────────
Total                      0.36              5.09              5.46
```

코드 6-7을 보면 1번 노드에서 할당 받아서 동작 중임을 알 수 있다.
default로 설정하면 현재 프로세스가 동작 중인 CPU가 속한 노드에서
메모리를 할당 받는다. preferred 정책과 비슷하게 보일 수도 있는데,
preferred 정책은 특정 노드를 선택하고 가능하면 그 노드에서 메모리
를 할당받으려 하는 방식인 반면, default 정책은 그 순간순간 프로세스
가 동작하고 있는 CPU를 기준으로 할당받는다. 정말 그렇게 동작하는
지 확인해 보자.

코드 6-8 numastat으로 default 정책에서의 메모리 할당 현황 확인

```
[root@server~]# numastat 7564

Per-node process memory usage (in MBs) for PID 7564 (malloc_test)
                           Node 0            Node 1             Total
                   ────────────────   ────────────────   ────────────────
Huge                       0.00              0.00              0.00
Heap                       0.00              0.00              0.00
Stack                      0.01              0.00              0.01
Private                   11.46              0.00             11.47
────────────────   ────────────────   ────────────────   ────────────────
Total                     11.48              0.00             11.48


[root@server ~]# numastat 7564

Per-node process memory usage (in MBs) for PID 7564 (malloc_test)
                           Node 0            Node 1             Total
                   ────────────────   ────────────────   ────────────────
Huge                       0.00              0.00              0.00
Heap                       0.00              0.00              0.00
Stack                      0.01              0.00              0.01
Private                   12.47              0.00             12.47
────────────────   ────────────────   ────────────────   ────────────────
Total                     12.48              0.00             12.48
```

처음에는 0번 노드에 있는 CPU에 할당되어 0번 노드로부터 메모리를
할당받는다. 하지만 taskset 명령으로 1번 노드에 있는 CPU에 강제로
할당하고 결과를 살펴보자.

코드 6-9 numactl로 각 CPU의 numa node 확인

```
[root@server ~]# numactl -H
available: 2 nodes (0-1)
node 0 cpus: 0 2 4 6 8 10
node 0 size: 16373 MB
node 0 free: 15512 MB
node 1 cpus: 1 3 5 7 9 11
node 1 size: 16383 MB
node 1 free: 15949 MB
node distances:
node   0   1
  0:  10  20
  1:  20  10
```

먼저 1번 노드에 속한 CPU의 번호를 확인해보면 1, 3, 5, 7, 9, 11 홀수
번호이다. 이제 taskset 명령으로 특정 CPU에 할당해보자.

코드 6-10 taskset으로 프로세스를 특정 CPU에 할당

```
[root@server ~]# taskset -pc 1 7564
pid 7564's current affinity list: 0-11
pid 7564's new affinity list: 1
```

numastat 명령으로 확인해 보면 taskset 명령을 입력한 순간부터 1번
노드로부터 메모리를 할당 받는다.

코드 6-11 numastat으로 default 정책에서의 메모리 할당 현황 확인

```
[root@server ~]# numastat 7564

Per-node process memory usage (in MBs) for PID 7564 (malloc_test)
                          Node 0          Node 1           Total
                  --------------- --------------- ---------------
Huge                         0.00            0.00            0.00
Heap                         0.00            0.00            0.00
Stack                        0.01            0.00            0.01
Private                    100.81            7.03          107.84
                  --------------- --------------- ---------------
Total                      100.82            7.03          107.86
[root@server ~]# numastat 7564

Per-node process memory usage (in MBs) for PID 7564 (malloc_test)
                          Node 0          Node 1           Total
                  --------------- --------------- ---------------
Huge                         0.00            0.00            0.00
```

Heap	0.00	0.00	0.00
Stack	0.01	0.00	0.01
Private	100.81	8.04	108.85
Total	100.82	8.04	108.86

이 테스트 결과로 default 정책을 적용하면 프로세스가 동작 중인 CPU의 노드에 따라 메모리를 할당한다는 것을 확인했다.

즉, A라는 프로세스가 0번 노드에 있는 CPU를 할당받아 동작하다가 1번 노드에 있는 CPU를 할당받아 동작하게 되면 기존 0번 노드에서 돌 때 확보한 메모리는 로컬 메모리가 아닌 원격 메모리가 되고, 이후의 접근은 로컬 액세스가 아닌 리모트 액세스가 된다. 그래서 메모리 접근에 더 많은 시간이 소요되고 메모리 지역성이 떨어진다. 하지만 리눅스 스케줄러는 가능한 한 기존에 바인딩된 노드에 계속 바인딩되도록 하려는 경향이 있기 때문에 한쪽 노드에서 할당 가능한 메모리의 양을 넘지 않는 한 크게 문제가 되진 않는다.

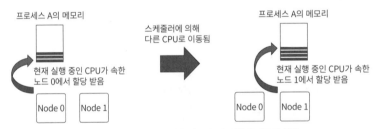

그림 6-3 CPU가 변경되었을 때 default 정책의 메모리 할당

두 번째는 bind 정책이다. 이번에는 numactl 명령을 이용해서 테스트를 진행할 것이다. numactl로 할 수 있는 bind 정책은 membind, cpunodebind, physcpubind 이렇게 3가지가 있다.

각각의 특징을 테스트를 통해서 확인해 보자. 먼저 membind이다.

코드 6-12 numactl로 membind 동작 설정

```
[root@server test]# numactl --membind=0 ./malloc_test
Currently allocating 1 MB
Currently allocating 2 MB
Currently allocating 3 MB
```

이때의 numastat 명령의 결과는 코드 6-13과 같다.

코드 6-13 numastat으로 membind 정책에서의 메모리 할당 현황 확인

```
[root@server ~]# numastat 26174

Per-node process memory usage (in MBs) for PID 26174 (malloc_test)
                        Node 0          Node 1           Total
                ---------------  ---------------  ---------------
Huge                       0.00             0.00             0.00
Heap                       0.00             0.00             0.00
Stack                      0.01             0.00             0.01
Private                   17.49             0.00            17.49
                ---------------  ---------------  ---------------
Total                     17.50             0.00            17.50
```

우리가 예상한 것처럼 0번 노드에서 메모리를 할당해서 사용하는 것을
볼 수 있다. 그런데 만약 강제로 1번 노드에 있는 CPU에 바인딩한다면
어떻게 될까?

코드 6-14 membind 정책에서의 CPU 변경 후 메모리 할당 현황 확인

```
[root@server ~]# taskset -pc 1 26174
pid 26174's current affinity list: 0-11
pid 26174's new affinity list: 1
[root@server ~]# numastat 26174

Per-node process memory usage (in MBs) for PID 26174 (malloc_test)
                        Node 0          Node 1           Total
                ---------------  ---------------  ---------------
Huge                       0.00             0.00             0.00
Heap                       0.00             0.00             0.00
Stack                      0.01             0.00             0.01
Private                   41.58             0.00            41.59
                ---------------  ---------------  ---------------
Total                     41.59             0.00            41.60
[root@server ~]# numastat 26174

Per-node process memory usage (in MBs) for PID 26174 (malloc_test)
                        Node 0          Node 1           Total
                ---------------  ---------------  ---------------
Huge                       0.00             0.00             0.00
Heap                       0.00             0.00             0.00
Stack                      0.01             0.00             0.01
Private                   45.60             0.00            45.60
                ---------------  ---------------  ---------------
Total                     45.61             0.00            45.61
```

taskset 명령으로 강제로 1번 노드의 CPU에 할당해도 메모리는 여전히 0번 노드에서 할당 받는다.

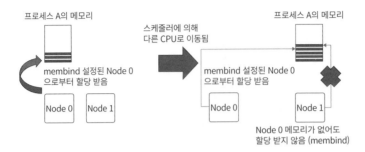

그림 6-4 membind 정책의 메모리 할당

이렇게 되면 해당 프로세스는 메모리의 지역성을 전혀 살리지 못하고 1번 노드에서 0번 노드의 메모리에 접근하게 되고 결과적으로 성능의 저하가 일어난다. 프로세스가 사용할 CPU는 상황에 따라 노드가 변경될 수 있기 때문에 membind는 사실 그리 선호하는 정책은 아니다. takset 등의 명령을 통해 추가로 특정 노드에서만 CPU를 사용하도록 할 필요가 있다. 만약 노드에서 사용 가능한 메모리의 영역 이상의 요청이 들어오면 어떤 일이 일어날까? free 명령과 함께 살펴보면 코드 6-15와 같은 결과를 확인할 수 있다.

코드 6-15 membind 정책에서 메모리가 부족할 때 발생하는 현상

```
[root@server ~]# numastat `pidof malloc_test`; free -m

Per-node process memory usage (in MBs) for PID 29515 (malloc_test)
                          Node 0          Node 1            Total
                  _____  _____  _____

Huge                        0.00            0.00             0.00
Heap                        0.00            0.00             0.00
Stack                       0.01            0.00             0.01
Private                 14331.30            0.35         14331.65
_____  _____  _____  _____

Total                   14331.30            0.35         14331.66
                total     used     free    shared    buffers    cached
Mem:            32094    15034    17060         0         56       239
-/+ buffers/cache:       14738    17356
Swap:           10239       27    10212
```

```
[root@server ~]# numastat `pidof malloc_test`; free -m

Per-node process memory usage (in MBs) for PID 29515 (malloc_test)
                            Node 0           Node 1           Total
                    ---------------- ---------------- ----------------
Huge                            0.00             0.00             0.00
Heap                            0.00             0.00             0.00
Stack                           0.00             0.00             0.01
Private                     15543.59             0.35         15543.95
                    ---------------- ---------------- ----------------
Total                       15543.60             0.36         15543.95
              total       used       free     shared    buffers     cached
Mem:          32094      16268      15826          0        56        235
-/+ buffers/cache:        15975      16119
Swap:         10239       6475       3764
```

0번 노드에서 할당 가능한 16GB 정도의 양을 벗어나자 swap 영역을
사용하는 것을 볼 수 있다. 1번 노드로의 메모리 할당은 일어나지 않고
swap 영역을 사용하다가 결국엔 OOM(Out Of Memory)로 프로세스가
죽게 된다. 이처럼 membind 정책은 신경 써야 할 부분이 많기 때문에
사용을 권장하지 않는다.

다음으로 cpunodebind를 살펴보자. 이 정책은 BIND 중에서도 특정
노드에 있는 CPU에서만 프로세스가 돌아가도록 설정한다. 이렇게 되
면 메모리 할당도 해당 프로세스가 돌고 있는 CPU가 속해 있는 노드에
서 할당 받기 때문에 메모리 지역성이 좋아진다.

코드 6-16 numastat으로 cpunodebind 정책에서의 메모리 할당 현황 확인

```
[root@server ~]# numastat `pidof malloc_test`

Per-node process memory usage (in MBs) for PID 32132 (malloc_test)
                            Node 0           Node 1           Total
                    ---------------- ---------------- ----------------
Huge                            0.00             0.00             0.00
Heap                            0.00             0.00             0.00
Stack                           0.00             0.01             0.01
Private                         0.00            10.46            10.46
                    ---------------- ---------------- ----------------
Total                           0.00            10.47            10.47
[root@server ~]# taskset -pc 32132
pid 32132's current affinity list: 1,3,5,7,9,11
```

taskset을 통해서 확인해 보면 해당 프로세스는 1번 노드에 위치해 있는 1, 3, 5, 7, 9, 11번 CPU에서 동작하도록 설정했다. 이 정책에서는 하나의 노드에서 할당해줄 수 있는 최대치 이상의 메모리가 필요할 때 어떻게 동작할까? membind와는 다른 결과를 보여줄까?

코드 6-17 cpunodebind 정책에서 설정된 node의 메모리가 부족할 때

```
[root@server ~]# numastat `pidof malloc_test`

Per-node process memory usage (in MBs) for PID 828 (malloc_test)
                        Node 0          Node 1           Total
                ---------------  --------------  --------------
Huge                      0.00            0.00            0.00
Heap                      0.00            0.00            0.00
Stack                     0.00            0.01            0.01
Private                   0.01        11873.48        11873.49
                ---------------  --------------  --------------
Total                     0.01        11873.49        11873.50
[root@server ~]# numastat `pidof malloc_test`

Per-node process memory usage (in MBs) for PID 828 (malloc_test)
                        Node 0          Node 1           Total
                ---------------  --------------  --------------
Huge                      0.00            0.00            0.00
Heap                      0.00            0.00            0.00
Stack                     0.00            0.01            0.01
Private               11149.23        15598.93        26748.16
                ---------------  --------------  --------------
Total                 11149.23        15598.95        26748.18
```

이번엔 확실히 다른 결과를 보여준다. 1번 노드에서 더이상 할당받을 메모리가 없어지자 0번 노드를 통해서 메모리를 할당받는다. 이는 메모리의 지역성을 높일 수 있기 때문에 BIND 정책 중에서 membind 정책보다 선호된다. 다만 멀티 스레드로 동작하는 경우 CPU를 절반밖에 사용할 수 없기 때문에 CPU 리소스가 낭비될 수 있다.

마지막으로 physcpubind는 cpunodebind와 비슷하지만 조금 다르다. cpunodebind가 특정 노드에 위치한 CPU를 프로세스에 매핑하는 개념이라면 physcpubind는 CPU 번호를 매핑하는 개념이다. 즉, 한쪽 노드에 위치한 CPU 번호를 나열하면 cpunodebind와 같은 개념으로 동작하고, 서로 다른 노드에 위치한 CPU 번호를 나열하면 해당 CPU에서만 프로세스가 실행되도록 설정된다. 이는 메모리의 지역성을 살릴 수도 그렇지 않을 수도 있다. 동작 방식은 cpunodebind와 비슷하기 때문에 따로 테스트하진 않을 것이다.

세 번째 정책은 preferred 정책으로 BIND와 비슷하지만 가능한 한 특정 노드에서 메모리를 할당받도록 하는 정책이다.

코드 6-18 numactl을 이용해서 preferred 정책으로 실행

```
[root@server test]# numactl --preferred=1 ./malloc_test
Currently allocating 1 MB
Currently allocating 2 MB
Currently allocating 3 MB
```

numastat 명령으로 확인해 보면 1번 노드에서 메모리를 할당받는 것을 확인할 수 있다.

코드 6-19 numastat으로 preferred 정책에서의 메모리 할당 현황 확인

```
[root@server ~]# numastat `pidof malloc_test`

Per-node process memory usage (in MBs) for PID 27515 (malloc_test)
                          Node 0           Node 1            Total
                 --------------- --------------- ---------------
Huge                        0.00            0.00             0.00
Heap                        0.00            0.00             0.00
Stack                       0.00            0.01             0.01
Private                     0.01           14.47            14.48
                 --------------- --------------- ---------------
Total                       0.01           14.48            14.49
```

CPU가 어느 쪽 노드를 사용하는지와 무관하게 메모리의 할당을 1번 노드에서 받도록 한다.

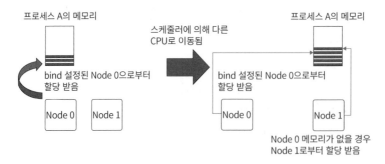

그림 6-5 preferred 정책에서의 메모리 할당

가능한 한 1번 노드에서 받는 것이지 무조건 1번 노드에서 받는 것은 아니다. 그렇기 때문에 설정한 노드 이상의 메모리를 사용하게 되면 OOM이 발생해서 프로세스가 중지되는 membind 정책과 달리, 설정한 노드에서 메모리가 부족해지면 다른 노드로부터 메모리를 할당 받기 때문에 OOM이 발생하지 않는다.

마지막으로 살펴볼 정책은 interleaved으로, 이름에서 알 수 있듯이 다수의 노드로부터 공평하게 메모리 할당을 받는 정책이다. 주로 한 노드 이상의 메모리 할당이 필요한 경우에 사용한다.

코드 6-20 numactl을 interleave 모드로 실행

```
[root@server test]# numactl --interleave=all ./malloc_test
Currently allocating 1 MB
Currently allocating 2 MB
Currently allocating 3 MB
Currently allocating 4 MB
```

numastat으로 확인해 보면 두 개의 노드로부터 거의 동일한 양의 메모리를 할당 받았다(코드 6-21).

코드 6-21 numastat으로 interleaved 정책에서의 메모리 할당 현황 확인

```
[root@server ~]# numastat `pidof malloc_test`

Per-node process memory usage (in MBs) for PID 17518 (malloc_test)
                        Node 0          Node 1          Total
                ---------------  --------------- ---------------
Huge                      0.00            0.00            0.00
```

Heap	0.00	0.00	0.00
Stack	0.01	0.00	0.01
Private	17.10	17.46	34.56
Total	17.11	17.46	34.57

어느 노드에 속한 CPU에서 돌아가고 있건 상관 없이 각 노드들로부터 순차적으로 메모리 할당을 받게 된다.

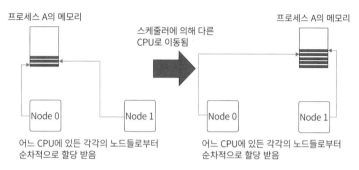

그림 6-6 interleave 정책에서의 메모리 할당

지금까지 테스트를 통해서 각 정책이 어떻게 동작하는지 살펴봤다. 사실 NUMA 아키텍처에서 어떤 메모리 할당 정책을 사용하느냐에 대한 정해진 답은 없다. 관리자가 각각의 정책이 어떻게 동작하는지를 정확히 이해하고, 운영하려는 시스템의 워크로드가 어떤 방식으로 동작하는지를 알아야 성능을 최적화할 수 있다.

6.4 numad를 이용한 메모리 할당 관리

지금까지 numactl을 통해 수동으로 NUMA 아키텍처에서의 메모리 할당 정책을 설정하는 방법과 그 변화 과정을 살펴봤다. 리눅스에서는 numad를 통해 NUMA 메모리 할당 정책을 직접 설정하지 않고도 메모리 지역성을 높일 수 있는 방법을 제공해준다. numad는 백그라운드 데몬과 같은 형태로 시스템에 상주하면서 프로세스들의 메모리 할당 과정을 주기적으로 살펴보고, 프로세스들을 최적화하는 작업을 담당한다.

프로세스 A와 B 두 개가 동작하고 있는 시스템을 가정해 보자(그림 6-7). 경우에 따라서는 default 정책에 따라 메모리 지역성을 높인 상태로 운영될 수 있지만, 그렇지 않으면 각 프로세스가 필요로 하는 메모리가 여러 노드에 걸쳐서 존재할 수도 있다. 프로세스가 필요로 하는 메모리의 크기가 노드 하나의 메모리 크기보다 작기 때문에 충분히 메모리 지역성을 높일 수 있다. 하지만 다수의 프로세스를 관리해야 하기 때문에 numactl 등을 사용해 수작업으로 실행시키기 어려운 것도 사실이다. 이런 경우에 numad가 도움이 된다. 하나의 프로세스가 필요로 하는 메모리를 하나의 노드에서만 할당 받을 수 있도록 설정할 수 있기 때문에 메모리의 지역성을 높이고 성능을 최적화할 수 있다.

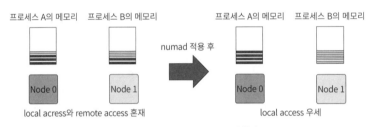

그림 6-7 numad를 이용한 메모리 할당

numad가 대체적으로 좋은 성능을 낼 수 있도록 도와주지만 단점도 있다. 그림 6-8과 같은 경우라면 성능에 좋지 않은 영향을 끼칠 수 있다.

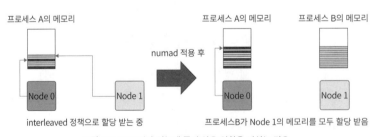

그림 6-8 numad가 성능에 좋지 않은 영향을 끼치는 경우

프로세스 A는 interleaved 정책으로 실행되어 각각의 노드에서 메모리를 순차적으로 할당 받고 있다. 하지만 이때 프로세스 B가 실행되고, 이 프로세스는 메모리 요청이 노드 하나의 크기보다 작아서 numad에 의해

한쪽 노드에 바인딩되고 해당 노드로부터 메모리를 할당 받는다. 문제는 프로세스 B가 지역성을 높이기 위해 Node 1에서 메모리 할당을 너무 많이 받아서 더 이상 프로세스 A에 할당해 줄 메모리가 없을 때 발생한다. 프로세스 A는 워크로드에 따라 interleave로 실행되었지만 numad가 지역성을 너무 높인 탓에 메모리 불균형이 발생할 수밖에 없다.

이렇게 numad는 사용자가 신경 쓰지 않아도 메모리 할당 문제를 해결해 주긴 하지만 경우에 따라서는 오히려 성능에 좋지 않은 영향을 끼칠 수 있기 때문에 현재 시스템의 워크로드에 따라 numad를 켜는 것이 더 좋을지 아닐지를 잘 판단해서 적용해야 한다.

그런데 numad 말고도 NUMA 아키텍처에서 메모리 할당에 영향을 주는 커널 파라미터가 하나 있다. 바로 vm.zone_reclaim_mode이다. numad에 비해서 중요도나 영향도가 작기는 하지만 어떤 역할을 하는 파라미터인지 알고 넘어가는 것이 좋다. 다음 절에서는 이 커널 파라미터에 대해서 간략하게 알아보자.

6.5 vm.zone_reclaim_mode 커널 파라미터

vm.zone_reclaim_mode에 대한 이야기를 하기 전에 zone이 무엇인지 먼저 살펴보자. 커널은 메모리를 사용 용도에 따라 zone이라 부르는 영역으로 구분하여 관리한다. zone에 대한 정보는 5장에서도 잠깐 살펴본 /proc/buddyinfo 파일을 통해서 확인할 수 있다.

코드 6-22 /proc/buddyinfo로 메모리 zone 확인하기

```
[root@server ~]# cat /proc/buddyinfo
Node 0, zone      DMA    0    0    1    0    1    1    1    0    1    1    3
Node 0, zone    DMA32  117  104   65   20    7    5    2    3    1    1  632
Node 0, zone   Normal  227   49   20   20   29  101  121   99   73   79 2913
Node 1, zone   Normal  126  341  633  301  199  109   58   39   23  183 3713
```

코드 6-22를 보면 NUMA 아키텍처가 Node 0, Node 1로 각각의 노드 영역을 구분한 것을 볼 수 있으며, Node 0은 3개 영역(DMA, DMA32, Normal)으로, Node 1은 하나의 영역(Normal)으로 구분했다.

32bit 운영체제에서는 /proc/buddyinfo의 결과가 다르게 나올 수 있다. 대부분의 서버 운영체제는 64bit 환경에서 운영되기 때문에 이번 절에서는 64bit를 기준으로 설명한다.

각 영역의 의미를 간략하게 살펴보자.

DMA, DMA32에서 DMA는 Direct Memory Access의 약자로, 주로 오래된 하드웨어의 동작을 위해 존재하는 영역이다. 과거 일부 하드웨어가 DMA라고 정의된 일부 메모리 영역에서만 동작이 가능했기 때문에 만들어진 것으로, 현재 시점에는 해당 영역을 필요로 하는 하드웨어가 거의 없다.

Normal은 그 이름이 의미하는 것처럼 일반적인 용도로 사용되는 영역이다. 커널, 프로세스 등이 메모리를 필요로 할 때 Normal 영역에서 메모리를 할당 받아서 사용한다.

이렇게 각각의 메모리 영역은 용도별로 구분되어 있으며 메모리는 용도에 맞는 곳에서 할당 받아서 사용된다. 그리고 vm.zone_reclaim_mode는 바로 이런 영역들 사이에서 특정 영역의 메모리가 부족할 경우 다른 영역의 메모리를 할당할 수 있게 해준다. 엄밀히 말하면 NUMA 아키텍처를 위해 만들어진 커널 파라미터가 아니라 기존부터 있던 커널 파라미터이지만 영역별 할당 여부에 영향을 주는 역할 때문에 NUMA 아키텍처가 도입된 후 중요성이 커졌다. 왜냐하면 Node 0의 Normal 영역과 Node 1의 Normal 영역은 Normal이라는 용도는 같지만 Node가 달라서 서로 다른 영역으로 구분되며, 경우에 따라서 Node 0의 Normal 영역의 메모리가 부족해서 Node 1의 Normal 영역에서 메모리를 필요로 하는 경우가 발생할 수 있기 때문이다.

vm.zone_reclaim_mode 파라미터는 총 4개의 값을 가질 수 있지만 실제적으로 중요한 값은 0과 1이다. 0은 disable을 의미하며 zone 안에서 재할당하지 않는다는 의미이다. zone 안에서 재할당을 하지 않는다는 이야기는 다른 zone에서 가져와서 사용한다는 의미이다.

반대로 1은 enable을 의미하며 zone 안에서 재할당을 한다는 의미이다. 즉 메모리가 부족한 상황이 되면 해당 zone 안에서 재할당할 수 있는 메모리 영역을 먼저 찾아서 필요한 만큼 재할당해서 재사용하고, 그렇지 않으면 다른 zone에서 메모리를 할당 받아서 사용한다.

그래서 0이 되면 page cache 등과 같은 재할당 대상 메모리들이 반환되지 않고 다른 노드에 있는 메모리를 할당 받아서 사용한다. 파일 서버와 같이 다수의 I/O가 발생하는 서버의 경우 메모리에 대한 로컬 액세스를 통해서 얻을 수 있는 이점보다 많은 양의 page cache를 확보함으로써 얻을 수 있는 이점이 더 크기 때문에 vm.zone_reclaim_mode를 0으로 설정해서 사용하는 것이 더 좋다. 반대로 page cache 확보보다는 메모리에 대한 로컬 액세스 방식이 성능상 더 유리할 때는 vm.zone_reclaim_mode를 1로 설정해서 가능한 한 동일한 노드에서 메모리를 할당받을 수 있게 해주는 것이 좋다.

이렇게 numad, vm.zone_reclaim_mode와 같이 NUMA 아키텍처에서 메모리 할당에 영향을 미치는 요소들의 경우 모든 시스템에 유리한 설정 값은 없다. 시스템의 워크로드가 어떻게 되느냐에 따라서 최적의 성능을 내는 설정 값들이 서로 다르기 때문에 시스템의 워크로드를 정확히 파악하는 것이 매우 중요하다. 이제 지금까지의 내용을 종합해서 NUMA 아키텍처에서 어떻게 메모리 할당 정책을 정하는 것이 좋을지 살펴보자.

6.6 NUMA 아키텍처의 메모리 할당 정책과 워크로드

지금까지 테스트를 통해서 numastat, numactl 등의 명령으로 NUMA의 메모리 할당 정책과 할당 현황을 확인하는 방법과 사용할 수 있는 정책을 알아봤다. 이번 절에서는 지금까지 확인한 내용을 바탕으로 NUMA의 메모리 할당 정책을 어떻게 사용해야 성능을 최적화할 수 있는지 알아볼 것이다. 어쩌면 아주 어렵고 정답이 없는 문제이기도 하다.

NUMA 시스템에서 워크로드를 확인하는 방법 중에 가장 먼저 생각해볼 것은 사용할 메모리의 크기와 프로세스의 스레드 개수이다.

NUMA 노드 한 개 이상의 메모리를 사용하게 되는지, 프로세스가 싱글 스레드로 동작하는지 등을 확인해봐야 한다. 경우의 수를 따져보면 표 6-1과 같다.

스레드 개수	메모리의 크기
싱글 스레드	메모리가 노드 하나 크기를 넘지 않음
멀티 스레드	메모리가 노드 하나 크기를 넘지 않음
싱글 스레드	메모리가 노드 하나 크기를 넘음
멀티 스레드	메모리가 노드 하나 크기를 넘음

표 6-1 NUMA 아키텍처에서 워크로드 경우의 수

하나하나 살펴보자. 첫 번째, 메모리가 노드 하나의 크기를 넘지 않고 프로세스도 싱글 스레드로 동작하는 경우이다. 사실 이런 경우는 거의 없다고 봐야 한다. 이런 워크로드를 가진 서버라면 NUMA 아키텍처를 사용하는 2 소켓 이상의 시스템을 사용할 필요가 없다. 1 소켓의 UMA 아키텍처를 사용하는 서버를 사용하는 것이 워크로드에도, 성능 최적화에도 가장 적합하다. 하지만 그럼에도 불구하고 NUMA 아키텍처를 사용해야 하는 구조라면 BIND 정책으로 특정 CPU에 바인딩하는 것이 도움이 된다. 싱글 스레드이기 때문에 하나 이상의 CPU가 필요하지 않고, 특정 CPU에 바인딩시킴으로써 CPU Cache도 최대로 사용할 수 있기 때문이다. 같은 NUMA 노드 안에서 계속 CPU가 할당된다고 해도 CPU Cache를 사용하지 못할 수 있기 때문에 싱글 스레드로 동작하는 경우에는 CPU를 바인딩하는 것이 가장 좋다. 또한 vm.zone_reclaim_mode도 1로 켜두면 가급적 하나의 노드에 메모리 할당이 몰리기 때문에 메모리의 로컬 액세스가 늘어나서 성능이 도움이 된다.

두 번째, 메모리가 노드 하나의 크기를 넘지 않고 프로세스가 멀티 스레드로 동작하는 경우이다. 메모리가 노드 하나의 크기를 넘지 않기 때문에 메모리 할당도 한 곳에서만 이루어지게 할 수 있다. 이 경우에는 cpunodebind 모드를 통해서 여러 개의 코어에 프로세스를 바인딩시키고 해당 노드에서만 메모리를 할당 받아서 사용하게 하면 성능이 가장 좋다. 하지만 이 경우에도 CPU Usage에 대한 세심한 모니터링이 필요하다. 시스템의 사용량이 높아져서 특정 노드에 위치한 CPU만으로는 CPU 리소스가 모자라게 될 수 있다. 전체 CPU Usage가 아닌 개별 CPU Usage를 세심하게 살피면서 CPU 리소스가 부족하지는 않은지 모니터링해야 한다. 이 경우에는 `vm.zone_reclaim_mode`의 값은 0보다는 1이 성능에 유리할 수 있다. 메모리의 크기 자체가 하나의 노드를 넘어가지 않기 때문에 주로 한쪽 노드에서 할당 받는 것이 로컬 액세스가 늘어나서 성능에 도움이 되기 때문이다. 그리고 `numad`가 가장 효과적으로 동작할 수 있는 워크로드이기도 하다.

세 번째, 메모리가 노드 하나의 크기를 넘고 프로세스가 싱글 스레드로 동작하는 경우이다. 메모리가 노드 하나의 크기를 넘기 때문에 메모리의 지역성을 최고로 올릴 수 있는 방법을 사용해야 한다. 게다가 프로세스가 싱글 스레드로 동작하기 때문에 어쩔 수 없이 리모트 액세스가 발생할 수밖에 없다. 이런 경우에는 리모트 액세스를 어떻게 최소화할 것인지가 성능 최적화의 핵심이다. 싱글 스레드라면 CPU Cache 사용을 최적화하기 위해 동일한 CPU에 계속해서 바인딩되도록 하는 것이 가장 중요하다. 그래서 첫 번째와 마찬가지로 cpunodebind 정책을 사용하는 것이 좋다. 이 경우에는 `vm.zone_reclaim_mode`의 값은 0으로 하는 것이 성능에 유리하다. 어차피 메모리가 한 개 이상의 노드를 필요로 하기 때문에 재할당해서 메모리를 확보하기보다는 처음부터 다수의 노드로부터 메모리를 할당 받는 것이 좋다.

네 번째, 메모리가 노드 하나의 크기를 넘고 프로세스가 멀티 스레드로 동작하는 경우이다. 아마도 이 경우가 가장 많을 것이다. 이 역시 메모리가 노드 하나의 크기를 넘기 때문에 어쩔 수 없이 리모트 액세스가 발생할 수밖에 없다. 게다가 멀티 스레드라서 여러 개의 스레드가 여러 개의 CPU에서 동작하게 된다. 이 경우에는 interleave 모드가 최적의 성능을 낼 수 있다. 어떤 CPU에 어떤 스레드가 바인딩될지 모르기 때문에 가능한 한 메모리 할당을 여러 영역에 넓게 펼치는 것이 유리하기 때문이다. 이 경우에도 `vm.zone_reclaim_mode`의 값은 0으로 지정하는 것이 성능 면에서 좋다.

6.7 요약

지금까지 NUMA 아키텍처와 리눅스에서 NUMA의 메모리 할당 정책을 확인하고 설정하는 방법, 그리고 워크로드별로 가장 효과적인 NUMA의 메모리 할당 정책을 알아보았다. 여기에 있는 내용들이 정답은 아니다. NUMA 정책을 결정할 때 참고할 수 있는 의견 중 하나일 뿐이다. 이번 장에서 배운 내용은 다음과 같다.

1. NUMA는 Non-Uniform Memory Access의 약자이며 불균형 메모리 접근을 의미한다.
2. 각 노드에는 CPU와 메모리가 한 세트로 할당되어 있으며 성능상 같은 노드에 위치한 메모리에 접근하는 것이 가장 좋다. 이를 메모리의 지역성을 높인다고 표현한다.
3. `numastat`을 통해서 현재 프로세스의 메모리 할당이 노드별로 어떻게 되어 있는지를 확인할 수 있다.
4. `numactl`을 통해서 원하는 NUMA 정책에 맞게 프로세스를 실행시킬 수 있다.
5. /proc/⟨pid⟩/numa_maps에서 현재 프로세스가 사용하는 NUMA 정책을 확인할 수 있다.
6. `numad`를 통해서 자동으로 프로세스들의 메모리 할당을 최적화할 수 있다. 하지만 interleave 모드로 동작하는 프로세스에 의도치 않은 악영향을 끼칠 수 있기 때문에 워크로드에 맞게 사용해야 한다.
7. `vm.zone_reclaim_mode`는 특정 zone의 메모리가 부족할 경우 어떻게 동작하게 할지를 결정하는 커널 파라미터이다. 1이면 최대한 재할당해서 확보하고, 0이면 최대한 다른 zone을 통해서 메모리를 확보하도록 동작한다.

8. bind 정책은 특정 노드에서 메모리를 할당 받도록 강제하는 정책이다.

9. preferred 정책은 특정 노드에서 메모리를 먼저 할당 받도록 하는 정책이며, 해당 노드에 메모리가 없을 경우 다른 노드에서 메모리를 할당 받는다.

10. interleave 정책은 여러 노드에서 균등하게 받도록 하는 정책이다.

11. NUMA 아키텍처와 관련된 워크로드는 필요로 하는 메모리의 크기와 프로세스의 스레드 방식에 가장 많은 영향을 받는다.

7장

TIME_WAIT 소켓이
서비스에 미치는 영향

이번 장에서는 TIME_WAIT 소켓에 대해 알아보려 한다. TIME_WAIT
상태가 무엇을 의미하고 왜 발생하는지, 그리고 서비스에는 어떤 영향
을 끼칠 수 있는지 살펴볼 것이다.

7.1 TCP 통신 과정

TIME_WAIT 소켓에 대해 이야기하기 전에 먼저 TCP의 통신 과정을 살
펴보자.

그림 7-1을 보면 통신을 시작하기 전에 최초의 연결을 맺게 되는 과정
을 3-way handshake라고 한다. 클라이언트는 서버로 통신을 시작하겠
다는 SYN을 보내고, 서버는 그에 대한 응답으로 SYN+ACK를 보낸다.
마지막으로 클라이언트는 서버로부터 받은 패킷에 대한 응답으로 ACK
를 보낸다. 이렇게 3-way handshake를 정상적으로 마친 다음 클라이
언트는 서버에 데이터를 요청한다. 그림 7-1을 보면 HTTP 통신일 경우
GET /index.html과 같이 요청하고, 통신을 모두 마친 후에는 연결을
종료한다. 이 과정을 4-way handshake라고 한다.

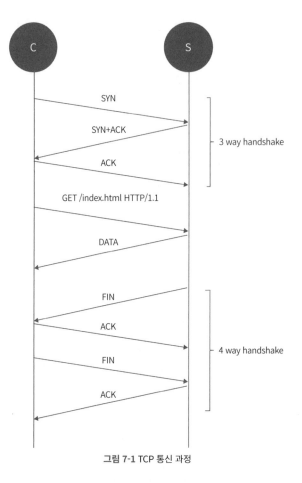

그림 7-1 TCP 통신 과정

연결을 맺을 때는 연결을 맺고자 하는 쪽에서 먼저 SYN을 보내며, 연결을 끊을 때는 연결을 끊으려는 쪽에서 먼저 FIN을 보낸다. 그림 7-1에서는 서버가 먼저 연결을 끊었다. 클라이언트는 ACK를 보내고 사용한 소켓을 정리한 다음 마지막 FIN을 보낸다. 서버는 클라이언트가 보낸 마지막 FIN에 대한 ACK를 전송하고 소켓을 정리한다.

그림 7-1에서 본 과정이 실제로 어떻게 일어나는지 tcpdump를 통해서 확인해보자. 먼저 서버에서는 nginx를 설치한 후 기본 옵션으로 실행시킨다. 그리고 클라이언트에서는 서버로 80 포트를 요청한다.

서버에서 tcpdump는 코드 7-1과 같이 입력한다. 포트를 지정함으로써 더 정확한 덤프 파일을 생성할 수 있다.

코드 7-1 서버에서 tcpdump 명령을 통해 덤프 파일 생성하기

```
[root@server ~]# tcpdump -A -vvv -nn port 80 -w server_dump.pcap
```

그리고 클라이언트에서 telnet 명령을 통해서 서버에 접속한다.

코드 7-2 클라이언트에서 telnet 명령으로 서버에 접속하기

```
[root@client ~]# telnet server 80
Trying 172.16.33.136...
Connected to server.
Escape character is '^]'.
GET / HTTP/1.1
Host:server

HTTP/1.1 200 OK
Server: nginx/1.9.4
Date: Fri, 19 Feb 2016 02:51:28 GMT
Content-Type: text/html;charset=UTF-8
Transfer-Encoding: chunked
Connection: close

1f73

<!DOCTYPE html>
<html lang="en">
```

통신이 완료된 후 와이어샤크(Wireshark)를 이용해서 생성된 pcap 파일을 연다.

```
❶ 43367→80 [SYN] Seq=1504502354 Win=14600 Len=0 MSS
❷ 80→43367 [SYN, ACK] Seq=1767827699 Ack=1504502355
❸ 43367→80 [ACK] Seq=1504502355 Ack=1767827700 Win=
  [TCP segment of a reassembled PDU]
  80→43367 [ACK] Seq=1767827700 Ack=1504502371 Win=
  [TCP segment of a reassembled PDU]
  80→43367 [ACK] Seq=1767827700 Ack=1504502394 Win=
❹ GET / HTTP/1.1
  80→43367 [ACK] Seq=1767827700 Ack=1504502396 Win=
  [TCP segment of a reassembled PDU]

  HTTP/1.1 200 OK  (text/html)
❺ 80→43367 [FIN, ACK] Seq=1767839113 Ack=1504502396
❻ 43367→80 [ACK] Seq=1504502396 Ack=1767839113 Win=
❼ 43367→80 [FIN, ACK] Seq=1504502396 Ack=1767839114
❽ 80→43367 [ACK] Seq=1767839114 Ack=1504502397 Win=
```

그림 7-2 와이어샤크로 pcap 파일 분석

❶ 클라이언트는 목적지 포트 80인 SYN 패킷을 서버로 보낸다.

❷ 서버는 클라이언트의 패킷에 대한 응답으로 SYN+ACK 패킷을 보낸다.

❸ 클라이언트는 서버의 패킷에 대한 응답으로 ACK 패킷을 보낸다. 이 과정까지 끝나면 3-way handshake가 끝나고 클라이언트와 서버는 데이터를 주고받을 준비를 끝낸다.

❹ 클라이언트가 서버로 HTTP GET 요청을 보낸다.

❺ 서버는 응답을 주고 연결을 끊기 위해 FIN 패킷을 보낸다.

❻ 클라이언트는 서버에서 보낸 패킷에 대한 응답으로 ACK 패킷을 보낸다.

❼ 클라이언트는 자신이 사용한 소켓을 정리하며 통신을 완전히 끝내도 된다는 의미로 FIN 패킷을 보낸다.

❽ 서버는 클라이언트의 패킷에 대한 응답으로 ACK 패킷을 보낸다.

> ✅ 와이어샤크는 패킷 덤프를 분석하는 프로그램이며 *https://www.wireshark.org* 에서 무료로 다운 받아서 사용할 수 있다.

여기까지가 HTTP GET 요청에 대한 실제 덤프 내용이다. 이 내용을 살펴본 다음 그림 7-2를 보면 쉽게 이해할 수 있을 것이다. 그럼 이제 TIME_WAIT 소켓을 살펴보자.

7.2 TIME_WAIT 소켓의 문제점

연결을 끊는 과정을 조금 더 자세히 살펴보자. 그림 7-3을 보면 active closer와 passive closer가 있는데 단어 그대로 먼저 연결을 끊는 쪽을 active closer라고 하고 그 반대를 passive closer라고 한다. 누가 먼저 연결을 끊느냐가 중요한 이유는 active closer 쪽에 TIME_WAIT 소켓이 생성되기 때문이다. 주의해야 할 부분은 TIME_WAIT 소켓은 서버에서 생기는 것이 아니고 먼저 연결을 끊는 쪽에서 생성된다는 점이다. 클

라이언트에서도 TIME_WAIT 소켓이 생길 수 있고, 서버에서도 TIME_
WAIT 소켓이 생길 수 있다.

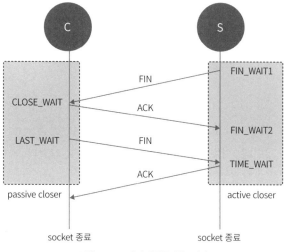

그림 7-3 TCP에서 연결을 끊는 과정

그럼 서버에서 TIME_WAIT 소켓이 몇 개나 있는지 어떻게 확인할 수
있을까? netstat 명령으로 확인할 수 있다.

코드 7-3 netstat 명령으로 TIME_WAIT 소켓 확인하기

```
[root@server script]# netstat –napo | grep –i time_wait
tcp 0  0 172.16.33.136:32002  172.17.246.27:6379  TIME_WAIT  timewait (21.45/0/0)
```

코드 7-3에서 볼 수 있듯이 이 서버에는 출발지 IP가 172.16.33.136,
출발지 포트가 32002이며 목적지 IP가 172.17.246.27, 목적지 포트가
6379인 소켓이 있는데 현재 TIME_WAIT 상태이기 때문에 타이머가 종
료되어 커널로 다시 돌아갈 때까지는 사용할 수 없다.

이처럼 TIME_WAIT 소켓이 많아지면 어떤 문제가 발생할까? 먼저 로
컬 포트 고갈에 따른 애플리케이션 타임아웃이 발생할 수 있다. 리눅스
에는 net.ipv4.ip_local_port_range라는 커널 파라미터가 있는데, 이
파라미터는 외부와 통신하기 위해 필요한 로컬 포트의 범위를 지정하
는 역할을 한다. 커널은 프로세스가 외부와 통신하기 위해 소켓의 생성

을 요청할 때 해당 소켓이 사용하게 될 로컬 포트에 net.ipv4.ip_local_
port_range에 정의된 값들 중 하나를 넘겨준다. 이때 모든 로컬 포트가
TIME_WAIT 상태에 있다면 할당할 수 있는 로컬 포트가 없기 때문에
외부와 통신을 하지 못하게 되고, 이로 인해 애플리케이션에서는 타임
아웃이 발생할 수 있다. 이에 대한 문제는 다음 절에서 더 자세히 다룰
것이다.

그리고 잦은 TCP 연결 맺기/끊기로 인해 서비스의 응답 속도 저하도
일어날 수 있다. TIME_WAIT 소켓은 어찌 되었든 연결을 끊기 때문에
발생하는 것인데, 지속적으로 통신량이 많을 때도 연결의 맺고 끊기를
반복한다면 그만큼 많은 양의 TCP 3-way handshake가 필요하게 되고
이는 전체적인 서비스의 응답 속도 저하를 야기할 수 있다. 이런 현상을
막기 위해 대부분의 애플리케이션에서는 Connection Pool과 같은 방
식을 사용해서 한번 맺어 놓은 TCP 연결을 계속해서 재사용할 수 있게
구현하고 있다. 이를 통해서 불필요한 TCP 3-way handshake를 줄일
수 있어서 성능 향상에도 도움이 된다. 이에 대해서도 이후의 절에서 살
펴볼 예정이다.

이렇게 너무 많은 양의 TIME_WAIT 소켓은 서비스에 문제를 일으킬
수 있기 때문에 어떤 상황에 TIME_WAIT 소켓이 쌓이게 되는지 좀 더
알아보고 그에 따른 각각의 해결 방안을 알아볼 것이다.

7.3 클라이언트에서의 TIME_WAIT

앞 절에서도 이야기했지만 TIME_WAIT은 서버에 생기는 것이 아니라
먼저 연결을 끊는 쪽에서 생긴다. HTTP 기반의 서비스는 대부분 서버
가 먼저 연결을 끊는 경우가 많기 때문에 서버에서 TIME_WAIT가 생긴
다고 오해할 수 있지만 그렇지 않다는 사실을 꼭 기억해야 한다.

그럼 클라이언트 입장에서의 TIME_WAIT는 어떻게 발생할 수 있을
까? 대부분의 시스템들은 독립적으로 동작하지 않는다. 데이터 저장 및
가공을 위해 데이터베이스, 메모리 기반의 캐시 시스템들과 연동하기도

하고 외부 서비스와의 연동을 위해 API를 호출하기도 한다. 이런 과정
에서 서비스를 제공하는 서버는 연동하는 시스템에 대해서는 클라이언
트가 될 수 있다.

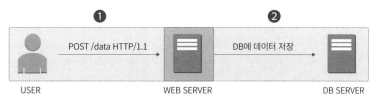

그림 7-4 일반적인 2 tier 구조의 시스템 구성

그림 7-4와 같은 과정을 가정해 보자. 사용자는 POST method를 이용
해 웹 서버에 데이터를 업로드하고 데이터를 받은 웹 서버는 DB 서버
에 해당 데이터를 저장한다. 1번 과정을 보게 되면 클라이언트는 USER,
서버는 WEB SERVER이다. 하지만 2번 과정을 보면 클라이언트는
WEB SERVER, 서버는 DB SERVER가 된다. 즉, 통신하는 과정에 따라
서버의 역할을 했던 서버는 반대로 클라이언트 역할을 하기도 한다. 그
리고 이 과정에서 클라이언트의 역할을 하는 서버가 먼저 연결을 끊는
다면 클라이언트 입장의 TIME_WAIT 소켓이 발생할 수 있다.

클라이언트 입장에서 TIME_WAIT가 발생했을 때 가장 큰 문제는 로컬
포트가 고갈되는 것이다. 클라이언트는 요청을 보내기 위해 소켓을 만드
는데, 이때 가용한 로컬 포트 중 하나를 임의로 배정 받아서 나가게 된다.

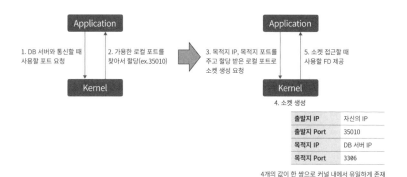

그림 7-5 애플리케이션이 소켓을 할당받는 과정

그림 7-5와 같은 상황을 가정해 보자.

1. 애플리케이션은 DB 서버와의 통신을 위해 커널에 소켓 생성을 요
   청한다.
2. 커널은 자신이 관리하고 있는 로컬 포트 목록 중에 사용할 수 있는
   포트 번호 한 개를 애플리케이션에 할당한다.
3. 애플리케이션은 할당 받은 번호로 커널에 소켓 생성을 요청한다.
4. 커널은 해당 정보로 소켓을 생성한다. 소켓은 출발지 IP, 출발지
   Port, 목적지 IP, 목적지 Port, 이 4개의 값을 한 묶음으로 해서 생성
   하며 해당 소켓은 커널 내부에 유일하게 존재한다. 즉 4개의 값이
   동일한 또 다른 소켓은 존재하지 않는다.
5. 소켓 생성이 정상적으로 완료되면 커널은 애플리케이션에서 소켓
   접근에 사용할 FD(File Descriptor)를 전달해 준다.

이렇게 사용된 소켓을 active close하게 되면 TIME_WAIT 상태로 남는
다. 그렇기 때문에 정상적인 상황이라면 해당 소켓은 TIME_WAIT 상태
가 풀려서 커널로 다시 돌아갈 때까지 다시 사용할 수 없다. 이런 식으로
다량의 로컬 포트가 TIME_WAIT 상태로 쌓이고 더 이상 사용할 수 있
는 포트가 없어지면 로컬 포트가 고갈되며 서버와 통신할 수 없게 된다.
　간단하게 테스트해보자. 서버에서 다음과 같이 curl 명령을 입력한다.

코드 7-4 TIME_WAIT 생성 테스트

```
[root@client ~]# curl http://www.kakao.com > /dev/null
[root@client ~]# netstat -napo | grep 80
tcp 0 0 172.16.33.136:44482❶  110.76.141.122:80❷  TIME_WAIT  TIME_WAIT (51.80/0/0)
```

❶ 외부로 요청할 때 사용한 서버의 source IP: source Port이다. 즉,
   172.16.33.136 IP에 44482 로컬 포트를 사용해서 나갔음을 알 수
   있다.
❷ 목적지 정보다. 110.76.141.122 IP에 목적지 포트 80으로 나갔음을
   알 수 있다.

코드 7-4를 보면 *www.kakao.com*에 HTTP 프로토콜로 GET을 요청할 때 이 요청을 처리할 소켓이 필요한데 (172.16.33.136:44482,110.76.141.122:80)을 하나의 쌍으로 만들어서 나갔다. 이것은 TIME_WAIT 상태가 풀릴 때까지 동일한 목적지 IP, 동일한 목적지 포트 (172.16.33.136:44482)를 사용할 수 없다는 뜻이다. 정말로 그런지 테스트해보도록 하자.

우선 서버에서 사용할 로컬 포트의 범위를 좁혀 보자. 32768 포트 하나만 사용할 수 있도록 아래와 같이 sysctl 명령을 통해 수정한다. 그리고 curl 명령을 두 번 연달아서 입력한다.

코드 7-5 로컬 포트 바인딩 실패 테스트

```
[root@client ~]# sysctl -w "net.ipv4.ip_local_port_range=32768 32768"
[root@client ~]# curl http://www.kakao.com > /dev/null
[root@client ~]# curl http://www.kakao.com > /dev/null
curl: (7) Failed to connect to 110.76.141.122: 요청한 주소를 배정할 수 없다
```

코드 7-5를 보면 첫 번째 요청에서 이미 32768을 이용해서 나갔으며, 32768을 사용한 소켓은 TIME_WAIT 상태이기 때문에 다음번에 다시 사용할 수 없다. 이런 식으로 외부로의 요청에 TIME_WAIT 소켓이 쌓이면 더 이상 할당할 수 있는 로컬 포트가 없어서 사용자의 요청을 처리할 수 없게 된다. 그럼 이런 일이 발생했을 때 어떻게 조치할 수 있을까?

7.4 net.ipv4.tcp_tw_reuse

첫 번째로 로컬 포트 고갈에 대응할 수 있는 방법은 커널 파라미터를 이용하는 방법이다. TIME_WAIT 소켓을 처리하는 커널 파라미터 중 net.ipv4.tcp_tw_reuse는 외부로 요청할 때 TIME_WAIT 소켓을 재사용할 수 있게 해준다. 조건은 아까와 같이 net.ipv4.local_port_range를 32768 32768로 고정시키고 net.ipv4.tcp_tw_reuse 값을 1로 설정한 다음 이전 절에서의 테스트와 마찬가지로 curl 명령을 두 번 연달아서 입력한다.

코드 7-6 net.ipv4.tcp_tw_reuse 설정 테스트

```
[root@client ~]# sysctl -w "net.ipv4.tcp_tw_reuse=1"
[root@client ~]# curl http://www.kakao.com > /dev/null
[root@client ~]# curl http://www.kakao.com > /dev/null
[root@client ~]# curl http://www.kakao.com > /dev/null
[root@client ~]# curl http://www.kakao.com > /dev/null
```

이전 절에서의 테스트 결과와는 달리 에러 메세지 없이 잘 실행된다.

> 첫 번째로 curl 명령을 입력한 후 약 1초 정도 후에 입력해야 한다. 입력하고 난 직후에는 소켓은 TIME_WAIT 상태가 아닌 FIN_WAIT 상태가 되기 때문이다.

그럼 net.ipv4.tcp_tw_reuse는 어떤 방식으로 동작하게 되는 걸까?

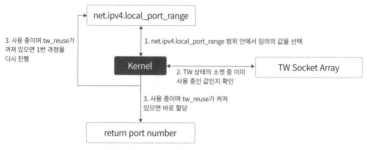

그림 7-6 net.ipv4.tcp_tw_reuse 동작 원리

그림 7-6을 보면 kernel은 net.ipv4.local_port_range 범위 안에서 임의의 값을 선택한 다음 TW Socket Array에 해당 값을 사용하는 동일한 쌍의 소켓이 있는지 확인한다. 이때 net.ipv4.tw_reuse 값이 켜져 있으면 해당 값을 사용하도록 그대로 리턴하고, 꺼져 있으면 다른 값을 선택해서 확인하는 과정을 다시 진행한다. 이를 통해서 net.ipv4.tcp_tw_reuse를 사용하면 TIME_WAIT 상태의 소켓을 재사용해서 외부로 요청을 보낸다.

> net.ipv4.tcp_tw_reuse는 timestamp 기능과 함께 사용해야 하고 net.ipv4.tcp_timestamps 값이 반드시 1이어야 한다.

7.5 ConnectionPool 방식 사용하기

앞 절에서 net.ipv4.tcp_tw_reuse를 사용하면 TIME_WAIT 상태의 소켓을 재사용할 수 있다는 것을 확인했다. 이제 로컬 포트가 고갈되어 발생하는 장애는 처리할 수 있다. 하지만 좀 더 근본적인 문제 해결 방법이 있다. 이번에는 이 방법을 살펴 보려고 한다.

앞에서도 언급했지만 TIME_WAIT 소켓이 쌓이는 문제는 active close 때문에 생긴다. 즉, 먼저 연결을 끊기 때문에 TIME_WAIT 소켓이 발생하고, 이후의 통신을 위해서 다시 연결을 맺어야 해서 리소스 낭비가 발생한다. 그럼 연결을 먼저 끊지 않으면 되지 않을까? 이럴 때 Connection Pool 방식의 접근 방법을 사용한다.

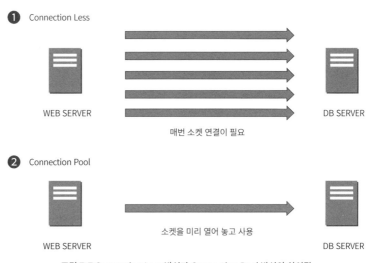

1 Connection Less

WEB SERVER   DB SERVER

매번 소켓 연결이 필요

2 Connection Pool

WEB SERVER   DB SERVER

소켓을 미리 열어 놓고 사용

그림 7-7 Connection Less 방식과 Connection Pool 방식의 차이점

그림 7-7을 보면 클라이언트의 동작 방식은 크게 두 가지로 나눌 수 있다. 첫 번째 Connection Less 방식은 HTTP가 많이 사용하는 방식으로, 요청할 때마다 소켓을 새로 연결하는 방식이다. 두 번째 Connection Pool 방식은 미리 소켓을 열어놓고 요청을 처리하는 방식이다. 미리 열어놓기 때문에 불필요한 TCP 연결 맺기/끊기 과정이 없어서 더 좋은 애플리케이션 응답 속도를 구현할 수 있다.

같은 일을 하는 두 가지의 다른 파이썬 스크립트로 간단히 테스트해
보자. 조금 극단적인 예제일 수 있으나 Connection Pool 방식의 이점
을 충분히 확인할 수 있을 것이다. 첫 번째 코드는 코드 7-7과 같다.

코드 7-7 Connection Less 방식 테스트 스크립트

```
#!/usr/bin/python
import redis
import time

count = 0
while True:
    if count > 10000:
        break;
    r = redis.Redis(host='redis.server', port=6379, db=0)
    print "SET"
    r.setex(count,count,10)
```

두 번째 코드는 코드 7-8과 같다.

코드 7-8 Connection Pool 방식 테스트 스크립트

```
#!/usr/bin/python
import redis
import time

count = 0
pool = redis.ConnectionPool(host='infra-redis.redis.iwilab.com', port=6379, db=0)
while True:
    if count > 10000:
        break;
    r = redis.Redis(connection_pool=pool)
    print "SET"
    r.setex(count,count,10)
```

두 스크립트 모두 특정 키를 설정하는 작업을 하지만 코드 7-7은 키를
설정할 때마다 Redis 서버로의 세션을 새로 연결하고, 코드 7-8은 미리
Redis 서버로의 세션을 열어놓고 키를 설정할 때마다 가져다가 사용한다.

코드 7-7을 실행시키고 나면 코드 7-9와 같이 TIME_WAIT 소켓이 1
초 단위로 생성되는 것을 볼 수 있다.

코드 7-9 Connectino Less 방식에서의 TIME_WAIT 소켓 생성 확인하기

```
[root@server script]# netstat -napo | grep -i 6379
tcp  0  0 172.16.33.136:55077  172.17.246.27:6379  TIME_WAIT - timewait (56.42/0/0)
```

```
tcp 0 0 172.16.33.136:55068  172.17.246.27:6379  TIME_WAIT - timewait (56.26/0/0)
tcp 0 0 172.16.33.136:55080  172.17.246.27:6379  TIME_WAIT - timewait (56.48/0/0)
tcp 0 0 172.16.33.136:55043  172.17.246.27:6379  TIME_WAIT - timewait (55.82/0/0)
tcp 0 0 172.16.33.136:55093  172.17.246.27:6379  TIME_WAIT - timewait (56.72/0/0)
```

하지만 코드 7-8의 스크립트를 실행시키고 나면 시간이 흘러도 하나의
EST 소켓만 존재한다.

코드 7-10 Connection Pool 방식에서의 TIME_WAIT 소켓 생성 확인하기

```
[root@server ~]# netstat –napo | grep –i 6379
tcp  0  41 172.16.33.136:55098  172.17.246.27:6379  ESTABLISHED 12954/
python  on (0.20/0/0)
```

몇 개의 요청을 처리할 때는 큰 차이가 없겠지만 초당 수십에서 수백 개
의 요청이 들어오는 대규모의 시스템이라면 분명히 응답 속도에 영향이
있다.

Connection Pool 방식은 이렇게 로컬 포트의 무분별한 사용을 막을
수도 있고, 서비스의 응답 속도도 향상시킬 수 있기 때문에 가능한 한
사용하는 것이 좋다. 하지만 Connection Pool 방식도 단점이 있다. 이
에 대한 내용은 TCP Keepalive와 관련이 있으며 8장에서 좀 더 자세히
다룰 것이다.

7.6 서버 입장에서의 TIME_WAIT 소켓

이번에는 서버 입장에서 TIME_WAIT 소켓을 살펴보자. 서버 쪽에서
보면 클라이언트와는 상황이 조금 다르다. 서버는 소켓을 열어 놓고 요
청을 받아들이는 입장이기 때문에 로컬 포트 고갈과 같은 문제는 일어
나지 않는다. 하지만 클라이언트와 마찬가지로 다수의 TIME_WAIT 소
켓이 있으면 불필요한 연결 맺기/끊기의 과정이 반복된다. 어떤 경우에
서버에서 TIME_WAIT가 생길 수 있을까?

간단하게 테스트를 통해 알아보자. nginx를 설치하고 keepalive_
timeout을 0으로 해서 서버를 올린 다음 클라이언트 역할을 하는 서버
에서 다음과 같이 curl로 간단하게 웹 페이지를 요청한다.

```
[root@client ~]# curl -s http://server/
```

그리고 서버에서 netstat을 통해 확인해 보면 사용하고 있는 80 포트에
다수의 TIME_WAIT 소켓이 있는 것을 확인할 수 있다.

코드 7-11 서버에서 TIME_WAIT 소켓 확인하기

```
[root@server nginx]# netstat -napo | grep -i :80
tcp 0 0 172.16.33.136:80  172.16.33.137:52496  TIME_WAIT  -  timewait (46.22/0/0)
tcp 0 0 172.16.33.136:80  172.16.33.137:52508  TIME_WAIT  -  timewait (57.05/0/0)
tcp 0 0 172.16.33.136:80  172.16.33.137:52511  TIME_WAIT  -  timewait (58.03/0/0)
tcp 0 0 172.16.33.136:80  172.16.33.137:52509  TIME_WAIT  -  timewait (57.59/0/0)
```

keepalive를 껐기 때문에 웹 서버가 먼저 연결을 끊는다. 즉, 웹 서버
가 active close했기 때문에 웹 서버에서 TIME_WAIT 소켓이 생긴다.
tcpdump를 통해서 살펴보자.

```
52731→80 [SYN]  Seq=2217018882 Win=14600 Len=0
80→52731 [SYN, ACK] Seq=2082554204 Ack=221701
52731→80 [ACK]  Seq=2217018883 Ack=2082554205
GET / HTTP/1.1
80→52731 [ACK]  Seq=2082554205 Ack=2217019062
[TCP segment of a reassembled PDU]
52731→80 [ACK]  Seq=2217019062 Ack=2082557101
[TCP segment of a reassembled PDU]
[TCP segment of a reassembled PDU]
52731→80 [ACK]  Seq=2217019062 Ack=2082558549
52731→80 [ACK]  Seq=2217019062 Ack=2082561445
52731→80 [ACK]  Seq=2217019062 Ack=2082562427
[TCP segment of a reassembled PDU]
[TCP segment of a reassembled PDU]
52731→80 [ACK]  Seq=2217019062 Ack=2082565323
52731→80 [ACK]  Seq=2217019062 Ack=2082565613
❶ HTTP/1.1 200 OK  (text/html)
❷ 80→52731 [FIN, ACK] Seq=2082565618 Ack=221701
52731→80 [ACK]  Seq=2217019062 Ack=2082565618
52731→80 [FIN, ACK] Seq=2217019062 Ack=208256
80→52731 [ACK]  Seq=2082565619 Ack=2217019063
```

그림 7-8 와이어샤크로 덤프 파일 확인하기

❶ 서버는 200 OK로 응답을 내려준다. 응답 헤더를 한 번 살펴보면 그
림 7-9와 같다.

144 7장 TIME_WAIT 소켓이 서비스에 미치는 영향

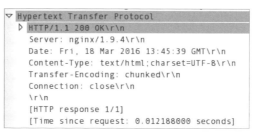

그림 7-9 HTTP 응답 패킷 살펴보기

Connection: close라는 헤더가 내려온 것을 볼 수 있다. 이 헤더가 내려오면 먼저 연결을 끊는다는 의미이다.

❷ 응답을 내려준 후 먼저 클라이언트에 FIN을 내려준다. 이를 통해서 서버에서 먼저 active close한 것을 확인할 수 있다.

그럼 서버 입장에서 TIME_WAIT 소켓을 줄일 수 있는 방법은 무엇이 있을까?

7.7 net.ipv4.tcp_tw_recycle

net.ipv4.tcp_tw_reuse와 이름은 비슷하지만 전혀 다른 동작 로직을 가진 net.ipv4.tcp_tw_recycle 파라미터를 살펴보도록 하자.

앞 절에서 net.ipv4.tw_reuse는 나갈 때 사용하는 로컬 포트에서 TIME_WAIT 상태의 소켓을 재사용할 수 있게 해주는 파라미터라고 설명했다. net.ipv4.tw_recycle은 그 반대로 서버 입장에서 TIME_WAIT 상태의 소켓을 빠르게 회수하고 재활용할 수 있게 해주는 파라미터이다. 코드 7-12와 같이 파라미터를 수정해보자.

코드 7-12 net.ipv4.tcp_tw_recycle 수정하기

```
[root@server nginx]# sysctl -w "net.ipv4.tcp_tw_recycle=1"
```

그리고 클라이언트에서 다시 한번 시도해보자. 서버에서 netstat을 입력하면 TIME_WAIT 소켓이 하나도 없는 것을 확인할 수 있다. 앞 절에

서는 다수의 TIME_WAIT 소켓이 있었는데 거짓말처럼 TIME_WAIT 소
켓이 줄어들었다. 왜 그런 걸까?

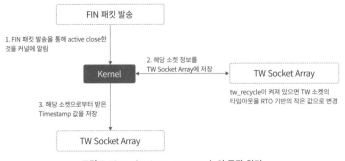

그림 7-10 net.ipv4.tcp_tw_recycle의 동작 원리

그림 7-10과 같이 **tw_recycle**이 켜지면 커널은 두 가지 작업을 추가로
진행한다.

1. 가장 마지막에 해당 소켓으로부터 들어온 timestamp 저장
2. TIME_WAIT 소켓의 타이머를 RTO 기반의 값으로 변경

> 💡 TIME_WAIT 소켓의 기본 타임아웃은 1분이다.

특히 2번 과정 때문에 TIME_WAIT 소켓이 눈에 보일 새도 없이 사라진
다. RTO는 보통 ms 단위이기 때문이다. 하지만 1번 과정 때문에 서비
스에 문제가 생길 가능성이 있다.

C1과 C2가 동일한 통신사를 사용하는 클라이언트라고 가정해 보자
(그림 7-11). 동일한 통신사를 사용하면 동일한 NAT를 사용할 수 있
고 S 입장에서는 같은 목적지 IP를 달고 오기 때문에 같은 클라이언트
로 보게 된다. 같은 클라이언트가 출발지 포트만 다르게 해서 요청하
는 것과 같다. S는 C1과의 통신을 잘 마무리하고 로직상에 구현되어 있
는 대로 TIME_WAIT 소켓을 RTO 값으로 세팅해서 금방 정리하고, C1
의 Timestamp를 저장한다. 그 후 C2가 다시 한번 연결 오픈 요청을 보
내는데, 이때 C1과 C2는 동일한 클라이언트가 아니기 때문에 시간이

살짝 다를 수 있으며 이때 Timestamp 값이 C1이 보낸 FIN에 기록된 Timestamp보다 작을 수 있다. S 입장에서는 동일한 IP를 가진 목적지에서 기존보다 더 작은 Timestamp를 가지고 통신 연결을 요청하기 때문에 잘못된 연결 요청으로 판단하고 패킷을 처리하지 않고 버린다. 하지만 C2는 패킷이 버려진 것을 모르고 재전송한다. 자신이 보낸 SYN에 대한 응답이 오지 않았기 때문이다. 이렇게 연결은 되지 않고 연결 요청만 계속해서 일어나게 되는 현상이 클라이언트의 요청을 직접 받는 웹 서버에서 주로 발생할 수 있기 때문에 웹 서버에서는 절대로 tw_recycle을 켜서는 안된다.

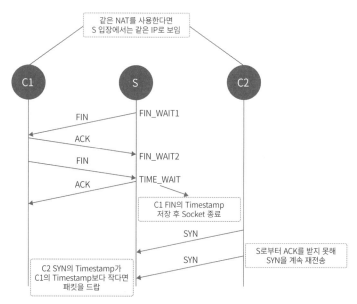

그림 7-11 net.ipv4.tcp_tw_recycle에 의해 발생할 수 있는 syn 패킷 drop 현상

7.8 keepalive 사용하기

tw_recycle 외에 다른 방법은 없을까? TIME_WAIT 소켓을 완전히 없앨 수는 없지만 줄일 수 있는 방법이 있다. 바로 keepalive이다. keepalive는 한번 맺은 세션을 요청이 끝나더라도 유지해주는 기능이다. 예를 들

어 2초 간격으로 계속해서 GET 요청이 들어온다면 2초마다 한 번씩 세션을 맺기보다는 하나의 세션을 연결해 놓고 그 연결을 유지하면서 지속적으로 요청을 처리하는 것이 서버 리소스 활용 면에서도 경제적이고, 서비스 응답 속도의 측면에서도 훨씬 도움이 된다. 불필요한 연결 맺기/끊기를 없애면, TPS가 높아질수록 성능이 더욱 좋아진다.

서버측에서 keepalive를 켜서 테스트해보자. 이번엔 telnet을 이용한다. 처음에는 keepalive_timeout을 0으로 지정하고, 두 번째는 keepalive_timeout을 10으로 지정해서 요청한다.

코드 7-13 nginx.conf에서 keepalive_timeout 수정하기

```
keepalive_timeout  0;
```

코드 7-14와 같이 클라이언트에서 telnet으로 요청한다.

코드 7-14 클라이언트에서 telnet으로 요청하기

```
[root@client ~]# telnet server.domain.com 80
Trying 172.16.33.136...
Connected to server.domain.com.
Escape character is '^]'.
GET /index.jsp HTTP/1.1
Host: server.domain.com

HTTP/1.1 200 OK
Server: nginx/1.9.4
Date: Sun, 28 Feb 2016 14:00:02 GMT
Content-Type: text/html;charset=ISO-8859-1
Content-Length: 142
Connection: close
Set-Cookie: JSESSIONID=ECAA32374FF562071399444AA5FEF020; Path=/; HttpOnly

<HTML>
 <HEAD>
  <TITLE>Hello World</TITLE>
 </HEAD>
 <BODY>
  <H1>Hello World</H1>
  Today is: Sun Feb 28 23:00:02 KST 2016
 </BODY>
</HTML>
Connection closed by foreign host.
```

코드 7-14를 보면 응답 헤더에 Connection:close가 내려왔고 HTTP 클라이언트의 역할을 하는 telnet은 해당 헤더를 읽고 연결을 끊는다. 그리고 서버에서 확인하면 코드 7-15와 같이 TIME_WAIT 소켓이 생성되어 있음을 볼 수 있다.

코드 7-15 netstat으로 TIME_WAIT 소켓 확인하기

```
[root@server conf]# netstat -napo | grep -i time_wait
tcp 0 0 127.0.0.1:8080 127.0.0.1:47055 TIME_WAIT -     TIME_WAIT (55.89/0/0) ❶
tcp 0 0 172.16.33.136:80 172.16.33.137:43961 TIME_WAIT - TIME_WAIT (55.89/0/0) ❷
```

코드 7-15의 ❷를 보면 외부에서 들어온 80 포트에 대한 요청이 TIME_WAIT 상태가 되었다. 172.16.33.137이 요청할 내용이 더 있다고 해도 서버가 먼저 끊기 때문에 요청마다 새로운 소켓을 열어야 한다. 만약 10번의 HTTP 요청이 있다면 저 TIME_WAIT 소켓은 10개가 될 것이다. keepalive를 켜서 해당 TIME_WAIT 소켓의 생성을 줄일 수 있다면 불필요한 TCP 연결 맺기/끊기 작업이 없어지면서 응답 속도가 빨라진다. 백문이 불여일견이니 한번 확인해 보자.

코드 7-16 nginx.conf에서 keepalive_timeout 수정하기

```
keepalive_timeout  10;
```

서버의 nginx를 reload하고 클라이언트에서 telnet으로 다시 한번 연결해 보자.

```
[root@client ~]# telnet ptom278.dakao.io 80
Trying 172.16.33.136...
Connected to ptom278.dakao.io.
Escape character is '^]'.
GET /index.jsp HTTP/1.1
Host:ptom278.dakao.io

HTTP/1.1 200 OK
Server: nginx/1.9.4
Date: Sun, 28 Feb 2016 14:07:19 GMT
Content-Type: text/html;charset=ISO-8859-1
Content-Length: 142
Connection: keep-alive
Set-Cookie: JSESSIONID=B7AD9DD6136E11D1C52A5F9B1617D90C; Path=/; HttpOnly
```

```
<HTML>
 <HEAD>
  <TITLE>Hello World</TITLE>
 </HEAD>
 <BODY>
  <H1>Hello World</H1>
  Today is: Sun Feb 28 23:07:19 KST 2016
 </BODY>
</HTML>

GET /index.jsp HTTP/1.1
Host:ptom278.dakao.io

HTTP/1.1 200 OK
Server: nginx/1.9.4
Date: Sun, 28 Feb 2016 14:07:22 GMT
Content-Type: text/html;charset=ISO-8859-1
Content-Length: 142
Connection: keep-alive
Set-Cookie: JSESSIONID=2E57FD6C40332121AE05E72EAC303502; Path=/; HttpOnly

<HTML>
 <HEAD>
  <TITLE>Hello World</TITLE>
 </HEAD>
 <BODY>
  <H1>Hello World</H1>
  Today is: Sun Feb 28 23:07:22 KST 2016
 </BODY>
</HTML>
Connection closed by foreign host
```

예상대로 첫 번째 요청을 끝마쳐도 연결이 끊어지지 않는다. 계속해서 명령을 입력할 수 있도록 연결이 유지되어 있으며 그 후로 계속 GET 요청을 보내도 끊어지지 않는다. keepalive의 타임아웃이 10초로 설정되어 있기 때문에 10초가 지나야만 서버에서 먼저 연결을 끊게 된다.

이런 식으로 서버의 입장에서 keepalive를 켜서 세션을 유지해주면 TIME_WAIT 소켓을 줄일 수 있으며, 불필요한 TCP 연결 맺기/끊기 과정이 사라지기 때문에 서비스의 응답 속도도 더 향상시킬 수 있다.

7.9 TIME_WAIT 상태의 존재 이유

지금까지 클라이언트/서버 입장에서 TIME_WAIT 상태가 어떤 영향을 끼치고, 어떻게 하면 문제를 방지할 수 있는지 살펴보았다. 지금까지의 이야기를 살펴보면 TIME_WAIT가 마치 좋지 않은 소켓의 상태이고 없애야 할 것처럼 보이겠지만, TCP 통신 과정에서 TIME_WAIT 소켓은 반드시 필요하다. 그렇다면 TIME_WAIT 소켓은 왜 반드시 필요할까? TIME_WAIT 소켓의 핵심은 연결이 종료된 후에도 소켓을 바로 정리하지 않고 일종의 연결 종료에 대한 흔적을 남겨 놓는 것에 있다. 일정 시간 동안 연결 종료에 대한 흔적을 남겨서 발생할 수 있는 문제점을 방지하는 것이 TIME_WAIT 소켓의 핵심인 것이다. 이때 발생할 수 있는 가장 큰 문제점은 패킷 유실에 따른 비정상적인 통신 흐름의 발생이다. 그리고 그 중에서도 필자의 개인적인 생각으로는 연결 해제 시 발생할 수 있는 문제를 방지하는 것이 TIME_WAIT 소켓의 가장 큰 필요성이라고 생각한다. 7.2절에서 언급했던 TCP 연결 종료 과정을 다시 한번 살펴보자.

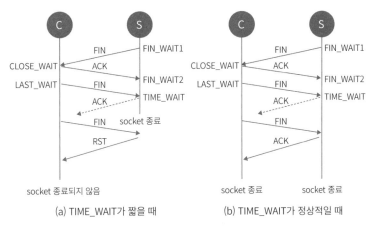

그림 7-12 TCP에서 연결을 끊는 과정

그림 7-12의 (a)와 같이 TIME_WAIT 상태가 매우 짧다고 가정해 보자. S는 FIN을 먼저 보내서 C와의 통신을 종료한다. 헌데 S에서 마지막으로 보낸 ACK가 중간이 유실되어 C에서는 자신이 보낸 FIN에 대한 ACK를 받지 못한 상황이 된다. C의 입장에서는 ACK를 받지 못했기 때문에 FIN을 다시 한번 보내게 되지만, S의 입장에서는 이미 TIME_WAIT 상태의 소켓을 정리해 버렸기 때문에 C로부터 받은 FIN이 정상적인 FIN

이라 판단하지 않고 RST를 보낸다. C는 자신이 정리해야 하는 소켓에 대해 계속해서 정상적인 ACK를 받지 못하기 때문에 소켓이 LAST_ACK 상태로 계속해서 남아있게 된다. 그래서 비정상적으로 LAST_ACK 상태 의 소켓이 점점 증가할 수 있다.

반면에 (b)와 같이 TIME_WAIT 상태가 정상적이라면, S의 ACK가 유실되었다고 하더라도 C의 재전송된 FIN을 처리할 만한 충분한 시간 동안 소켓이 TIME_WAIT 상태로 살아있기 때문에 자신이 ACK를 보냈다고 하더라도 무언가 통신에 이상이 생겼음을 감지하고 C의 FIN에 대해 한 번 더 ACK를 보내게 된다. 즉 패킷 유실로 인해 발생한 FIN과 ACK의 재전송을 처리할 수 있는 기회를 얻게 되는 것이다.

이런 이유 때문에 TCP에서는 연결을 끊은 이후에도 일정 시간 동안 소켓을 유지하고 있으며 이때의 소켓 상태를 TIME_WAIT 상태로 정의하는 것이다.

7.10 Case Study - nginx upstream에서 발생하는 TIME_WAIT

다수의 TIME_WAIT 소켓으로 인해 발생하는 실제 경우를 살펴보자. 보통 Java 기반으로 서비스를 개발하게 되면 웹 서버로 톰캣(tomcat) 혹은 네티(netty)를 사용하게 된다(이하 앱 서버로 통칭). 그리고 이런 웹 서버를 직접 트래픽을 받게 하지 않고 앞단에 nginx나 아파치(apache)를 두어서 처리하도록 구성하는 경우가 많다(이하 웹 서버로 통칭). 이때 앞단 웹 서버와 뒷단 앱 서버 간에 keepalive를 적용하지 않은 채 서비스하게 되면 웹 서버과 앱 서버 사이에 TIME_WAIT가 발생한다.

이렇게 되면 두 가지 문제가 발생한다. 첫 번째는 웹 서버에서 앱 서버로 요청을 넘길 때 로컬 포트를 사용하게 되는데, 웹 서버가 사용할 로컬 포트가 부족해져서 로컬 포트 고갈이 일어날 수 있다. 하지만 이 경우는 **tw_reuse** 커널 파라미터를 통해 해결할 수 있기 때문에 큰 이슈는 되지 않는다.

두 번째는 웹 서버에서 앱 서버로 보내는 모든 요청에 TCP 연결 맺기/끊기의 과정이 필요하기 때문에 불필요한 성능 낭비가 일어나고, 이로 인해 서비스 응답 속도에 지연이 발생할 수 있다. 사실은 이 경우가 가장 큰 문제인데, 대규모의 트래픽을 받지 않는 한 크게 체감되지 않기 때문에 중요한 성능 향상 포인트를 놓칠 가능성이 크다.

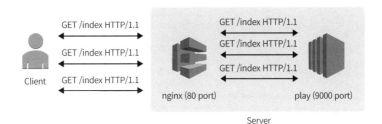

그림 7-13 nginx upstream 환경에서의 통신 과정

사용자가 nginx를 통해 보낸 GET 요청이 3건이라면 nginx가 play 프레임워크 앱 서버로 보내게 되는 GET 요청도 3건이 된다(그림 7-13). 이때 nginx가 play 프레임워크 앱 서버로 GET 요청을 보낼 때마다 3번의 TCP handshake가 발생한다. 사실 nginx와 play 프레임워크 앱 서버 구간은 keepalive로 세션을 열어놓고 사용하는 것이 더 좋은 구간이다. 성능 차이가 얼마나 발생하는지 확인해보자.

총 3가지 테스트 환경을 만들어 볼 것이다.

1. Play만 띄워서 서비스하는 경우
2. nginx와 Play 프레임워크 앱 서버 사이에 keepalive 없이 서비스하는 경우
3. nginx와 Play 프레임워크 앱 서버 사이에 keepalive를 설정하고 서비스하는 경우

간단하게 ab 툴을 이용해서 진행하겠다.

```
[root@server ~]# ab -n 10000 -c 1 http://server.domain.com
```

	play(keepalive)	nginx (no-keepalive) + play	nginx (keepalive) + play
소요 시간	2.055s	3.175s	2.645s

표 7-1 ab를 이용한 테스트 결과

경우에 따라 더 클 수도 작을 수도 있지만 테스트 결과는 그림 7-14와 같다. 가장 좋은 성능을 보인 것은 1번이고 2번의 성능이 가장 좋지 않았다. 웹 서버과 앱 서버 사이에 keepalive를 켜는 편이 15% 정도 더 좋은 응답 속도를 보였다.

그렇다면 여기서 또 궁금증이 생길 수 있다. 1번의 경우와 비교하면 확실히 3번은 응답 속도가 더 떨어지는데 그렇다면 왜 nginx와 같은 웹 서버를 앞단에 두는 걸까? HTTPS를 사용할 경우 인증서 설정과 관리 등의 문제가 있고, 그 외에 UserAgent 확인, Referer 확인 등과 같이 서비스 외적으로 설정해야 하는 요소들이 많다. 이때 nginx와 같은 웹 서버를 앞단에 두어서 처리하면 코드 구현에도 훨씬 유리하며 개발 생산성에도 더 유리하다.

7.11 요약

사실 TIME_WAIT 상태 자체가 문제가 있는 상태인 것은 아니다. 오히려 안정적인 TCP 통신을 위해 반드시 필요하다. 하지만 과유불급이라는 말처럼 너무 많은 양의 TIME_WAIT 상태는 서비스에 좋지 않은 영향을 끼친다. 언제 TIME_WAIT 소켓이 발생하는지 정확히 파악하고, 튜닝해서 줄일 수 있는 방법은 없는지 연구하고 적용해야 한다.

이번 장에서 배운 내용을 정리하면 다음과 같다.

1. TIME_WAIT 소켓은 먼저 연결을 끊는 쪽에서 발생한다.
2. 클라이언트 입장에서의 TIME_WAIT 소켓은 tw_reuse 파라미터를 통해 재사용할 수 있기 때문에 로컬 포트 고갈 문제는 발생하지 않는다.

3. 하지만 불필요한 TCP 3 way handshake가 일어날 수 있기 때문에 가능하면 Connection Pool 방식을 적용해 TIME_WAIT 소켓을 줄이도록 한다.

4. 서버 입장에서의 TIME_WAIT 소켓은 **tw_recycle** 파라미터를 통해 빠르게 회수할 수 있다. 하지만 특정 환경에서는 SYN 패킷이 버려지는 문제가 발생할 수 있기 때문에 권하지 않는다.

5. 서버 입장에서는 keepalive 기능을 켬으로써 불필요한 TCP 3 way handshake를 줄일 수 있고 TIME_WAIT 소켓도 줄일 수 있다. 이를 통해 서비스의 응답 속도 향상이 가능해진다.

6. TIME_WAIT 소켓은 정상적인 TCP 연결 해제를 위해 반드시 필요하다.

8장

TCP Keepalive를 이용한 세션 유지

이번 장에서는 TCP Keepalive 옵션을 이용해서 TCP 기반의 통신에서 세션을 유지하는 방법을 알아보려 한다. Keepalive라는 단어를 보고 이미 눈치챘겠지만, TCP Keepalive는 두 종단 간 맺은 세션을 유지해서 통신이 일어날 때마다 유지 중인 세션을 이용하게 한다. 이를 통해서 시스템이 얻는 것은 무엇인지, 그리고 주의해야 할 부분들은 어떤 것이 있는지 알아볼 것이다.

8.1 TCP Keepalive란

TCP Keepalive는 무엇을 의미하는 것일까? 7장에서 살펴본 것처럼 TCP 통신을 위해서는 3-way handshake가 필요하다. 이는 TCP 통신을 위해 반드시 지켜야 하는 표준 규약이며 회피할 수 있는 방법은 없다. 하지만 두 종단 간의 통신이 필요할 때마다 3-way handshake를 진행한다면, 통신량이 많고 지속적인 경우에는 상당히 불편할 것이다. 통신이 지속적으로 이루어진다면 처음 만들어놓은 세션을 없애지 않고 계속 사용할 수는 없을까? 이런 생각에서 출발한 것이 바로 TCP Keepalive 이다.

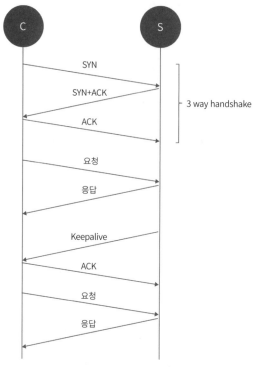

그림 8-1 TCP Keepalive 환경에서의 패킷 흐름

그림 8-1을 보면 TCP Keepalive는 일정 시간이 지나면 연결된 세션의 두 종단이 서로 살아 있는지를 확인하는 아주 작은 양의 패킷을 하나 보낸다. 양쪽 모두에서 이 패킷을 보낼 필요는 없다. 연결을 유지하는 게 유리한 쪽에서만 진행해도 된다. 즉, 클라이언트 혹은 서버 둘 중에 하나라도 이 기능을 사용한다면 세션은 유지된다.

서로 Keepalive 확인을 위한 작은 패킷을 주고 받은 후에 타이머는 다시 원래 값으로 돌아가고 카운트를 진행한다. 이런 방식으로 주기적으로 두 종단 간에 Keepalive를 확인하면서 양쪽의 세션이 끊기지 않고 유지된다.

현재 사용하고 있는 네트워크 소켓이 Keepalive를 지원하고 있는지 확인할 수 있는 방법은 무엇일까? netstat 명령을 사용하면 된다.

코드 8-1 netstat을 이용해서 TCP Keepalive 타이머 확인하기

```
[root@server ~]# netstat -napo
Active Internet connections (servers and established)
Proto Recv-Q Send-Q Local Address       Foreign Address     State        PID/Program name  Timer
tcp   0      0      127.0.0.1:199        0.0.0.0:*           LISTEN       1430/snmpd        off (0.00/0/0)
tcp   0      0      0.0.0.0:22           0.0.0.0:*           LISTEN       1447/sshd         off (0.00/0/0)
tcp   0      0      10.10.10.22          10.10.10.11:60652   ESTABLISHED  8576/sshd         keepalive (70.54/0/0)❶
tcp   0      0      :::22                :::*                LISTEN       1447/sshd         off (0.00/0/0)
tcp   0      0      :::23                :::*                LISTEN       1458/xinetd       off (0.00/0/0)
udp   0      0      0.0.0.0:48733        0.0.0.0:*                        1269/rsyslogd     off (0.00/0/0)
```

제일 마지막 열에 있는 Timer 항목을 통해서 현재 소켓에 설정된 타이머 값을 볼 수 있다. 여기에서 확인할 수 있는 소켓의 타이머에는 TIME_WAIT 타이머, FIN_WAIT 타이머 등이 있으며 연결된 ESTABLISHED 상태의 소켓에서는 Keepalive 타이머를 확인할 수 있다. ❶을 보면 sshd 데몬이 사용하는 소켓에 keepalive 옵션이 켜져 있고 타이머가 70초가량 남아있다. 해당 타이머의 시간이 다 되면 연결이 살아있는지를 확인하는 작은 패킷을 하나 보낸다.

그럼 TCP Keepalive를 어떻게 사용할 수 있을까? 소켓을 생성할 때 소켓 옵션을 설정하면 된다. 소켓 옵션은 setsockopt()라는 함수를 통해서 설정하는데, 함수의 옵션 중에 SO_KEEPALIVE를 선택하면 TCP Keepalive를 사용할 수 있다. 하지만 C 언어를 통해서 직접 클라이언트와 서버를 구현하는 경우가 아니라면 보통 이런 방식을 사용하지는 않는다. 그래서 대부분의 애플리케이션에는 TCP Keepalive를 설정할 수 있는 별도의 옵션을 제공한다.

간단하게 Redis 인스턴스를 통해서 확인해 보자. 서버에 직접 Redis 인스턴스를 띄우고 telnet 명령을 이용해서 연결한 다음 그 후의 소켓 상태를 netstat 명령을 통해서 확인하면 된다.

코드 8-2 netstat을 이용해서 TCP Keepalive 타이머 확인하기

```
[root@server ~]# netstat -napo | grep -i 6379 | grep -i est
tcp 0 0 127.0.0.1:6379   127.0.0.1:36045  ESTABLISHED 8935/./redis-server off (0.00/0/0)❶
tcp 0 0 127.0.0.1:36045  127.0.0.1:6379   ESTABLISHED 8979/telnet         off (0.00/0/0)
```

코드 8-2의 ❶을 보면 타이머 없이 단순하게 연결되어 있는 것을 볼 수
있다. 이 상태에서 redis-cli를 통해서 TCP Keepalive 옵션을 적용한다.

코드 8-3 redis-cli를 통해서 Redis에서 TCP Keepalive 기능 사용하기

```
127.0.0.1:6379> config set tcp-keepalive 100
OK
127.0.0.1:6379> config get tcp-keepalive
1) "tcp-keepalive"
2) "100"
```

그러고 나서 다시 한번 telnet 명령을 이용해서 연결해 보자.

코드 8-4 netstat을 이용해서 TCP Keepalive 타이머 확인하기

```
[root@server ~]# netstat -napo | grep -i 6379 | grep -i est
tcp 0 0 127.0.0.1:6379    127.0.0.1:36047  ESTABLISHED 8935/./redis-server keepalive (97.91/0/0) ❶
tcp 0 0 127.0.0.1:36047   127.0.0.1:6379   ESTABLISHED 9056/telnet        off (0.00/0/0)
```

코드 8-4의 ❶을 보면 이전과는 다르게 keepalive라는 지시자가 보이며
우리가 설정한 것처럼 100초를 기준으로 타이머가 작동하고 있다. 이
명령을 입력했을 때는 97초 정도가 남아 있는 상태이다. 그럼 100초가
다 지나면 정말로 패킷을 보내게 될까? tcpdump로 6379 포트에 대한 패
킷 덤프를 생성해 보자.

코드 8-5 tcpdump를 통해서 6379 포트의 패킷 덤프 생성하기

```
[root@server ~]# tcpdump -i any -A -vvv -nn port 6379 -w tcp_keepalive.pcap
```

그리고 만들어진 파일을 와이어샤크(WireShark)로 열어보면 재미있는
결과를 확인할 수 있다.

```
❶ 1 0.000000      76 50098 → 6379 [SYN] Seq=1452101802 Win=14600
❷ 2 0.000846      76 6379 → 50098 [SYN, ACK] Seq=2659799775 Ack=1
❸ 3 0.001013      68 50098 → 6379 [ACK] Seq=1452101803 Ack=265979
  4 8.729765      68 36047 → 6379 [FIN, ACK] Seq=2620944249 Ack=2
  5 8.729835      68 6379 → 36047 [FIN, ACK] Seq=2817034171 Ack=2
  6 8.729851      68 36047 → 6379 [ACK] Seq=2620944250 Ack=281703
❹ 7 100.000680    68 [TCP Keep-Alive] 6379 → 50098 [ACK] Seq=2659
❺ 8 100.000820    68 [TCP Keep-Alive ACK] 50098 → 6379 [ACK] Seq=
```

그림 8-2 와이어샤크로 패킷 분석하기

그림 8-2에서 ❶~❸번 패킷은 최초에 연결할 때 사용하는 3way handshake이고 ❹번 패킷이 Keepalive 패킷, ❺번 패킷이 그에 대한 응답 패킷이다. 6행과 7행 사이의 시간 차이가 100초인 것도 확인할 수 있다.

간단한 테스트를 통해서 실제로 TCP Keepalive가 이루어지는 과정과 패킷 내용을 확인해 보았다. TCP Keepalive의 패킷은 68바이트 정도로 매우 작은 크기이기 때문에 종단 간의 세션 유지를 위해 많은 리소스가 필요치 않아서 가능하면 켜져 있는 상태로 통신을 하는 것이 좋다. 그럼 TCP Keepalive에 대해 좀 더 자세히 알아보자.

8.2 TCP Keepalive의 파라미터들

그렇다면 TCP Keepalive를 유지하는 데 필요한 커널 파라미터들은 어떤 것들이 있을까? 커널에서는 총 3개의 커널 파라미터를 제공하고 있다.

코드 8-6 TCP Keepalive와 관련된 커널 파라미터들

```
[root@server ~]# sysctl -a | grep -i keepalive
net.ipv4.tcp_keepalive_time = 240 ❶
net.ipv4.tcp_keepalive_probes = 3 ❷
net.ipv4.tcp_keepalive_intvl = 30 ❸
```

❶ net.ipv4.tcp_keepalive_time: 가장 중요한 값이라고 할 수 있는 tcp_keepalive_time부터 살펴보자. 이름이 의미하는 것처럼 keepalive 소켓의 유지 시간을 의미한다. 위 예제에서는 TCP Keepalive 옵션이 적용된 상태의 소켓은 최소한 240초는 연결을 유지한다. 타이머는 이 시간을 기준으로 동작하며 이 시간이 지나면 keepalive 확인 패킷을 보낸다. 하지만 앞 절의 Redis 예제에서 살펴본 것처럼 이 값은 직접 지정할 수 있으며, 지정하지 않았을 경우에만 커널 파라미터의 값으로 적용된다.

❷ net.ipv4.tcp_keepalive_probes: tcp_keepalive_probes는 keepalive 패킷을 보낼 최대 전송 횟수를 정의한다. keepalive 패킷에 한번 응답하지 않았다고 해서 바로 연결을 끊을 수는 없다. 네트워크 패킷은

다양한 원인으로 손실될 수 있으며 이에 따른 재전송 메커니즘이 있다. 하지만 그렇다고 무한정 보낼 수는 없기 때문에 `tcp_keepalive_probes` 파라미터를 통해서 최대 재전송 횟수를 정의한다. 위 예제에는 3으로 설정했기 때문에 최초의 keepalive 패킷을 포함해서 총 3번의 패킷을 보내고 그 후에도 응답이 없으면 연결을 끊는다.

❸ `net.ipv4.tcp_keepalive_intvl`: `tcp_keepalive_intvl`은 keepalive 재전송 패킷을 보내는 주기를 의미한다. 처음에 설정한 `tcp_keepalive_time`이 지난 후 keepalive 확인 패킷을 보내게 되는데, 이 패킷에 응답이 없으면 몇 초 후에 재전송 패킷을 보낼 것인지 그 값을 정의한다.

위 값들을 종합해서 정리하면 그림 8-3과 같다.

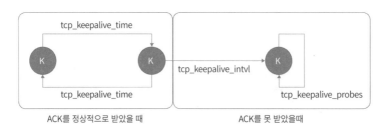

그림 8-3 TCP Keepalive 관련 커널 파라미터들의 역할

최초 `tcp_keepalive_time`초 동안 기다린 후 keepalive 확인 패킷을 보내고, 최초 패킷에 대한 응답이 오지 않으면 `tcp_keepalive_intvl` 간격으로 `tcp_keepalive_probes`번의 패킷을 더 보낸다. 그 후에도 응답이 오지 않으면 연결을 끊는다. 이런 설정은 어떤 경우에 도움이 될까?

두 종단 간의 연결을 끊기 위해서는 FIN 패킷이 필요하다. 양쪽 모두 정상적으로 FIN을 주고받아서 연결을 끊는 것이 정상적인 상황이지만, 시스템을 운영하다 보면 다양한 이슈로 인해 FIN을 주고받지 못하고 끊어지는 경우가 생긴다. 예를 들어 서버가 연결되어 있는 스위치에 장애가 발생하면 두 종단 간 연결이 끊어지지만, FIN을 전달할 방법이 없어서 계속해서 연결된 것처럼 남아있게 된다. 하지만 TCP Keepalive 옵선을 사용한다면 일정 시간이 지난 후에 keepalive 확인 패킷을 보내고, 이에 대한 응답이 없다면 커널이 끊어진 세션으로 판단하고 소켓을 정리한다. 다음 절에서 이 부분을 좀 더 자세히 알아볼 것이다.

8.3 TCP Keepalive와 좀비 커넥션

앞에서 TCP Keepalive의 의미와 파라미터를 살펴보았는데 그렇다면 실제 서비스에서는 TCP Keepalive를 어떻게 활용할 수 있을까?

TCP Keepalive는 커널 레벨에서 두 종단 간의 연결을 유지하는 기능이며, 이를 통해서 불필요한 TCP Handshake를 줄일 수 있어 전체적으로 서비스의 품질을 높일 수 있다. 하지만 가장 큰 효과를 볼 수 있는 부분은 잘못된 커넥션 유지, 흔히 좀비 커넥션이라고 부르는 소켓을 방지하는 기능이다.

간단한 테스트를 통해서 좀비 커넥션 방지에 대한 의미를 살펴볼 것이다. DB 서버 한 대와 애플리케이션 서버가 한 대 있다고 가정해보자. 테스트 시나리오는 다음과 같다.

1. DB 서버와 애플리케이션 서버를 연결한다.
2. DB 서버에서 mysqld를 종료한다.
3. 다시 한번 두 서버를 연결한다.
4. iptables를 이용해서 DB 서버에서 애플리케이션으로 가는 모든 패킷을 DROP시킨다.
5. DB 서버를 종료한다.
6. 애플리케이션 서버에서 DB 서버와의 소켓 상태를 확인한다.

과연 어떤 일이 일어나게 될지 살펴보자. 코드 8-7은 테스트에 사용한 코드이다.

코드 8-7 테스트용 애플리케이션 소스 코드

```
#!/usr/bin/python
# -*- coding: utf-8 -*-
```

```
import MySQLdb as mdb
import sys
import time
from datetime import datetime

con = mdb.connect('dbserver', 'root', 'password', 'test');

while True:

  cur = con.cursor()
  cur.execute("SELECT VERSION()")

  ver = cur.fetchone()

  print "Database version : %s " % ver
  time.sleep(600)
```

DB 서버에 연결하고 간단한 쿼리를 실행한 다음 10분 정도 유휴 상태
를 유지한다. 위 스크립트를 실행시키고 난 후 소켓 상태를 확인한다.

코드 8-8 netstat으로 연결 상태 확인하기

```
[root@client ]# netstat -napo | grep -i 3306
tcp 0 0 10.10.10.10:49480  10.10.10.11:3306  ESTABLISHED 21048/python  keepalive (57.98/0/0)
```

keepalive가 켜진 상태로 3306 포트와 연결된 것을 확인할 수 있다. 이
번엔 정상적으로 mysqld를 종료시킨다.

코드 8-9 mysqld 정상 종료

```
[root@server ~]# service mysqld stop
Stopping mysqld:                                    [  OK  ]
```

클라이언트의 소켓 상태는 코드 8-10과 같다.

코드 8-10 netstat을 통해 연결 상태 확인하기

```
[root@client ]# netstat -napo | grep -i 3306
tcp 1 0 10.10.10.10:49480  10.10.10.11:3306  CLOSE_WAIT  21048/python  keepalive (15.18/0/0)
```

ESTABLISHED 상태의 소켓이 CLOSE_WAIT 상태가 되었다. 이는
mysql 서버로부터 정상적으로 FIN을 받았다는 의미이다.

왜 소켓이 CLOSE 되지 않고 CLOSE_WAIT 상태인 걸까? 스크립트가 sleep()
을 만나서 현재 자고 있는 상태이기 때문에 명시적으로 close()를 호출하지 못
해서 CLOSE_WAIT 상태에 있는 것이다.

여기까지는 정상적으로 mysql 서버와 연결하고 해제되는 과정에 대한 테
스트이다. 아직까지는 keepalive가 큰 역할을 하지는 않지만 iptables를
이용해서 DB 서버와의 연결이 의도치 않게 끊어지는 상황을 재현해볼 것
이다. 클라이언트를 다시 DB 서버에 연결하고 DB 서버에서 해당 클라이
언트로 나가는 패킷을 모두 DROP시킨 다음 mysql 서버를 종료시킨다.

코드 8-11 iptables를 통해 패킷 DROP 설정 후 mysql 종료

```
[root@server ~]# iptables -A OUTPUT -p tcp -d 10.10.10.10 -j DROP
[root@server ~]# service mysqld stop
Stopping mysqld:                                              [  OK  ]
```

그러고 나서 클라이언트의 소켓 상태를 살펴보자.

코드 8-12 netstat을 통해 연결 상태 확인하기

```
[root@client ]# netstat -napo | grep -i 3306
tcp  0  0 10.10.10.10:49482   10.10.10.11:3306   ESTABLISHED 21126/python   keepalive (16.32/0/0)
```

아까와 달리 CLOSE_WAIT 상태가 아닌 ESTABLISHED 상태가 유지
되고 있다. DB 서버는 분명히 종료된 상태이다. DB 서버에서 설정된
iptables로 인해 FIN 패킷을 받지 못해서, 클라이언트 입장에서는 DB
서버와의 연결이 끊어졌는지 알 방법이 없다. 그래서 소켓이 여전히
ESTABLISHED 상태로 남아 있는 것이다. 하지만 keepalive 옵션을 활
용한 소켓이기 때문에 keepalive 타이머에 설정된 일정 시간이 지나면
keepalive 패킷에 대한 응답을 받지 못했기 때문에 소켓이 종료된다.

코드 8-13 netstat을 통해 연결 상태 확인하기

```
[root@client]# netstat -napo | grep -i 3306
tcp 0  0 10.10.10.10:49482  10.10.10.11:3306  ESTABLISHED 21126/python   keepalive (57.67/0/0)
[root@client]# netstat -napo | grep -i 3306
tcp 0  0 10.10.10.10:49482  10.10.10.11:3306  ESTABLISHED 21126/python   keepalive (42.23/0/0)
[root@client]# netstat -napo | grep -i 3306
```

```
tcp 0 0 10.10.10.10:49482  10.10.10.11:3306  ESTABLISHED 21126/python  keepalive (16.32/0/0)
[root@client]# netstat -napo | grep -i 3306
[root@client]#
```

우리가 의도했던 대로 동작했는지 tcpdump 내용도 함께 살펴보자.

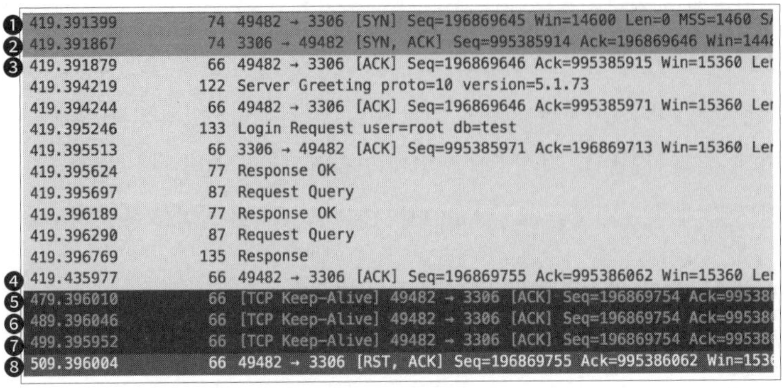

1 419.391399   74 49482 → 3306 [SYN] Seq=196869645 Win=14600 Len=0 MSS=1460 S
2 419.391867   74 3306 → 49482 [SYN, ACK] Seq=995385914 Ack=196869646 Win=144
3 419.391879   66 49482 → 3306 [ACK] Seq=196869645 Ack=995385915 Win=15360 Le
   419.394219   122 Server Greeting proto=10 version=5.1.73
   419.394244   66 49482 → 3306 [ACK] Seq=196869646 Ack=995385971 Win=15360 Le
   419.395246   133 Login Request user=root db=test
   419.395513   66 3306 → 49482 [ACK] Seq=995385971 Ack=196869713 Win=15360 Le
   419.395624   77 Response OK
   419.395697   87 Request Query
   419.396189   77 Response OK
   419.396290   87 Request Query
   419.396769   135 Response
4 419.435977   66 49482 → 3306 [ACK] Seq=196869755 Ack=995386062 Win=15360 Le
5 479.396010   66 [TCP Keep-Alive] 49482 → 3306 [ACK] Seq=196869754 Ack=99538
6 489.396046   66 [TCP Keep-Alive] 49482 → 3306 [ACK] Seq=196869754 Ack=99538
7 499.395952   66 [TCP Keep-Alive] 49482 → 3306 [ACK] Seq=196869754 Ack=99538
8 509.396004   66 49482 → 3306 [RST, ACK] Seq=196869755 Ack=995386062 Win=1536

그림 8-4 와이어샤크로 패킷 덤프 확인하기

1~**3** TCP Handshake 과정이다.

4 마지막 통신에 대한 ACK를 서버에 보낸다.

5 마지막 ACK를 보낸 후 60초 후에 Keepalive 확인 패킷을 보낸다.

6 **5**번에서 보낸 패킷에 대한 응답을 받지 못했기 때문에 net.ipv4. tcp_keepalive_intvl에 정의된 시간(10초)만큼 경과한 후에 한 번 더 보낸다.

7 **6**번에서 보낸 패킷의 응답을 받지 못했기 때문에 10초가 지난 후 한 번 더 보낸다. 여기까지 보내면 net.ipv4.tcp_keepalive_probes 에 정의한 횟수만큼 보냈기 때문에 keepalive 확인을 위한 마지막 패킷이다.

8 keepalive에 대한 확인 패킷을 정해진 횟수만큼 보낸 후에도 응답을 받지 못했기 때문에 클라이언트는 연결이 끊어졌다고 인지하고 서 버에 RST 패킷을 보낸 다음 자신의 소켓을 닫는다.

그림 8-4의 덤프 파일을 보면 우리가 의도한 대로 동작했다. 통신이 마 지막으로 이루어진 90초 후에 문제를 인지하고 소켓을 닫았다. 이를 통

해 클라이언트에서 발생할 수 있는 좀비 커넥션 문제를 방지할 수 있다. 물론 애플리케이션에서 직접 keepalive를 관리할 수도 있다. 주기적으로 연결이 잘 되어 있는지를 확인하는 형태의 로직을 추가할 수도 있겠지만 TCP Keepalive를 사용하면 별도의 로직을 추가하지 않아도 커널 레벨에서 커넥션 관리를 해주기 때문에 더 편하다.

8.4 TCP Keepalive와 HTTP Keepalive

흔히 TCP Keepalive와 HTTP Keepalive를 혼동하는 경우가 많다. 이번 절에서는 두 Keepalive의 차이점을 알아볼 것이다.

아파치(apache), nginx와 같은 웹 애플리케이션에도 keepalive timeout이라는 것이 존재한다. HTTP/1.1에서 지원하는 keepalive를 위한 설정 항목이다. TCP Keepalive와 용어가 비슷해서 헷갈릴 수 있지만 두 항목은 큰 차이가 있다. TCP Keepalive는 두 종단 간의 연결을 유지하기 위함이지만, HTTP Keepalive는 최대한 연결을 유지하는 것이 목적이다. 만약 두 값 모두 60초라고 한다면 TCP Keepalive는 60초 간격으로 연결이 유지되었는지를 확인하고, 응답을 받았다면 계속해서 연결을 유지한다. 하지만 애플리케이션에서는 60초 동안 유지하고, 60초가 지난 후에도 요청이 없다면 연결을 끊는다.

가장 혼동하기 쉬운 부분은 두 값이 서로 다를 때 소켓이 어떻게 관리되는지인데, 간단한 테스트를 통해서 확인해 보자. 이번에는 nginx가 아닌 아파치 웹 서버로 테스트한다. 테스트 시나리오는 다음과 같다.

우선 TCP Keepalive를 Apache Keepalive보다 작게 설정해서 소켓이 어떻게 관리되는지 확인해본 다음 TCP Keepalive를 Apache Keepalive보다 더 크게 설정해 볼 것이다. 첫 번째로 TCP Keepalive를 30초로, Apache Keepalive를 60초로 설정한다.

코드 8-14 TCP Keepalive 타이머와 Apache KeepaliveTimeout 설정하기

```
[root@server ~]# sysctl -w net.ipv4.tcp_keepalive_time=30
net.ipv4.tcp_keepalive_time = 30
[root@server conf]# cat /etc/httpd/conf/httpd.conf | grep -i keepalive
```

```
KeepAlive On
KeepAliveTimeout 60
```

클라이언트에서 telnet을 이용해서 서버에 80 포트로 연결한 후 GET 요청을 보낸다.

코드 8-15 telnet을 이용해서 HTTP 연결하기

```
[root@client ~]# telnet server 80
Trying 10.10.10.10...
Connected to server.
Escape character is '^]'.
GET / HTTP/1.1
Host: server
```

Apache의 기본 설정 페이지 내용을 html로 받아오는 것을 볼 수 있다. 그 다음 서버에서 netstat 명령으로 소켓의 상태를 확인한다.

코드 8-16 netstat 명령을 이용해서 연결 상태 확인하기

```
[root@server conf]# netstat -napo | grep -i http | grep -i est
tcp 0 0 10.10.10.10:80  10.10.10.11:57481  ESTABLISHED 21569/httpd  keepalive (17.21/0/0)
[root@server conf]# netstat -napo | grep -i http | grep -i est
tcp 0 0 10.10.10.10:80  10.10.10.11:57481  ESTABLISHED 21569/httpd  keepalive (15.00/0/0)
[root@server conf]# netstat -napo | grep -i http | grep -i est
tcp 0 0 10.10.10.10:80  10.10.10.11:57481  ESTABLISHED 21569/httpd  keepalive (12.22/0/0)
 [root@server conf]# netstat -napo | grep -i http | grep -i est
tcp 0 0 10.10.10.10:80  10.10.10.11:57481  ESTABLISHED 21569/httpd  keepalive (0.60/0/0)
 [root@server conf]# netstat -napo | grep -i http | grep -i est
tcp 0 0 10.10.10.10:80  10.10.10.11:57481  ESTABLISHED 21569/httpd  keepalive (20.90/0/0)
 [root@server conf]# netstat -napo | grep -i http | grep -i est
tcp 0 0 10.10.10.10:80  10.10.10.11:57481  ESTABLISHED 21569/httpd  keepalive (7.28/0/0)
[root@server conf]# netstat -napo | grep -i http | grep -i est
tcp 0 0 10.10.10.10:80  10.10.10.11:57481  ESTABLISHED 21569/httpd  keepalive (2.21/0/0)
[root@server conf]# netstat -napo | grep -i http | grep -i est
[root@server conf]#
```

한 가지 재미있는 것은 Apache는 SO_KEEPALIVE 옵션을 켠 상태로 소켓이 바인딩된다는 점이다. 뒤에 keepalive timer가 보이는 것을 통해 알 수 있다. netstat 명령으로 확인해 보면 계속해서 타이머가 줄어든다. 그리고 30초가 지나면 다시 keepalive 타이머가 30초부터 시작해서 동작한다. 마지막으로 2번째 타이머까지 모두 종료가 되는 시점, 즉 60

초가 다 되면 Apache Keepalive Timeout에 의해 서버가 먼저 클라이 언트와의 연결을 종료한다. 이는 클라이언트의 메시지를 통해서 확인 할 수 있다(코드 8-17).

코드 8-17 클라이언트에서 연결 종료 메시지 확인하기

```
</body>
</html>
Connection closed by foreign host.
[root@client ~]#
```

여기까지의 흐름을 tcpdump를 통해서 확인해 보자.

```
  3.422625        82 [TCP segment of a reassembled PDU]
  3.422788        66 80 → 57481 [ACK] Seq=3098144609 Ack=53
  7.310605        90 [TCP segment of a reassembled PDU]
  7.310804        66 80 → 57481 [ACK] Seq=3098144609 Ack=53
❶ 7.694618        68 GET / HTTP/1.1
  7.694719        66 80 → 57481 [ACK] Seq=3098144609 Ack=53
  7.695315      2962 [TCP segment of a reassembled PDU]
  7.695321        66 57481 → 80 [ACK] Seq=530891010 Ack=309
  7.695335      1514 [TCP segment of a reassembled PDU]
  7.695338        66 57481 → 80 [ACK] Seq=530891010 Ack=309
  7.695373       862 HTTP/1.1 403 Forbidden  (text/html)
  7.695376        66 57481 → 80 [ACK] Seq=530891010 Ack=309
❷ 37.694930       66 [TCP Keep-Alive] 80 → 57481 [ACK] Seq=
❸ 37.694940       66 [TCP Keep-Alive ACK] 57481 → 80 [ACK]
  67.694991       66 [TCP Keep-Alive] 80 → 57481 [ACK] Seq=
  67.695013       66 [TCP Keep-Alive ACK] 57481 → 80 [ACK]
❹ 67.755707       66 80 → 57481 [FIN, ACK] Seq=3098149749 A
  67.755844       66 57481 → 80 [FIN, ACK] Seq=530891010 Ac
  67.755939       66 80 → 57481 [ACK] Seq=3098149750 Ack=53
```

그림 8-5 와이어샤크로 패킷 덤프 확인하기

❶ GET 요청이 패킷에 잡힌 것을 볼 수 있다.

❷, ❸ TCP keepalive time이 30초에 한 번 keepalive 패킷을 보낸다.

❹ Apache Keepalive time이 60초가 지난 후 서버가 먼저 연결을 정리 하기 위해 FIN을 보낸다.

이번엔 반대로 TCP keepalive time을 Apache Keepalive Timeout보다 크게 잡아보자.

코드 8-18 sysctl로 TCP Keepalive 타이머 변경하기

```
[root@server conf]# sysctl -w net.ipv4.tcp_keepalive_time=120
net.ipv4.tcp_keepalive_time = 120
```

역시 앞에서와 마찬가지로 telnet으로 연결한 다음 GET 요청을 보낸다.
그 후의 서버에서의 소켓 상태는 다음과 같다.

코드 8-19 netstat을 통해 소켓 연결 상태 확인하기

```
[root@server conf]# netstat -napo | grep -i http | grep -i est
tcp 0 0 10.10.10.10:80  10.10.10.11:57482  ESTABLISHED 21570/httpd  keepalive (107.67/0/0)
[root@server conf]# netstat -napo | grep -i http | grep -i est
tcp 0 0 10.10.10.10:80  10.10.10.11:57482  ESTABLISHED 21570/httpd  keepalive (67.72/0/0)
[root@server conf]# netstat -napo | grep -i http | grep -i est
tcp 0 0 10.10.10.10:80  10.10.10.11:57482  ESTABLISHED 21570/httpd  keepalive (58.25/0/0)
[root@server conf]# netstat -napo | grep -i http | grep -i est
tcp 0 0 10.10.10.10:80  10.10.10.11:57482  ESTABLISHED 21570/httpd  keepalive (53.43/0/0)
[root@server conf]# netstat -napo | grep -i http | grep -i est
[root@server conf]#
```

설정한 대로 120초에서 타이머가 시작한다. 그리고 서서히 줄어들다가
Apache Keepalive timeout에 지정한 60초가 지나면 연결이 끊어진다.
역시 이번에도 서버가 먼저 연결을 끊는다.

두 개의 테스트를 통해 TCP Keepalive가 설정되어 있어도 HTTP
Keepalive가 설정되어 있다면 해당 설정 값에 맞춰서 동작한다는 것을
확인했다. 즉, HTTP Keepalive가 설정되어 있다면 해당 설정 값을 기
준으로 의도했던 대로 동작하기 때문에 TCP Keepalive의 값과 HTTP
Keepalive의 값이 서로 다르다고 해도 걱정하지 않아도 된다.

8.5 Case Study – MQ 서버와 로드 밸런서

이번에는 서비스 중인 서버에서 발생한 이슈를 TCP Keepalive로 해결한
경우를 살펴보자. 흔히 비동기적인 작업을 처리하기 위해 MQ(Message
Queue) 서버를 사용하는데, MQ 서버의 이중화를 위한 여러 가지 방법
이 있겠지만 로드 밸런서를 이용하는 방법을 택할 것이다. 두 대 이상의
서버를 클러스터링해서 사용할 수 있겠지만 결국 클라이언트는 클러스
터링을 맺은 여러 대의 서버 중 한 대에 붙어야 하고, 해당 서버에 장애
가 발생했다면 소프트웨어적인 다양한 방법으로 회피할 수 있게 구현해
야 한다. 하지만 로드 밸런서 밑에 MQ 서버들을 둔 상태로 클러스터링

을 맺어서 사용한다면, 클라이언트는 로드 밸런서에서 제공해주는 VIP 를 통해서 서버에 붙으면 되기 때문에 MQ 서버 중 한두 대에 문제가 생 긴다고 해도 이를 소프트웨어적으로 회피하도록 구현할 필요는 없다.

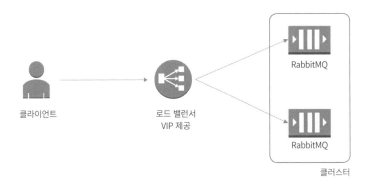

클라이언트   로드 밸런서 VIP 제공   RabbitMQ   RabbitMQ   클러스터

그림 8-6 로드 밸런서를 이용해서 MQ 클러스터에 연결하기

구성도를 그려보면 그림 8-6과 같은 구조가 된다. 아무런 이슈 없이 이 중화까지 잘 동작할 것 같은 이 MQ 구조에 어떤 문제가 있을까?

우선 MQ 서버에 사용하지 않는 것으로 보이는 소켓들이 많이 쌓여 있다. 실제로 netstat 등의 명령을 통해서 MQ 서버의 네트워크 소켓 정 보를 확인해 보면 너무 많은 소켓들이 사용되고 있음을 알 수 있다(그림 8-7).

```
[root@server ~]# netstat -nap | grep 5672
tcp        0      0 10.10.10.10:5672        10.10.10.11:42238       ESTABLISHED 4133/java
tcp        0      0 10.10.10.10:5672        10.10.10.11:54891       ESTABLISHED 4133/java
tcp        0      0 10.10.10.10:5672        10.10.10.11:54649       ESTABLISHED 4133/java
tcp        0      0 10.10.10.10:5672        10.10.10.11:36728       ESTABLISHED 4133/java
tcp        0      0 10.10.10.10:5672        10.10.10.11:57265       ESTABLISHED 4133/java
```

그림 8-7 netstat으로 소켓 연결 상태 확인하기

또한 연결되어 있다는 정보를 바탕으로 클라이언트에서 소켓 정보를 보 면 서버에는 ESTABLISHED로 되어 있는 소켓이 클라이언트에는 존재 하지 않는 경우도 있다. 그리고 간헐적으로 클라이언트에서 MQ 서버 와 통신할 때 타임아웃이 발생하는 경우도 있다. 종합해 보면 클라이언 트에서는 간헐적으로 타임아웃이 발생하며, 서버에서는 사용하지 않는 것으로 보이는 소켓이 ESTABLISHED 상태로 유지되고 있는 두 가지 이

슈가 있다.

왜 이런 일이 발생했는지 tcpdump로 클라이언트에서 패킷들을 수집해 보니 재미있는 현상을 확인할 수 있다. 타임아웃이 발생하는 순간에 클라이언트에서 서버로 발송한 패킷들에 대해 RST로 응답 패킷이 왔다. RST 패킷은 TCP Handshake 없이 바로 데이터 전송 패킷이 전송되는 등 제대로 된 통신 규약을 지키지 않았을 때 발송하는 패킷인데, 잘 연결되어 있는 소켓으로 보낸 패킷이 RST를 받는다는 것이 뭔가 이상해 보인다. 해당 소켓은 서버에서도 ESTABLISHED로 잘 열려 있는 상태이다.

사실 이 문제의 원인은 로드 밸런서의 Idle timeout 때문이다. 서버는 로드 밸런서 밑에 붙어있기 때문에 클라이언트와 서버가 통신할 때에는 로드 밸런서를 거치게 된다.

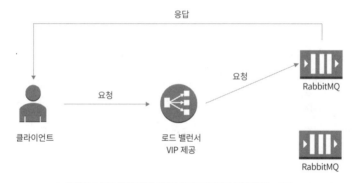

그림 8-8 로드 밸런서 환경에서 실제로 통신이 이루어지는 과정

그림 8-8과 같이 DSR(Direct Server Return) 구조이기 때문에 클라이언트에서 서버로 보내는 요청은 로드 밸런서를, 서버가 클라이언트로 답변을 줄 때는 직접 보내게 되는데, 클라이언트가 서버로 보내는 요청에서 문제가 발생한 것이다. 이 문제를 설명하기 위해서 로드 밸런서에 대해 조금 더 알아보자.

 DSR(Direct Server Return)은 로드 밸런서 환경에서 서버의 응답 패킷이 로드 밸런서를 통하지 않고 클라이언트에게 직접 전달되는 구조이다. 이와 반대되는 개념으로 Inline 구조가 있다. Inline 구조는 서버로의 요청과 서버에서의 응답 패킷이 모두 로드 밸런서를 거치는 구조이다.

로드 밸런서는 클라이언트와 서버 간 TCP Handshake를 끝내고 정상적으로 맺어진 세션들을 세션 테이블에 저장한다. 그래서 두 종단 간에 세션이 정상적으로 맺어져 있음을 기억하고 클라이언트의 요청을 특정 서버로 보낼 수 있다. 이미 TCP Handshake를 통해서 세션을 맺은 상태의 패킷을 다른 서버로 보내버리면 안되기 때문이다. 그리고 Idle timeout 기능을 통해서 일정 시간 동안 사용되지 않은 세션을 세션 테이블에서 정리하는 기능도 있다. Idle timeout이 120초라면 120초 동안 패킷이 흐르지 않은 세션은 로드 밸런서의 세션 테이블에서 지워버린다. 이때 중요한 점은 로드 밸런서의 세션 테이블에서만 지워진다는 것이고 두 종단에 세션 테이블이 지워졌음을 알리는 역할은 하지 않는다. 그래서 로드 밸런서의 idle timeout에 걸리면 클라이언트와 서버는 알아채지 못하지만 둘 사이의 세션 정보는 로드 밸런서에서 사라지게 되는 것이다.

조금 더 이해하기 쉽게 로드 밸런서 환경에서의 TCP Handshake 과정을 그림으로 표현해보면 그림 8-9와 같다. 접속을 요청하는 클라이언트의 IP는 10.10.10.10, 그리고 사용하는 로컬 포트는 1234라고 가정한다. 로드 밸런서가 제공해 주는 VIP는 10.10.10.100, 그리고 그 하단에 위치한 서버들의 IP는 각각 10.10.10.11, 10.10.10.12 라고 가정한다.

1. 클라이언트는 맨 처음 MQ를 사용하기 위해 10.10.10.100:5672로 SYN 패킷을 보낸다.
2. 로드 밸런서는 클라이언트의 패킷을 확인한 후 기존 세션 정보가 있는지 확인한다. 당연히 TCP Handshake를 맺기 위해 보낸 SYN이기 때문에 기존 정보는 없다. 그럼 밸런싱 정책에 따라 하단에 위치한 서버들 중 어떤 서버에 연결 요청을 전달할 것인지 결정한다. 그리고 이때 세션 테이블에 10.10.10.10 사용자의 1234 포트에서 온 요청을 10.10.10.11 서버의 5672 포트로 전달했다고 기록해둔다.
3. 서버는 SYN 패킷을 받았기 때문에 TCP Handshake를 진행함을 인지하고 SYN+ACK를 클라이언트로 보낸다. DSR 구조이기 때문에 응답 패킷은 로드 밸런서를 통하지 않고 직접 보내진다.

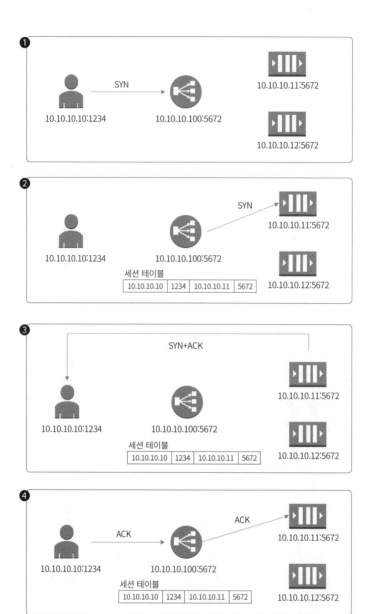

그림 8-9 클라이언트가 MQ 서버와 통신하는 과정

4. 클라이언트는 SYN+ACK를 받았기 때문에 이에 대한 응답으로 ACK
를 보낸다. 로드 밸런서는 세션 테이블을 참고하여 기존에 SYN
을 보낸 서버로 ACK를 전달하고, 이 과정이 끝나면 10.10.10.10과

10.10.10.11은 ESTABLISHED 상태의 소켓을 얻고 통신한다(물론 10.10.10.10 입장에서는 VIP인 10.10.10.100과 연결된 것으로 본다). 그리고 로드 밸런서는 이 세션 정보를 자신의 세션 테이블에 저장한다.

위와 같은 과정을 통해서 두 종단 간의 세션이 연결되었다면 이후의 데이터 요청 등 실제 MQ 서버를 사용하기 위한 프로토콜은 로드 밸런서의 세션 테이블에 있는 정보를 바탕으로 항상 같은 서버로 전달된다. 즉, 10.10.10.10 클라이언트가 로컬 포트 1234를 사용해서 보내는 모든 요청은 10.10.10.11 서버의 5672 포트로 전달된다. 이렇게 되면 전혀 문제될 것이 없다.

하지만 위에서도 언급했지만 로드 밸런서가 가지고 있는 세션 테이블은 무한한 자원이 아니다. 일정 시간 이상으로 패킷이 흐르지 않는 세션에 대해서는 Idle timeout으로 세션 테이블에서 삭제한다.

1. 10.10.10.10 클라이언트는 로드 밸런서에서 세션 테이블이 지워진 상태에서도 로컬 포트 1234를 이용해서 여전히 요청을 보낸다. 클라이언트 입장에서는 세션 테이블이 지워졌다는 것을 알 수 없기 때문에 자연스러운 행동이다.

2. 로드 밸런서는 세션 테이블을 찾아서 해당 패킷을 전달하려고 하지만 이미 Idle timeout이 지나버려서 저장된 연결 정보를 찾을 수 없다. 결국 밸런싱 정책에 의해 기존 서버가 아닌 다른 서버로 해당 요청을 전달한다(기존 서버로 전달할 수도 있다. 확률상의 문제다).

3. 10.10.10.12 서버는 TCP Handshake도 맺지 않은 서버로부터 데이터 요청 패킷이 들어오기 때문에 비정상적인 패킷이라고 판단하고 RST 패킷을 보낸다. 어떻게 보면 "너 누구니?"라는 의미로 생각할 수 있다.

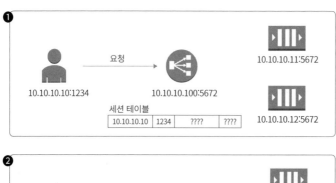

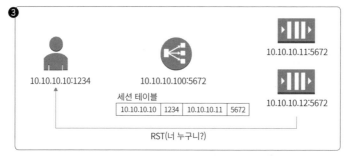

그림 8-10 로드 밸런서의 Idle timeout이 지난 후에 발생하는 통신 과정

그림 8-10과 같은 과정을 통해 클라이언트는 요청을 보냈지만 제대로 된 응답을 받지 못하고 RST 패킷을 받았기 때문에 TCP Handshake 를 맺고 다시 요청을 보내야 한다. 그리고 이때 소요되는 시간이 애플 리케이션에서 설정한 타임아웃 임계치를 넘어가게 되면서 Timeout Exception을 경험하게 된다.

　서비스의 특성상 사용자의 요청이 적은 새벽 시간대에는 맺어져 있는 세션으로 패킷이 흐르지 않을 가능성이 크며, 바로 이때 idle timeout에 걸려서 커넥션 풀로 열어 놓은 세션들이 로드 밸런서에서 지워지는 일 이 발생한다. 지워진 후에 클라이언트가 다시 한번 요청을 보내면 로드 밸런서는 자신에게 연결되어 있는 서버 중 아무 서버에나 이 패킷을 전달한다. 아주 운 좋게 기존에 연결된 서버에 패킷이 전달되면 문제가 없겠지만, 그렇지 않은 경우라면 서버 쪽에서는 연결도 맺지 않은 클라이언트가 데이터를 쓰겠다고 요청하니 당연히 거부 의사를 밝히게 되고, 클라이언트는 타임아웃을 경험하게 된다. 그러면 클라이언트는 자신이 현재 관리하고 있는 커넥션 풀이 잘못 되어 있음을 인지하고 새롭게 커넥션을 열어서 새로운 서버와 연결한다. 문제는 기존에 연결되어 있던 서버는 클라이언트의 이런 작업을 전혀 알 수 없기 때문에 계속해서 연결되어 있다고 착각하고, 이런 경우들이 모여서 서버 쪽에 다량의 좀비 커넥션이 남게 되는 것이다.

이런 문제를 해결하기 위해 로드 밸런서의 Idle timeout에 걸리지 않도록 keepalive 관련 파라미터들을 수정했다. 로드 밸런서의 Idle timeout은 120초였기 때문에 어떤 경우에도 120초 안에 두 종단 간에 패킷이 흐르게 하기 위해서 net.ipv4.tcp_keepalive_time을 60초로, net.ipv4.tcp_keepalive_probes를 3, net.ipv4.tcp_keepalive_intvl을 10초로 설정했다. 이렇게 되면 중간에 패킷 유실까지 포함해도 120초 안에 충분히 체크할 수 있기 때문에 서버 측에 좀비 커넥션이 발생하는 이슈를 막을 수 있다.

RabbitMQ 서버의 경우 별다른 설정을 하지 않고 서비스를 띄운다면 TCP Keepalive는 기본 설정인 disable 상태가 된다.

코드 8-20 netstat으로 소켓 연결 상태 확인하기

```
[root@rabbitmq rabbitmq]# netstat -napo | grep -i est | grep 5672
tcp        0      0 172.17.245.239:5672  172.31.5.250:61921
ESTABLISHED 2015/beam.smp     off (0.00/0/0)
```

이런 설정 상태라면 net.ipv4.tcp_keepalive_time을 아무리 설정해도 영향이 없다. 소켓 자체가 SO_KEEPALIVE 설정을 하지 않은 채 동작하는 설정이기 때문이다. 그래서 RabbitMQ의 경우 반드시 아래 옵션을 추가해서 실행해야 한다.

코드 8-21 RabbitMQ 환경 설정에서 TCP Keepalive를 사용하도록 설정하기

```
[
  {rabbit,
    [
      {tcp_listen_options, [{backlog, 1024},{keepalive, true}]},
        ... (이후는 서비스에 따라 설정) ...
    ]
  }
].
```

다시 확인해 보면 keepalive 설정이 다음과 같이 되어 있다(코드 8-22).

코드 8-22 netstat으로 소켓 연결 상태 확인하기

```
[root@infra-mq-dev02 rabbitmq]# netstat -napo | grep -i est | grep 5672
tcp  0  0 172.17.245.239:5672  172.31.5.250:61928  ESTABLISHED
11016/beam.smp   keepalive (56.12/0/0)
```

이제 의도대로 TCP_keepalive가 동작하게 되고 로드 밸런서에서도 세션이 유지된다.

8.6 요약

이번 장에서는 TCP 종단 간의 연결 유지를 위한 TCP Keepalive에 대해 살펴보았다. TCP Keepalive는 특히 네트워크 단절 등 여러 가지 이유로 발생할 수 있는 좀비 커넥션을 방지하는 데 큰 도움이 된다. TCP 환경은 언제든지 패킷 손실이 일어날 수 있으며 FIN 패킷도 손실될 수 있다. 물론 재전송을 통해서 손실된 패킷을 다시 보낼 수 있지만, 여러 가지 이유로 그마저도 되지 않는 경우도 많다. 그래서 커널은 TCP Keepalive라는 기능을 제공해서 종단 간의 세션을 유지하거나, 비정상적인 소켓이라고 판단되면 정리할 수 있도록 도와준다.

다양한 애플리케이션들에서 TCP Keepalive를 지원하며, 필요하다고 판단하면 해당 애플리케이션에서 어떻게 TCP Keepalive 옵션을 켤 수 있는지 찾아서 설정해주어야 한다.

이번 장에서 배운 내용은 다음과 같다.

1. TCP Keepalive는 커널 레벨에서 종단 간의 세션을 유지시켜 주는 기능을 한다.

2. `net.ipv4.tcp_keepalive_time`은 두 종단 간의 연결이 유지되어 있는지를 확인하는 keepalive 패킷을 보내는 주기를 설정한다.

3. `net.ipv4.tcp_keepalive_probes`는 keepalive 패킷에 대한 응답을 받지 못했을 때 추가로 보내는 패킷의 개수를 지정한다. 최초에 보낸 패킷 개수도 이 값에 포함된다.

4. `net.ipv4.tcp_keepalive_intvl`은 keepalive 패킷에 대한 응답을 받지 못해서 재전송 패킷을 보낼 때 필요한 주기를 설정한다. 최초의 keepalive 패킷이 실패하면 intvl에 설정된 시간을 주기로 다시 보내게 된다.

5. TCP Keepalive 설정을 이용하면 연결이 끊어졌는데도 FIN 패킷을 받지 못해 정리되지 않고 남아있는 좀비 커넥션을 없앨 수 있다.

6. HTTP Keepalive가 설정되어 있다면 TCP Keepalive 설정 값과 다르다고 하더라도 의도한 대로 정상적으로 동작한다.

7. 로드 밸런서를 사용하는 환경에서 TCP 기반의 서비스를 하는 경우에는 반드시 TCP Keepalive를 설정해야 한다.

9장

TCP 재전송과 타임아웃

TCP는 그 특성상 자신이 보낸 데이터에 대해서 상대방이 받았다는 의미의 응답 패킷을 다시 받아야 통신이 정상적으로 이루어졌다고 생각한다. 그래서 만약 자신이 보낸 데이터에 대한 응답 패킷을 받지 못하면 패킷이 유실되었다고 판단하고 보냈던 패킷을 다시 한번 보낸다. 이 과정을 TCP 재전송이라고 한다. TCP 재전송은 보냈던 패킷을 다시 한번 보내기 때문에 네트워크 성능에 저하를 가져올 수밖에 없지만, TCP 통신의 특성상 반드시 필요한 과정이다.

그래서 이번 장에서는 TCP 재전송이 일어나는 과정을 살펴보고 이로 인해 발생할 수 있는 애플리케이션 타임아웃에 대해 알아볼 것이다.

TCP 재전송은 생각보다 자주 일어날 수 있으며 이를 대비할 수 있는 예외 처리 등을 해 두는 것이 서비스 품질 유지에 도움이 된다.

9.1 TCP 재전송과 RTO

TCP는 흔히 신뢰성 있는 연결이라고 한다. '신뢰성 있는'이라는 표현을 통해 알 수 있는 것처럼 UDP와는 다르게 데이터를 주고받는 두 종단 간에 데이터를 주고 받음이 확실해야 한다. 보낸 쪽에서는 내가 보낸 데이터를 상대방이 받았다는 응답을 보내야만 나머지를 보낼 수 있다. 이

를 통해서 TCP를 통해 주고 받은 데이터는 정확한 데이터라고 확신하
게 된다.

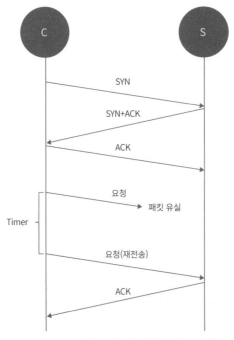

그림 9-1 TCP 통신 과정 중 재전송이 일어나게 되는 경우

그림 9-1을 보면 데이터를 보낸 쪽에서는 받는 쪽의 ACK를 기다린다.
ACK를 받아야 내가 보낸 데이터가 정상적으로 도착했음을 확인할 수
있다. ACK를 주고 받는 과정은 selected-ack, delayed-ack 등 여러 가
지 방법으로 진행될 수 있지만 여기서는 패킷 하나마다 하나를 전달해
주는 과정을 가정한다.

　패킷을 보낸 후 ACK를 받지 못하면 어떻게 될까? 패킷이 중간에 손실
되었다고 판단하고 재전송한다. 이것이 TCP 재전송이며, 애플리케이션
입장에서는 요청에 대한 응답을 받는 시간이 늘어난다. 여기서 ACK를
얼마나 기다려야 하는지에 대한 값을 RTO(Retransmission Timeout)라
고 부른다. RTO 안에 ACK를 받지 못하면 보내는 쪽에서 재전송을 진
행한다.

RTO에는 일반적인 RTO와 InitRTO 두 가지가 있다. 일반적인 RTO 는 RTT(RoundTripTime, 두 종단 간 패킷 전송에 필요한 시간)를 기준 으로 설정된다. 예를 들어 두 종단 간 패킷 전송에 필요한 시간이 1초라 면, 최소한 1초는 기다려야 내가 보낸 패킷이 손실되었는지 아닌지를 판단할 수 있다. 패킷을 보내는 데 1초가 걸리는데 1초보다 더 짧은 시 간을 기다리면 당연히 ACK를 받지 못하게 되고, 패킷이 유실되었다고 판단하여 재전송이 일어나기 때문이다.

InitRTO는 두 종단 간 최초의 연결을 시작할 때, 즉 TCP Handshake 가 일어나는 첫 번째 SYN 패킷에 대한 RTO를 의미한다. 맨 처음 연결 을 맺을 때는 두 종단 간 RTT와 같은 패킷 전송의 소요 시간을 전혀 알 수 없기 때문에 임의로 설정한 값으로 RTO를 계산한다. 이때의 RTO를 InitRTO라고 하며 리눅스에서는 소스 코드에 1초로 구현해 놓았다. 즉 SYN 패킷에 대한 RTO는 특별히 1초로 설정된다고 볼 수 있다.

리눅스에서는 ss 명령을 이용해서 현재 설정되어 있는 세션의 RTO 값을 확인할 수 있다.

코드 9-1 ss 명령으로 세션의 RTO 값 확인하기

```
[root@server ~]# ss -i
State   Recv-Q Send-Q  Local Address:Port   Peer Address:Port
ESTAB   0      40      172.16.33.136:ssh    172.31.5.250:49888
        cubic wscale:5,10 rto:214❶ rtt:14.875/1.5 ato:40 cwnd:10 send
7.2Mbps rcv_rtt:15 rcv_space:14480
```

❶에서 보이는 rto 값이 위에서 언급한 RTO이다. 이 세션의 RTO 값은 214ms이다. 214ms 동안 ACK를 받지 못하면 패킷을 재전송하게 된다.

간단한 테스트를 통해서 재전송되는 패킷을 직접 확인해 보자. 코드 8-7의 스크립트를 다시 사용한다. 지난 테스트에서는 keepalive 패킷을 확인하기 위해서 DB 서버로 한 번 쿼리하고 600초를 쉬었지만 이번엔 1초에 한 번씩 쿼리를 전송할 것이다.

코드 9-2 TCP 재전송 테스트 스크립트

```
.... (중략) ...
```

```
while True:

    cur = con.cursor()
    cur.execute("SELECT VERSION()")

    ver = cur.fetchone()

    print "Database version : %s " % ver
    time.sleep(1)
```

그리고 상대편 DB 서버에서 해당 서버로의 모든 패킷을 DROP시킨다.

```
[root@client]# ./mysql_test.py
Database version : 5.1.73
Database version : 5.1.73
Database version : 5.1.73
```

정상적으로 버전을 찍다가 더 이상 찍지 못하는 것을 볼 수 있다. 이때의 tcpdump를 확인해보자.

```
❶28  9.015965        87  Request Query
❷29  9.016354       135  Response
❸30  9.016378        66  48362 → 3306 [ACK] Seq=1173018808 Ack=3236302
❹31 10.017727        87  Request Query
❺32 10.218370        87  [TCP Retransmission] 48362 → 3306 [PSH, ACK]
 33 10.620372        87  [TCP Retransmission] 48362 → 3306 [PSH, ACK]
 34 11.424323        87  [TCP Retransmission] 48362 → 3306 [PSH, ACK]
 35 13.032388        87  [TCP Retransmission] 48362 → 3306 [PSH, ACK]
 36 16.248448        87  [TCP Retransmission] 48362 → 3306 [PSH, ACK]
 37 22.680377        87  [TCP Retransmission] 48362 → 3306 [PSH, ACK]
```

그림 9-2 와이어샤크로 패킷 덤프 확인하기 1

❶, ❷, ❸번 패킷은 iptables를 적용하기 전 통신이 잘 되는 시기의 정상적인 패킷이다. 리퀘스트 쿼리가 서버로 전달되고 그에 대한 응답, 그리고 그 응답에 대한 ACK까지 보인다.

❹번 패킷이 서버로 전달된 후로 iptables가 적용된다. 그래서 정상적으로 응답을 받지 못하고 ❺번 패킷 이후로 ❹번 패킷의 내용이 재전송된다. 여기서 한 가지 재미있는 사실이 있다. ❺번 패킷 이후로도 ACK를 받지 못하기 때문에 재전송은 계속해서 일어난다. ❹번 패킷과 ❺번 패킷 사이의 시간 차이는 0.2초 즉 200ms이다. 우리가 위에서 언급한 RTO 값에 딱 맞춘 값이다. ❺번 패킷 이후로는 0.4초, 즉 400ms이고 그

이후는 0.8초, 800ms가 된다. RTO 값은 초기값을 기준으로 2배씩 증가한다. 그래서 처음 값은 200ms, 그 이후는 400, 800, 1600…으로 점점 더 커진다.

그럼 재전송 횟수는 제한이 없이 계속해서 커지게 될까? 그렇지 않다. 재전송 횟수는 커널 파라미터 값을 통해서 결정하는데, 다음 절에서 좀 더 자세히 살펴보도록 하자.

9.2 재전송을 결정하는 커널 파라미터

재전송과 관련된 커널 파라미터는 총 5개의 값이 있다.

코드 9-3 TCP 재전송과 관련된 커널 파라미터 확인하기

```
[root@server ~]# sysctl -a | grep -i retries
net.ipv4.tcp_syn_retries = 5
net.ipv4.tcp_synack_retries = 5
net.ipv4.tcp_retries1 = 3
net.ipv4.tcp_retries2 = 15
net.ipv4.tcp_orphan_retries = 0
```

먼저 net.ipv4.tcp_syn_retries부터 살펴보자. TCP 재전송은 이미 연결되어 있는 세션에서도 일어나지만 연결을 시도하는 과정에서도 일어난다. 그리고 해당 파라미터는 바로 SYN에 대한 재시도 횟수를 결정한다. 기본값은 5이다. TCP 스펙에서도 이 값은 최소한 5로 설정하도록 권고하고 있다. 즉, 5번의 재전송 이후에도 연결이 되지 않으면 연결하지 않는다. 정말로 SYN 에 대한 재시도가 5번 있는지 한번 확인해 보자.

```
1  0.000000        74 49905 → 3306 [SYN] Seq=2994852713 Win=14600
2  0.998777        74 [TCP Retransmission] 49905 → 3306 [SYN] Seq
3  2.998752        74 [TCP Retransmission] 49905 → 3306 [SYN] Seq
4  6.998743        74 [TCP Retransmission] 49905 → 3306 [SYN] Seq
5  14.998761       74 [TCP Retransmission] 49905 → 3306 [SYN] Seq
6  30.998768       74 [TCP Retransmission] 49905 → 3306 [SYN] Seq
```

그림 9-3 와이어샤크로 패킷 덤프 확인하기 2

그림 9-3을 보면 SYN을 보낸 후 InitRTO에 의해 1초 징도 기다렸다가 재전송 패킷을 보낸다. 그 후에는 2, 4, 8초… 2의 배수로 증가한다. 그

리고 5번째 패킷을 보낸 후에 연결이 종료된다. 애플리케이션에서는 다음과 같은 메시지를 볼 수 있다.

```
_mysql_exceptions.OperationalError: (2003, "Can't connect to MySQL
server on 'server' (110)")
```

net.ipv4.tcp_syn_retries 값을 좀 더 줄이면 동작이 어떻게 변할지 해당 값을 3으로 줄여보자.

```
1 0.000000        74 50080 → 3306 [SYN] Seq=1987401534 Win=14600
2 0.999178        74 [TCP Retransmission] 50080 → 3306 [SYN] Seq=
3 2.999229        74 [TCP Retransmission] 50080 → 3306 [SYN] Seq=
4 6.999187        74 [TCP Retransmission] 50080 → 3306 [SYN] Seq=
```

그림 9-4 와이어샤크로 패킷 덤프 확인하기 3

그림 9-4를 보면 3번째 재전송 패킷을 보내고 연결이 끊어진다. 이 값은 새로운 연결에 대한 타임아웃을 좀 더 빠르게 설정하고 싶을 때 도움이 된다. 물론 애플리케이션마다 커넥션 타임아웃을 설정할 수 있지만 애플리케이션 설정이 없다면 위 커널 파라미터를 통해서도 조절할 수 있다.

두 번째로 net.ipv4.tcp_synack_retries를 살펴보자. 커널 파라미터의 이름에서 알 수 있듯 상대편이 보낸 SYN에 대한 응답으로 보내는 SYN+ACK의 재전송 횟수를 정의한다. 기본값은 5이고 상대방의 SYN에 최대 5번의 SYN+ACK 재전송을 한다는 의미이다. 이 값이 중요한 이유는 SYN을 받은 소켓 처리와 관련이 있기 때문이다. SYN을 받은 후 그에 대해 SYN+ACK로 응답한 소켓의 상태는 SYN_RECV가 된다. 하지만 SYN+ACK에 대해 정상적인 응답을 받지 못하면 재전송한다. 이때 정상적인 상황이라면 상대방 역시 본인의 SYN에 대한 SYN+ACK를 받지 못했기 때문에 SYN 자체가 재전송되지만, 비정상적인 경우(예: DDOS와 같은 공격)에는 SYN 재전송이 일어나지 않는다. 이때 net.ipv4.tcp_synack_retries 값이 없다면 SYN_RECV 상태의 소켓이 계속해서 유지되고 결국 서버의 리소스 고갈이 일어난다. 따라서 이 값 역시 적당한 수준으로 줄여도 좋다.

세 번째로 살펴볼 net.ipv4.tcp_orphan_retries 값은 orphan socket 이라 불리는 상태의 소켓들에 대한 재전송 횟수를 결정한다. 그럼 orphan socket은 무엇일까? 그 전에 TCP가 연결을 끊는 과정을 다시 한번 살펴보자.

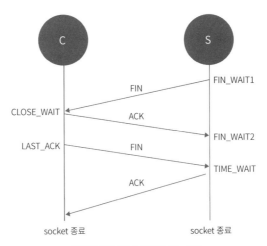

그림 9-5 TCP에서 연결을 끊는 과정

그림 9-5를 보면 TCP 연결을 끊을 때 FIN을 보내고 해당 소켓은 FIN_WAIT1상태로 변경된다. 이때부터 소켓은 특정 프로세스에 바인딩되지 않고 커널에 귀속된다. 코드 9-4에서 netstat 명령으로 소켓의 연결 상태들을 살펴보면 ESTABLISHED 상태의 소켓들은 우측에 속한 PID와 프로세스 이름이 보이지만 FIN_WAIT1, TIME_WAIT 등의 소켓들은 PID와 프로세스 이름이 보이지 않는 것을 확인할 수 있다.

코드 9-4 netstat으로 소켓 상태 확인하기

```
tcp  0  0 127.0.0.1:4567  127.0.0.1:39662  TIME_WAIT  -  timewait (46.35/0/0)
tcp  0  0 127.0.0.1:6379  127.0.0.1:37462  ESTABLISHED 15461/redis-server off (0.00/0/0)
```

이렇게 특정 프로세스에 할당되지 않고 커널에 귀속되어 정리되기를 기다리는 소켓 중에서도 FIN_WAIT1 상태의 소켓을 orphan socket이라고 하며, net.ipv4.tcp_orphan_retries 값으로 재전송하는 횟수를 정의한다. 왜 FIN_WAIT2와 TIME_WAIT는 아니고 FIN_WAIT1만 해당이 될까?

그림 9-5에서도 볼 수 있지만 FIN을 보내고 난 후에 FIN_WAIT1이 되고 상대방으로부터 응답을 받으면 FIN_WAIT2에서 TIME_WAIT 상태가 된다. 이 과정을 잘 보면 연결을 끊을 때 자신이 보내는 마지막 패킷은 FIN_WAIT1 상태가 되기 위한 FIN이 된다. 그 이후로는 보내는 패킷은 없고 상대방으로부터 받는 패킷만 있다. 재전송은 내가 보내는 패킷에 대해 재전송하는 것이기 때문에 마지막으로 보내는 패킷에 해당하는 FIN_WAIT1 상태의 소켓만 해당되는 것이다.

net.ipv4.tcp_orphan_retries 값에 따라 커널의 재전송 횟수가 어떻게 달라지는지 간단하게 테스트해보자. 코드 9-2에서 사용한 테스트 스크립트를 재사용해서 이번엔 10초 동안 sleep 후 종료하도록 수정한다. 그럼 10초 후에 클라이언트는 서버로 FIN을 보낸다. 서버에서는 FIN을 받기 전에 iptables로 패킷을 DROP시킨다. 테스트에서는 net.ipv4.tcp_orphan_retries 값을 각각 0, 그리고 7로 설정했다.

코드 9-5 orphan 패킷에 대한 재전송 테스트 스크립트

```
while True:

    cur = con.cursor()
    cur.execute("SELECT VERSION()")

    ver = cur.fetchone()

    print "Database version : %s " % ver
    time.sleep(10)

    break
```

그럼 클라이언트에서는 FIN을 보내서 통신할 때 사용한 소켓이 FIN_WAIT1 상태가 되고 프로세스에서의 바인딩도 풀리며 orphan socket이 된다.

코드 9-6 netstat을 통해서 소켓 상태 확인하기

```
[root@client ~]# netstat -napo | grep -i 3306
tcp 0 0 10.10.10.10:55045  10.10.10.11:3306  ESTABLISHED 16812/python  keepalive (50.08/0/0)
[root@client ~]# netstat -napo | grep -i 3306
tcp 0 6 10.10.10.10:55045  10.10.10.11:3306  FIN_WAIT1  -  on (0.12/1/0)
```

사실 FIN을 보낸 후 아주 짧은 시간에 FIN_WAIT1 상태에서 FIN_
WAIT2 상태로 빠지고 TIME_WAIT 상태로 이어진다. FIN 전송과 그
에 대한 ACK를 받는 과정이 굉장히 빠르게 이루어지기 때문이다. 하지
만 테스트에서는 FIN에 대한 ACK를 받을 수 없기 때문에 해당 소켓은
계속해서 FIN_WAIT1 상태로 남아있게 된다. 이 소켓은 net.ipv4.tcp_
orphan_retries에 정의한 횟수만큼 재전송을 시도하고 그 후에도 응답
을 받지 못하면 비정상적이라고 판단하고 커널이 해당 소켓을 강제로 회
수한다. 그럼 이때의 tcpdump 내용을 확인해보자. 먼저 net.ipv4.tcp_
orphan_retries 값이 7일 때의 내용이다(그림 9-6).

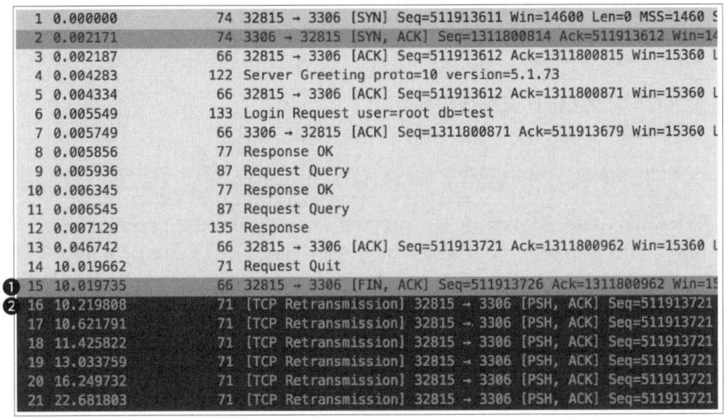

그림 9-6 와이어샤크로 패킷 덤프 확인하기 4

❶번 패킷을 보면 프로세스를 종료하면서 FIN 패킷을 보낸다. 하지만
iptables에 의해 DROP되기 때문에 ACK를 받지 못하고 ❷번 패킷에서
재전송된다. RTO에 설정된 대로 200ms부터 타이머가 시작된다. 이번
엔 net.ipv4.tcp_orphan_retries의 값이 0일 때의 내용이다.

```
 1  0.000000       74  32858 → 3306 [SYN] Seq=2157649623 Win=14600 Len=0 MSS=1460 S
 2  0.000358       74  3306 → 32858 [SYN, ACK] Seq=3796664727 Ack=2157649624 Win=14
 3  0.000381       66  32858 → 3306 [ACK] Seq=2157649624 Ack=3796664728 Win=15360 L
 4  0.002166      122  Server Greeting proto=10 version=5.1.73
 5  0.002219       66  32858 → 3306 [ACK] Seq=2157649624 Ack=3796664784 Win=15360 L
 6  0.003331      133  Login Request user=root db=test
 7  0.003642       66  3306 → 32858 [ACK] Seq=3796664784 Ack=2157649691 Win=15360 L
 8  0.003817       77  Response OK
 9  0.003909       87  Request Query
10  0.004332       77  Response OK
11  0.004427       87  Request Query
12  0.004720      135  Response
13  0.044665       66  32858 → 3306 [ACK] Seq=2157649733 Ack=3796664875 Win=15360 L
14  0.018960       71  Request Quit
15 10.019072       66  32858 → 3306 [FIN, ACK] Seq=2157649738 Ack=3796664875 Win=15
16 10.220621       71  [TCP Retransmission] 32858 → 3306 [PSH, ACK] Seq=2157649733
17 10.621933       71  [TCP Retransmission] 32858 → 3306 [PSH, ACK] Seq=2157649733
18 11.425644       71  [TCP Retransmission] 32858 → 3306 [PSH, ACK] Seq=2157649733
19 13.033677       71  [TCP Retransmission] 32858 → 3306 [PSH, ACK] Seq=2157649733
20 16.249665       71  [TCP Retransmission] 32858 → 3306 [PSH, ACK] Seq=2157649733
21 22.681694       71  [TCP Retransmission] 32858 → 3306 [PSH, ACK] Seq=2157649733
22 35.545686       71  [TCP Retransmission] 32858 → 3306 [PSH, ACK] Seq=2157649733
```

그림 9-7 와이어샤크로 패킷 덤프 확인하기 5

7일 때와 큰 차이가 없어 보인다. 거의 동일한 패킷들이 잡혀 있다. 0일 때와 7일 때의 커널 동작이 거의 다르지 않아 보인다. '0'이라는 숫자를 보면 재전송을 하지 않을 것 같은데 왜일까? 뭔가 잘못 설정한 것일까? 사실 이런 동작은 의도된 것이다. 커널 2.6.32를 기준으로 살펴보면 net/ipv4/tcp_timer.c 파일에 tcp_orphan_retries라는 함수가 있다. 내용을 한번 살펴보자(코드 9-7).

코드 9-7 tcp_orphan_retries() 함수의 소스 코드

```
/* Calculate maximal number or retries on an orphaned socket. */
static int tcp_orphan_retries(struct sock *sk, int alive)
{
        int retries = sysctl_tcp_orphan_retries; /* May be zero. */

        /* We know from an ICMP that something is wrong. */
        if (sk->sk_err_soft && !alive)
                retries = 0;

        /* However, if socket sent something recently, select some safe
         * number of retries. 8 corresponds to >100 seconds with
minimal
         * RTO of 200msec. */
        if (retries == 0 && alive) ❶
                retries = 8;
        return retries;
}
```

❶번의 if 문을 살펴보자. 커널 파라미터를 통해서 해당 값을 0으로 만들면 위 함수에서 retries 값은 0이 된다. 하지만 ❶의 if 문을 만나서 retries 값이 0이더라도 최근에 데이터가 전송이 되었다면, 즉 alive 값이 1이라면 if 문의 결과는 true가 되고 retries 값은 0이 아닌 8로 바뀌어서 반환된다. 이 때문에 우리가 커널 파라미터를 바꿔도 효과가 없었다. 그렇다면 alive 값은 무엇을 의미하는 걸까? net/ipv4/tcp_timer.c 파일의 tcp_write_timeout() 함수를 살펴보면 alive 값을 정의하는 로직이 있다.

코드 9-8 tcp_write_timeout() 함수의 소스 코드

```
static int tcp_write_timeout(struct sock *sk)
{
... (중략) ...
if (sock_flag(sk, SOCK_DEAD)) {
                        const int alive = (icsk->icsk_rto < TCP_RTO_MAX); ❶
                        retry_until = tcp_orphan_retries(sk, alive);
... (후략) ...
}
```

❶번이 alive를 결정하는 부분인데 orphan socket 상태의 소켓의 RTO 값이 TCP_RTO_MAX, 즉 120초보다 크다면 0이 되어 거짓이 된다. 사실 RTO가 120초보다 클 일은 거의 없기 때문에 해당 값은 거의 언제나 1이 되고, 결국 net.ipv4.tcp_orphan_retries 값을 0으로 해도 위 함수들의 로직에 의해 8로 바뀐다. 그렇다면 net.ipv4.tcp_orphan_retries 값을 1로 바꾸면 효과가 있을까?

```
 1  0.000000      74 33498 → 3306 [SYN] Seq=1977980799 Win=14600 Len=0 MSS=1460
 2  0.000341      74 3306 → 33498 [SYN, ACK] Seq=3260288100 Ack=1977980800 Win=1
 3  0.000353      66 33498 → 3306 [ACK] Seq=1977980800 Ack=3260288101 Win=15360
 4  0.002027     122 Server Greeting proto=10 version=5.1.73
 5  0.002057      66 33498 → 3306 [ACK] Seq=1977980800 Ack=3260288157 Win=15360
 6  0.003337     133 Login Request user=root db=test
 7  0.003569      66 3306 → 33498 [ACK] Seq=3260288157 Ack=1977980867 Win=15360
 8  0.003702      77 Response OK
 9  0.003793      87 Request Query
10  0.004226      77 Response OK
11  0.004357      87 Request Query
12  0.004738     135 Response
13  0.044708      66 33498 → 3306 [ACK] Seq=1977980909 Ack=3260288248 Win=15360
14  10.019210     71 Request Quit
15  10.019353     66 33498 → 3306 [FIN, ACK] Seq=1977980914 Ack=3260288248 Win=1
16  10.219731     71 [TCP Retransmission] 33498 → 3306 [PSH, ACK] Seq=1977980909
17  10.621673     71 [TCP Retransmission] 33498 → 3306 [PSH, ACK] Seq=1977980909
```

그림 9-8 와이어샤크로 패킷 덤프 확인하기 6

이번에는 2번 재전송하고 종료된다. 1로 설정했지만 덤프 확인 결과 2번을 보냈다. 결과적으로 net.ipv4.tcp_orphan_retries에 설정한 값보다 1번 더 보낸다고 생각할 수 있다.

그럼 FIN_WAIT1 상태에서 지정된 재전송 횟수까지 모두 보내고 나면 해당 소켓은 어떻게 될까? FIN_WAIT2, TIME_WAIT 상태로 변경되지 않고 이미 죽은 소켓으로 판단하여 소켓을 아예 회수해 버린다. 그렇기 때문에 net.ipv4.tcp_orphan_retries 값이 너무 작으면 FIN 패킷이 유실된 상태의 FIN_WAIT1 소켓이 너무 빨리 정리될 수 있으며, 상대편에 닫혀야 되는 소켓이 닫히지 않는 결과를 초래할 수도 있다. 그래서 최소한 TIME_WAIT이 유지되는 시간인 60초 정도가 될 수 있도록 7 정도의 값을 설정하는 것이 좋다. 그래야 최소한 TIME_WAIT가 남아있는 만큼의 효과를 유지할 수 있다.

마지막으로 net.ipv4_tcp_retries1과 net.ipv4.tcp_retries2를 살펴보자. 이 두 값을 함께 살펴보는 이유는 두 값이 서로 연관이 있기 때문이다. TCP는 기본적으로 재전송을 하기 위한 임계치 값으로 두 개의 값을 가지고 있다. 두 값 모두 최종적으로는 재전송 횟수를 정의하지만, 첫 번째 값은 IP 레이어에 네트워크가 잘못 되었는지 확인하도록 사인을 보내는 기준이 되며, 두 번째 값은 더 이상 통신을 할 수 없다고 판단하는 기준이 된다. 간단하게 첫 번째 값을 soft threshold, 두 번째 값은 hard threshold라고 생각하면 된다. 결과적으로는 두 번째 값에 정의된 횟수만큼을 넘겨야 실제 연결이 끊어진다.

9.3 재전송 추적하기

그렇다면 TCP 재전송이 일어나는지 여부를 어떻게 추적할 수 있을까? 가장 좋은 방법은 재전송이 의심되는 서버에서 tcpdump를 추출하는 것이지만, 너무 많은 패킷이 잡혀서 오히려 더 힘들 수도 있다. 이럴 때 사용할 수 있는 좋은 툴이 있다. 바로 tcpretrans 스크립트이다.[1]

---

1 *https://github.com/brendangregg/perf-tools/blob/master/net/tcpretrans*에서 다운 받을 수 있다.

다음은 코드 9-5에서 사용한 테스트용 스크립트와 iptables를 통해서 강제로 재전송을 일으킨 후 tcpretrans로 살펴본 내용이다.

```
[root@client]# ./tcpretrans
TIME      PID    LADDR:LPORT           -- RADDR:RPORT        STATE
08:09:10 0     10.10.10.10:51711  R> 10.10.10.11:3306   ESTABLISHED
08:09:10 0     172.17.250.27:51711 R> 10.10.10.11:3306   ESTABLISHED
08:09:11 0     10.10.10.10:22      R> 10.10.10.12:51692  ESTABLISHED
```

첫 번째와 두 번째 줄을 보면 mysql 서버에 연결한 패킷이 재전송되었음을 확인할 수 있다. 그리고 세 번째 줄을 보면 sshd에 연결한 패킷도 한 번 정도 재전송이 되었다. 재전송은 이렇게 생각보다 자주 일어날 수 있다.

tcpretrans 스크립트를 살펴보면 1초에 한 번씩 깨어나서 ftrace를 통해 수집한 커널 함수 정보를 바탕으로 재전송이 일어났는지 아닌지를 파악한 후, /proc/net/tcp의 내용을 파싱해서 어떤 세션에서 재전송이 일어났는지를 출력한다.

코드 9-9 tcpretrans 스크립트(일부)

```
while (1) {
        sleep $interval;
        # buffer trace data
        open TPIPE, "trace" or edie "ERROR: opening trace_pipe.";
        my @trace = ();
        while (<TPIPE>) {
                next if /^#/;
                push @trace, $_;
        }
        close TPIPE;
```

앞 절에서도 이야기했지만 RTO_MIN 값이 200ms이기 때문에 1초의 인터벌은 트래픽이 많은 서버라면 재전송되는 패킷을 놓칠 수도 있다. 그래서 좀 더 정확한 추적이 필요하다면 interval 값을 200ms로 수정해서 실행시키는 방법을 취한다.

코드 9-10 interval 값을 변경해서 모니터링 수준 향상

```
my $tracing = "/sys/kernel/debug/tracing";
```

```
my $flock = "/var/tmp/.ftrace-lock";
my $interval = 0.2; #기존 1에서 0.2로 수정
local $SIG{INT} = \&cleanup;
local $SIG{QUIT} = \&cleanup
```

이렇게 tcpretrans 스크립트로 재전송이 일어나는 패킷을 추적해서 타임아웃 등의 이슈가 있을 때 그 원인을 추적할 수 있다.

9.4 RTO_MIN 값 변경하기

그렇다면 RTO 값을 더 줄일 수는 없을까? RTO_MIN 값이 200ms이기 때문에 아무리 RTT가 작은, 빠른 내부 통신의 경우에도 RTO 값은 200ms 밑으로 내려갈 수 없다.

```
#define TCP_RTO_MAX     ((unsigned)(120*HZ))
#define TCP_RTO_MIN     ((unsigned)(HZ/5))
```

커널 소스 코드를 살펴보면 위와 같이 TCP_RTO_MAX, TCP_RTO_MIN 값을 define으로 정의했다. HZ의 경우 보통 1초이기 때문에 RTO의 최댓값은 120초, 최솟값은 200ms이다. 현재 열려 있는 세션들의 RTO 값을 보면 200ms보다 작은 값은 없다. RTO가 RTT를 기반으로 계산되지만 TCP_RTO_MIN이 200이기 때문에 무조건 200보다는 커진다. ss 명령의 결과를 다시 한번 살펴보자(코드 9-11).

코드 9-11 ss 명령으로 RTO와 RTT 정보 확인하기

```
[root@server ~]# ss -i
State     Recv-Q Send-Q   Local Address:Port      Peer Address:Port
ESTAB     0      40       10.10.10.10:ssh         10.10.10.100:64025
        cubic wscale:5,10 rto:212❶ rtt:12.25/1.5❷ ato:40 cwnd:10 send 8.8Mbps rcv_rtt:12 rcv_space:14480
```

❶ 현재 연결되어 있는 세션의 RTO 값이다. RTO 는 RTT를 기반으로 생성되기 때문에 세션마다 별도의 RTO 값을 가지고 있다.

❷ 현재 연결되어 있는 세션의 RTT 값이다. 앞의 값은 RTT의 최댓값, 뒤에 있는 값은 측정된 RTT의 편차다. 즉, 패킷을 주고 받는 데에만

12.25ms의 시간이 걸리며 각각의 패킷은 편차 1.5ms 이내에서 값
이 변동된다는 의미이다.

RTO의 값은 RTT를 기반으로 생성이 되며 TCP_RTO_MIN 값이 200이
기 때문에 위의 예제를 보면 RTO가 212로 계산된 것을 볼 수 있다. 물
론 RTO가 RTO_MIN + RTT_MAX라는 단순한 식은 아니지만, 얼추
그 정도 값이라고 추측해 볼 수 있다. 이 세션의 경우 RTT의 최댓값이
12.25ms에 편차가 1.5ms이고, 대부분의 패킷이 등락이 크지 않은 상태
로 12.25ms 정도의 수준이라면 주고받을 수 있다는 것을 의미한다. 그
런데 RTO가 214라면 너무 큰 것 같지 않은가? 214라면 정상적인 상황
에서는 거의 15개 정도의 패킷을 주고 받을 수 있는 시간이다. 주고받
는 데에 12.25ms가 걸리는 두 종단 사이에서 50ms 후에도 응답을 받지
못한다면 이미 유실되었다고 봐야 한다. 214ms라는 비교적 긴 시간 동
안 기다리는 것은 오히려 더 낭비일 수 있다. 이 값을 바꿀 수는 없을까?
   리눅스에 있는 ip route라는 명령의 rto_min 옵션을 통해서 RTO의
최솟값을 TCP_RTO_MIN보다 작게 바꿔줄 수 있다. 세션별로 바꿀 수는
없으며 하나의 네트워크 디바이스를 기준으로 바꿀 수 있다. 문법은 다
음과 같다.

```
ip route change default via <GW> dev <DEVICE> rto_min 100ms
```

먼저 ip route 명령을 이용해서 현재 서버에 설정되어 있는 라우팅 정
보를 확인한다.

```
[root@server ~]# ip route
10.10.10.0/24 dev eth0  proto kernel  scope link  src 10.10.10.10
169.254.0.0/16 dev eth0  scope link  metric 1002
default via 10.10.10.1 dev eth0
```

마지막 줄이 우리가 필요로 하는 정보이다. 기본적으로 외부와의 통신
을 위한 모든 패킷은 eth0이라는 네트워크 디바이스의 10.10.10.1 게이
트웨이를 통해서 나간다는 의미이다. 이 정보를 위 문법에 넣으면 다음
과 같은 명령이 된다(코드 9-12).

코드 9-12 ip route 명령으로 rto_min 값 변경하기

```
[root@server ~]# ip route change default via 10.10.10..1 dev eth0 rto_min 100ms
[root@server ~]# ss -i
State     Recv-Q Send-Q                      Local Address:Port                      Peer
Address:Port
ESTAB     0      40                          10.10.10.10:ssh
10.10.10.100:64025
          cubic wscale:5,10 rto:119❶ rtt:12.625/2.25 ato:40 cwnd:10 send 8.5Mbps rcv_rtt:12 rcv_space:14480
```

❶번 부분을 보면 rto_min이 100ms 내려가면서 rto 값도 함께 내려갔다. 이 세션은 119ms 동안 응답을 받지 못하면 재전송한다.

사실 rto_min 값이 어느 정도면 적당한가에 대한 답은 없다. 외부에 노출된 웹 서버에는 다양한 고객들이 접근하기 때문에 기본값으로 정해진 200ms를 따르는 것이 좋겠지만, 내부와 통신하는 서버에서는 200ms라는 값이 길게 느껴지는 것이 사실이다. 코드 9-11에서 보는 바와 같이 내부 통신의 rtt는 매우 짧기 때문에 좀 더 빠른 재전송이 필요한지 확인하고, rto_min 값을 그에 상응하는 수준으로 낮춰서 빨리 보내는 것이 서비스의 품질을 높일 수 있는 좋은 방법이다. 하지만 이 값이 너무 낮다면 너무 잦은 재전송이 일어날 수도 있기 때문에 신중해야 한다.

9.5 애플리케이션 타임아웃

지금까지 리눅스상에서 구현된 TCP 재전송은 언제 발생하는지, 그리고 재전송 횟수를 어떻게 조절할 수 있는지 알아봤다. 이번 절에서는 TCP 재전송이 실제 애플리케이션에 끼치는 영향을 살펴볼 것이다.

TCP 재전송이 일어나면 애플리케이션에서는 어떤 일이 벌어질까? 요청한 내용을 전달받지 못했기 때문에 타임아웃이 발생한다. 하지만 타임아웃의 임계치를 몇 초로 설정했느냐에 따라 타임아웃이 발생할 수도, 발생하지 않을 수도 있다.

애플리케이션에서 발생할 수 있는 타임아웃에는 크게 두 종류가 있다. Connection Timeout과 Read Timeout이다. 이 두 가지 타임아웃에 대해 살펴보자.

종류	발생 경로	최소 권장 설정 값
Connection Timeout	TCP Handshake 과정에서 재전송이 일어날 경우 발생	3s 이상
Read Timeout	맺어져 있는 세션을 통해서 데이터를 요청하는 과정에서 발생	300ms 이상

표 9-1 애플리케이션 타임아웃의 종류

먼저 Connection Timeout은 connection 과정에서 timeout이 발생했다는 의미로, 최초 TCP Handshake 과정에서 실패한 것이다. 이는 SYN 패킷 혹은 SYN+ACK 패킷 중 하나가 유실되어서 재전송이 일어날 때 발생할 수 있다. Handshake 과정에서의 실패라고 했는데 왜 제일 마지막 ACK 패킷의 유실은 포함되지 않을까? 앞에서도 언급했지만, SYN, SYN+ACK 패킷은 종단에 대한 정보가 없기 때문에 RTO를 계산하기 위한 RTT 값을 구할 수가 없다. 그렇기 때문에 기본적으로 1초로 설정되어 있다. 하지만 SYN과 SYN+ACK를 주고 받은 후에는 종단에 대한 정보가 생기기 때문에 해당 패킷에 대한 RTT 값을 측정할 수 있게 되고 이때부터는 RTO가 계산된다. 그래서 Connection Timeout은 SYN, SYN+ACK의 유실에서 발생한다.

Read Timeout은 읽기 작업 과정에서 타임아웃이 발생했다는 의미이다. 이는 이미 연결되어 있는 세션을 통해서 데이터를 읽으려고 하다가 타임아웃이 발생했다는 것을 말한다. 주로 커넥션 풀 방식을 이용해서 특정 서버와 다수의 네트워크 세션을 만들어 놓은 상태에서 발생하는 타임아웃이다.

그럼 각각의 값은 어느 정도로 하는 것이 좋을까? 경우에 따라 다르겠지만, 두 경우에 언제 발생하느냐를 이해해야 적절한 값을 설정할 수 있을 것이다. 만약 Connection Timeout을 1초로 설정한다면 어떨까? SYN 혹은 SYN+ACK 패킷의 재전송은 무조건 1초 정도가 필요하다. 그렇다면 단 한 번의 SYN, SYN+ACK 패킷의 유실은 무조건 타임아웃을 일으킬 수밖에 없다. 한 번의 재전송 정도는 커버할 수 있도록 1초보다는 큰 값을 설정하는 것이 좋다. 재전송 일어나면 타이머는 1초가 지난 후에는 2초로 늘어나며 두 번의 재전송이 일어나게 되면 총 3초의 시간이 소요된다. 그렇기 때문에 두 번 이상의 재전송이 일어나면 타임아웃 메시지가 발생해야 한다. 한 번의 재전송은 충분히 일어날 수 있지만 연달아 두 번 이상의 재전송이 일어나는 것은 문제가 있다는 뜻이기 때문이다. 따라서 Connection Timeout은 대체로 3초로 설정하는 것이 좋다. 왜냐하면 내가 보낸 SYN 재전송(1초)에 상대방의 SYN+ACK 재전송(1초)을 더한 2초보다 큰 값으로 설정해야 불필요한 타임아웃 에러 메시지를 줄일 수 있기 때문이다.

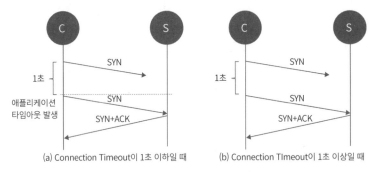

그림 9-9 Connection Timeout 값에 따른 에러 발생 여부

Read Timeout은 몇 초로 설정하는 것이 좋을까? 이미 맺어져 있는 세션에서 패킷을 읽어오는 경우에 타임아웃이 발생하기 때문에 Connection Timeout과 마찬가지로 한 번의 재전송 정도는 커버할 수 있는 값으로 설정해야 한다. 일반적으로 300ms 정도로 설정하는데 RTO_MIN 값이 200ms이고 맺어져 있는 세션이 재전송할 때 최소한 200ms의 시간이 필요하기 때문이다. 만약 200ms보다 작은 값을 설정하면 단 한 번의 재전송에서도 타임아웃 메시지가 나타나게 된다. 300ms 정도로 설정하면 한 번의 재전송은 커버할 수 있지만, 두 번 이상의 연속된 재전송이 일어나면 타임아웃 메시지를 출력해서 어딘가에 문제가 있음을 알려야 한다. 물론 통신을 연결하는 쪽이 어느 곳이냐에 따라 300ms 이상으로 설정해야 할 수도 있다. RTT가 길어서 RTO가 200ms 이상이라면 300ms

보다 더 크게 설정해야 한다. 하지만 대부분 내부 서버끼리의 통신일 경우가 많아서 RTT가 짧기 때문에 RTO가 200ms보다 커지는 경우는 없을 것이다.

9.6 요약

이번 장에서는 TCP 재전송과 그로 인해 발생할 수 있는 애플리케이션의 타임아웃에 대해 알아보았다. TCP 재전송은 신뢰성 있는 통신을 위해 내가 보낸 패킷을 상대방이 받았다는 응답을 받지 못하면 패킷이 유실되었다고 판단하고 다시 보내는 로직이며, TCP의 특성상 자주 발생하지는 않아도 반드시 발생할 수밖에 없는 현상이다. 애플리케이션의 적당한 환경 설정을 통해서 불필요한 타임아웃 메시지를 막고 서비스의 품질을 높일 수 있다.

이번 장에서 배운 내용은 아래와 같다.

1. TCP 재전송은 RTO를 기준으로 발생하며 RTO 동안 응답을 받지 못하면 재전송이 발생한다.
2. RTO는 RTT를 기반으로 동적으로 생성된다. TCP Handshake 구간에서 설정되는 RTO는 InitRTO라 칭하며 리눅스에서는 1초가 기본이다.
3. RTO는 초기 설정 값에서 2배수씩 증가한다.
4. `net.ipv4.tcp_syn_retries`, `net.ipv4.tcp_synack_retries`는 각각 SYN 패킷과 SYN+ACK 패킷에 대한 재전송 횟수를 결정하며, TCP Handshake할 때 적용되는 값이다.
5. `net.ipv4.tcp_orphan_retries`는 FIN_WAIT1 상태에 빠지게 되는 FIN 패킷에 대한 재전송 횟수를 결정하며, 0으로 설정한다고 해서 Disable 되지는 않는다.
6. `net.ipv4.tcp_retries1`, `net.ipv4.tcp_retries2`는 각각 soft, hard 임계치라고 생각할 수 있다. 실제 연결은 `net.ipv4.tcp_retries2`에 설정된 횟수를 넘겼을 때 종료된다.

7. 최소한 한 번의 재전송은 견딜 수 있도록 애플리케이션에서의 타임
   아웃 중 Connection Timeout은 3초, Read Timeout은 300ms 이상
   으로 설정하는 것이 좋다.

10장

dirty page가
I/O에 끼치는 영향

4장에서 /proc/meminfo에 대한 이야기를 할 때 잠깐 언급하고 지나
간 내용 중에 Dirty라고 표시된 부분이 있었는데, 이 영역은 dirty page
라 불리는 커널의 메모리 영역 중 일부를 의미한다. 이번 장에서는 dirty
page가 무엇인지, 어떻게 생성되는지 그리고 이 dirty page가 I/O에 어
떤 영향을 끼치는지에 대해 알아볼 것이다.

10.1 dirty page란

앞서 배운 내용을 다시 떠올려보자. 리눅스에서 파일 I/O가 일어날 때
커널은 PageCache를 이용해서 디스크에 있는 파일의 내용을 메모리에
잠시 저장하고, 필요할 때마다 메모리에 접근해서 사용한다고 배웠다.
이를 통해서 디스크보다 더 빠른 메모리의 접근 속도를 활용할 수 있고
전체적으로 시스템의 성능을 향상시킬 수 있다.

그림 10-1을 보면 커널은 PageCache를 디스크 내용을 저장하는 일
종의 임시 저장 공간으로 활용한다. 헌데 그림 10-1은 읽기 작업에 대한
예제인데, 만약 쓰기 작업이 이루어진다면 어떻게 변할까?

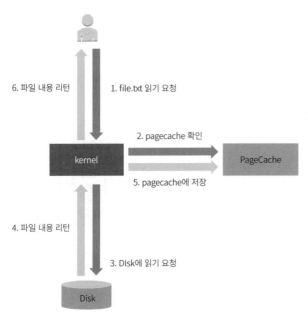

그림 10-1 파일 읽기 작업이 발생할 때의 과정

그림 10-2를 보면 각각 a, b, c 파일이 PageCache에 올라가 있으며 1:1 로 대응하고 있다. 물론 실제 구성은 이보다 더 복잡하지만 이해를 돕기 위해 간략하게 표현했다. 이 상태에서 b 파일에 쓰기 작업이 이루어졌 다고 가정해 보자. b 파일의 내용이 b가 아니라 d로 바뀌었으며, 이 상 태에서 보면 b 파일의 내용은 디스크와 PageCache에 있는 내용이 서로 다르다. 그래서 커널은 해당 메모리 영역에 대해 디스크에 있는 내용과 달라졌음을 표시하는 Dirty 비트를 켜고 바로 이 영역을 dirty page라고 부른다. 즉, dirty page는 PageCache에 있는 페이지 중에서도 쓰기 작 업이 이루어진 메모리라고 볼 수 있다. 앞에서도 이야기했지만 이 상태 에서는 아직 PageCache와 디스크 사이의 내용이 다르기 때문에 전원 장애 등으로 시스템이 꺼져 버린다면 미처 디스크에 쓰지 못한 내용은 날아가게 되며 파일의 내용에 대한 정합성이 깨지게 된다. 하지만 dirty page로 표시된 메모리들을 dirty page가 생성될 때마다 디스크에 쓰면 이 또한 상당량의 쓰기 I/O를 일으켜서 성능을 저하시킬 수 있다.

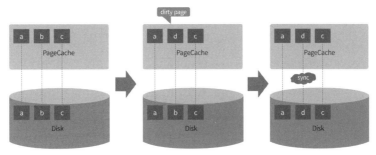

그림 10-2 쓰기 작업이 일어날 때 PageCache의 변화

그래서 커널은 몇 가지 조건을 만들어서 해당 조건을 만족시키면 dirty page를 디스크로 동기화한다. 이 과정을 page writeback이라고 부르며 dirty page 동기화라고도 한다. 커널 버전에 따라서 다르겠지만 보통 flush라는 단어가 들어간 커널 스레드(pdflush, flush, bdflush 등)가 이 작업을 진행한다. 그래서 I/O가 많이 발생하는 서버에서는 dirty page 를 언제 얼마나 동기화시키느냐가 중요한 성능 튜닝의 요소가 된다. 그리고 커널에서는 서버의 워크로드에 따라 가장 적합한 동기화 전략을 구사할 수 있도록 파라미터로 조절할 수 있는 인터페이스를 제공하고 있다. 그럼 다음 절부터 해당 파라미터들을 하나씩 살펴보면서 변경에 따라 커널의 동작이 어떻게 바뀌는지 살펴보자.

10.2 dirty page 관련 커널 파라미터

dirty와 관련된 커널 파라미터는 총 6개가 있다.

코드 10-1 dirty page와 관련된 커널 파라미터

```
[root@server ~]# sysctl -a | grep -i dirty
vm.dirty_background_ratio = 10
vm.dirty_background_bytes = 0
vm.dirty_ratio = 20
vm.dirty_bytes = 0
vm.dirty_writeback_centisecs = 500
vm.dirty_expire_centisecs = 1000
```

첫 번째로 살펴볼 파라미터는 `vm.dirty_background_ratio`이다. dirty page의 내용을 백그라운드로 동기화할 때 그 기준이 되는 비율을 의미한다. 전체 메모리 양에 해당 파라미터에 설정되어 있는 비율을 곱해서 나온 기준 값보다 dirty page의 크기가 커지면 백그라운드에서 dirty page의 내용을 디스크로 동기화한다. 만약 이 값이 10이고 전체 메모리가 16GB라고 가정한다면, dirty page의 크기가 1.6GB가 되었을 때 백그라운드 동기화를 진행한다.

두 번째로 살펴볼 파라미터는 vm.dirty_background_bytes이다. vm.dirty_background_ratio와 비슷해 보이지만 ratio는 전체 메모리 대비 비율을, bytes는 절대적인 bytes의 값을 의미한다. 만약 이 값이 65535라면 dirty page의 크기가 65535bytes가 되었을 때 동기화한다.

세 번째로 살펴볼 파라미터는 vm.dirty_ratio이다. vm.dirty_background_ratio와 비슷하게 전체 메모리를 기준으로 dirty page의 비율을 산정하지만 background라는 단어가 빠져 있음을 눈여겨봐야 한다. 만약 이 값이 10으로 설정되어 있고 전체 메모리가 16GB라고 가정하면, A라는 프로세스가 I/O 작업을 하던 중 dirty 페이지의 크기가 1.6GB가 되면 해당 프로세스의 I/O 작업을 모두 멈추게 하고 dirty page를 동기화한다. dirty page에 대한 일종의 hard limit라고 볼 수 있다.

네 번째로 살펴볼 파라미터는 vm.dirty_bytes이다. vm.dirty_ratio와 같은 방식으로 사용되지만 비율이 아니라 절대적인 bytes의 양을 기준으로 한다.

다섯 번째로 살펴볼 파라미터는 vm.dirty_writeback_centisecs이다. 이 값은 flush 커널 스레드를 몇 초 간격으로 깨울 것인지를 결정한다. 설정되는 값은 1/100초 값이기 때문에 5초로 설정하고 싶다면 500*(1/100)으로 표시한다. 이렇게 하면 5초에 한 번 flush 커널 스레드가 깨어나서 동기화하게 된다.

마지막으로 살펴볼 파라미터는 vm.dirty_expire_centisecs이다. 이 값도 flush 커널 스레드의 동작에 영향을 미친다. vm.dirty_writeback_centisecs 값에 의해 깨어난 flush 커널 스레드가 디스크에 싱크시킬 dirty page의 기준을 찾을 때 이 값을 사용한다. 이 값도 1/100초 값이며 만약 3000으로 표시되어 있다면 30초를 의미한다. 그래서 dirty page로 분류된 후 30초 동안 디스크로 동기화되지 않은 페이지들을 디스크에 동기화시킨다.

이렇게 총 6가지 커널 파라미터를 통해서 dirty 페이지가 디스크에 동기화된다. 사실 이 값들이 완전히 독립적으로 동작하지는 않는다. 예를 들어 vm.dirty_writeback_centisec과 vm.dirty_expire_centisec이 짧다면 flush 데몬이 자주 깨어나 대부분의 dirty page를 동기화시키기 때문에 vm.dirty_background_ratio에 설정한 값만큼 커지지 않을 수도 있다. 그럼 다음 절에서 dirty page 동기화가 일어나는 과정과 그 과정에서 각각의 파라미터가 끼치는 영향을 알아보자.

10.3 백그라운드 동기화

dirty page 동기화는 크게 백그라운드 동기화와 주기적인 동기화, 그리고 명시적인 동기화 세 가지로 구분할 수 있다.

첫 번째로 백그라운드 동기화는 동기화 작업이 백그라운드로 진행되는 것을 의미한다. 커널 파라미터 중에 vm.dirty_background_ratio와 vm.dirty_ratio를 통해서 조절할 수 있다. 엄밀히 말하면 vm.dirty_ratio 값을 넘어섰을 때 발생하는 동기화는 백그라운드 동기화가 아니지만, 명령어에 의해 명시적으로 이루어지는 동기화는 아니기 때문에 함께 분류했다. 이 작업은 애플리케이션이 dirty page를 생성할 때마다 현재까지 생성된 dirty page와 전체 메모리의 비율을 바탕으로 진행된다.

두 번째로 주기적인 동기화는 동기화 작업이 주기적으로 진행되는 것을 말한다. 커널 파라미터 중에 vm.dirty_writeback_centisec, vm.dirty_expire_centisecs를 통해서 조절할 수 있다. 이 값들을 조절해서 dirty page를 동기화하기 위해 필요한 flush 데몬을 깨우는 주기와 깨웠을 때 동기화시키는 dirty page의 기준을 설정할 수 있다.

마지막으로 명시적인 동기화는 명령어를 통해 명시적으로 동기화시키는 것을 의미한다. sync, fsync 등의 명령을 이용하면 현재 생성되어 있는 dirty page를 명시적으로 디스크에 쓰는데, 이런 작업을 명시적인 동기화라고 표현한다.

이번 절에서는 백그라운드 동기화와 주기적인 동기화를 살펴볼 것이다. 커널의 동작을 추적하기 위해 우선 ftrace를 이용할 수 있는 환경을 설정한다.

코드 10-2 ftrace 설정하기

```
[root@server ~]# mount -t debugfs debugfs /sys/kernel/debug
[root@server tracing]# echo function > ./current_tracer
```

설정 후에 cat 명령을 통해서 커널 함수가 잘 찍히는지 확인한다.

코드 10-3 trace_pipe 파일을 통해서 커널 함수 호출 확인하기

```
[root@server  tracing]# cat -v ./trace_pipe
irqbalance-1414  [003] 13334.114010: _spin_lock_irqsave <-kstat_irqs_usr
irqbalance-1414  [003] 13334.114010: kstat_irqs <-kstat_irqs_usr
irqbalance-1414  [003] 13334.114010: _spin_unlock_irqrestore <-kstat_irqs_usr
irqbalance-1414  [003] 13334.114010: seq_printf <-show_stat
```

먼저 백그라운드 동기화를 살펴보기 위해 주기적인 동기화가 일어나지 않도록 vm.dirty_writeback_centisecs 값을 0으로 설정한다. 그리고 백그라운드 동기화가 조금 더 빨리 일어날 수 있도록 vm.dirty_background_ratio 값은 1로 설정한다.

코드 10-4 커널 파라미터 조절하기

```
[root@server tracing]# sysctl -w vm.dirty_writeback_centisecs=0
vm.dirty_writeback_centisecs = 0
[root@server tracing]# sysctl -w vm.dirty_background_ratio=1
vm.dirty_background_ratio = 1
```

테스트에 사용한 프로그램은 코드 10-5와 같다.

코드 10-5 dirty page 동기화 테스트 프로그램

```
#include <stdlib.h>
#include <stdio.h>
#include <fcntl.h>

#define MEGABYTE 1024*1024
```

```
int main() {

  int output_fd;
  char message[MEGABYTE] = "";
  char file_name[] = "./test.dump";

  int count = 0;

  output_fd = open(file_name, O_CREAT | O_RDWR | O_TRUNC);

  for( ; ; ){
    count++;
    write(output_fd, message, MEGABYTE);
    printf("Write File - Current Size : %d KB\n", count*1024);
    sleep(1);
  }
  return 0;
}
```

코드 10-5의 테스트 프로그램은 초당 1MB의 쓰기 작업을 일으키도록 동작한다. 그리고 dirty page의 변화도 확인할 수 있는 스크립트도 준비한다(코드 10-6).

코드 10-6 dirty page 변화를 확인하는 스크립트

```
[root@server dirty_test]# cat show_dirty.sh
#!/bin/bash

while true
do
  cat /proc/meminfo | grep -i dirty
  sleep 1
done
```

시스템의 메모리는 8GB이고 vm.dirty_background_ratio의 값이 1이기 때문에 80MB 수준의 dirty page가 쌓이면 백그라운드 동기화가 시작된다. 테스트를 통해 확인해 보자(코드 10-7).

코드 10-7 dirty page 변화 확인하기

```
Dirty:              83100 kB
Dirty:              84044 kB
Dirty:              85068 kB
Dirty:                 72 kB
```

```
Dirty:                  1076 kB
Dirty:                  2100 kB
Dirty:                  3136 kB
```

테스트 결과를 보면 80MB를 조금 넘긴 후에 백그라운드 동기화가 일
어나서 dirty page가 없어진 것을 확인할 수 있다. 당시의 ftrace 결과를
보면 코드 10-8과 같다.

코드 10-8 ftrace 결과 확인하기

```
io_test-8834   [001] 13986.088241: balance_dirty_pages_ratelimited_nr <-generic_file_buffered_write
io_test-8834   [001] 13987.099072: balance_dirty_pages_ratelimited_nr <-generic_file_buffered_write
io_test-8834   [001] 13987.110242: writeback_in_progress <-balance_dirty_pages
io_test-8834   [001] 13987.113094: balance_dirty_pages_ratelimited_nr <-generic_file_buffered_write
io_test-8834   [001] 13987.113110: balance_dirty_pages_ratelimited_nr <-generic_file_buffered_write
io_test-8834   [001] 13987.113127: balance_dirty_pages_ratelimited_nr <-generic_file_buffered_write
```

여기서 재미있는 함수를 확인할 수 있다. balance_dirty_pages_ratelimited
_nr() 함수와 balance_dirty_pages()라는 함수가 보인다. ftrace의 결과
를 grep balance_dirty_pages 명령으로 필터링해보면 다수의 balance_
dirty_pages_ratelimited_nr() 함수가 호출된 후 중간 중간에 balance_
dirty_pages() 함수가 호출되는 패턴이다. 그리고 balance_dirty_
pages_ratelimited_nr() 함수는 generic_file_buffered_write() 함수에
의해 호출된다. 그래서 dirty page를 생성하는 모든 프로세스들은 쓰기
작업이 이루어질 때마다 balance_dirty_pages_ratelimited_nr() 함수
를 호출하게 되며, 이 함수는 내부적으로 balance_dirty_pages() 함수
를 호출한다는 것을 알 수 있다.

커널의 소스 코드를 확인해 보자. 해당 함수는 mm/page-writeback.c
파일에 있다.

코드 10-9 balance_dirty_pages_ratelimited_nr() 함수의 소스 코드

```
void balance_dirty_pages_ratelimited_nr(struct address_space *mapping,
                                unsigned long nr_pages_dirtied)
{
        unsigned long ratelimit;
        unsigned long *p;
```

```
    ratelimit = ratelimit_pages;
    if (mapping->backing_dev_info->dirty_exceeded)
        ratelimit = 8;

    preempt_disable();
    p = &__get_cpu_var(bdp_ratelimits);
    *p += nr_pages_dirtied;
    if (unlikely(*p >= ratelimit)) {
        ratelimit = sync_writeback_pages(*p);
        *p = 0;
        preempt_enable();
        balance_dirty_pages(mapping, ratelimit);
        return;
    }
    preempt_enable();
}
```

사실 dirty page가 생성될 때마다 시스템의 모든 dirty page를 검사하고 확인하는 과정을 거치면 오버헤드가 꽤 크기 때문에 일정 수준 이상이 되었을 때만 확인 과정을 거치도록 비율을 이용해 제한을 주는 함수이다. 그래서 ratelimit라는 변수의 값을 이용해 해당 프로세스가 생성하는 dirty page의 크기가 일정 수준을 넘어서면 그때서야 비로소 balance_dirty_pages() 함수를 호출해서 시스템의 모든 dirty page의 크기를 바탕으로 동기화가 필요한지 여부를 확인한다. 아주 적은 양의 dirty page를 생성했는데 전체 시스템의 dirty page 크기를 계산해서 비교하게 되면 그것은 그것대로 시스템에 부하를 일으킬 수 있기 때문이다. 그럼 초기 비교 대상이 되는 ratelimit_pages 값은 어떻게 결정될까? 같은 파일 안에 writeback_set_ratelimit()라는 함수를 통해 결정된다.

코드 10-10 writeback_set_ratelimit() 함수의 소스 코드

```
void writeback_set_ratelimit(void)
{
    ratelimit_pages = vm_total_pages / (num_online_cpus() * 32);
    if (ratelimit_pages < 16)
        ratelimit_pages = 16;
    if (ratelimit_pages * PAGE_CACHE_SIZE > 4096 * 1024)❶
        ratelimit_pages = (4096 * 1024) / PAGE_CACHE_SIZE;❷
}
```

시스템의 CPU 수와 메모리 크기에 따라 다를 수 있겠지만 특정 값을 넘어서는 큰 값이 될 경우(❶) 보통은 1024로 설정된다(❷). PAGE_CACHE_SIZE의 값은 page의 크기와 같은 4KB이기 때문에 ratelimit_pages 값이 1024가 된다면 4MB의 쓰기 작업이 이루어질 때마다 balance_dirty_pages() 함수가 호출된다고 볼 수 있다.

balance_dirty_pages_ratelimited_nr() 함수를 통과하고 balance_dirty_pages()를 성공적으로 호출하게 되면 본격적인 dirty page 크기 확인과 임계치 값을 확인하는 과정이 진행된다. 코드 10-11은 balance_dirty_pages()의 일부다.

코드 10-11 balance_dirty_pages() 함수의 소스 코드

```
static void balance_dirty_pages(struct address_space *mapping,
                        unsigned long write_chunk)
{
    long nr_reclaimable, bdi_nr_reclaimable;
    long nr_writeback, bdi_nr_writeback;
    unsigned long background_thresh;
    unsigned long dirty_thresh;
    unsigned long bdi_thresh;
    unsigned long pages_written = 0;
    unsigned long pause = 1;

    struct backing_dev_info *bdi = mapping->backing_dev_info;

    for (;;) {
        ... (중략) ...

        get_dirty_limits(&background_thresh, &dirty_thresh,
                    &bdi_thresh, bdi);❶


        if (bdi_nr_reclaimable + bdi_nr_writeback <= bdi_thresh)
                break;

        ... (중략) ...
        if (nr_reclaimable + nr_writeback <
                        (background_thresh + dirty_thresh) / 2)❷
                break;

        if (!bdi->dirty_exceeded)
                bdi->dirty_exceeded = 1;
```

```
... (중략) ...

trace_wbc_balance_dirty_wait(&wbc, bdi);
__set_current_state(TASK_KILLABLE);
io_schedule_timeout(pause);❸

pause <<= 1;
if (pause > HZ / 10)
        pause = HZ / 10;

if (fatal_signal_pending(current))
        break;
}
```

소스 코드가 상당히 길어서 전체 내용을 다 볼 수는 없으니 중요한 부분
만 짚고 넘어가자.

❶ 설정한 vm.dirty_background_ratio와 vm.dirty_ratio가 사용되는
핵심 부분이다. get_dirty_limits() 함수로 백그라운드 동기화를 진
행해야 하는 dirty page의 수를 가져온다. 이 때 설정한 커널 파라미
터 값을 이용해 계산한다.

❷ get_dirty_limits() 함수로 가져온 값을 바탕으로 백그라운드 동
기화 프로세스를 동작시킬지 아니면 프로세스를 잠시 멈추고 dirty
page를 동기화시킬지를 결정한다. 너무 많은 dirty page가 생성되
었다면, 즉 백그라운드 동기화로 비우는 속도보다 dirty page가 생
성되는 속도가 더 빠르다면 dirty page의 수가 일정 수준 이하로 내
려올 때까지 프로세스의 쓰기 동작을 막아서 dirty page를 생성하지
못하도록 한다. 이 과정에서 성능 저하가 가장 많이 일어난다.

❸ ❷번에서 설명한 프로세스 멈춤이 일어나는 부분이다.

다음으로 ❶번에서 말한 get_dirty_limits() 함수를 살펴보자. 위에서
설정한 커널 파라미터들이 실제로 적용되는 부분이기도 하다(코드 10-
12).

코드 10-12 get_dirty_limits() 함수의 소스 코드

```
void
get_dirty_limits(unsigned long *pbackground, unsigned long *pdirty,
```

```
            unsigned long *pbdi_dirty, struct backing_dev_info *bdi)
{
    unsigned long background;
    unsigned long dirty;
    unsigned long available_memory = determine_dirtyable_memory();
    struct task_struct *tsk;
    int dirty_ratio=0;

    if (vm_dirty_bytes) ❶
        dirty = DIV_ROUND_UP(vm_dirty_bytes, PAGE_SIZE);
    else {
        dirty_ratio = vm_dirty_ratio;
        if (dirty_ratio < 5) ❷
                dirty_ratio = 5;
        dirty = (dirty_ratio * available_memory) / 100; ❸
    }

    if (dirty_background_bytes) ❶
        background = DIV_ROUND_UP(dirty_background_bytes, PAGE_SIZE);
    else
        background = (dirty_background_ratio * available_memory) /❸100;

    if (background >= dirty) ❹
        background = dirty / 2;
    ... (중략) ...

    if (bdi) {
        u64 bdi_dirty;
        long numerator, denominator;

        ... (중략) ...
    }
}
```

❶ 각각 vm.dirty_background_bytes, vm.dirty_bytes 값이 있는지를 확인하는 로직이다. 이 값들이 있다면 vm.dirty_background_ratio와 vm.dirty_ratio는 무시된다. 즉 위 값들은 동시에 적용이 불가능하며 하나만 사용할 수 있다.

❷ if 문을 통해서 vm.dirty_ratio의 값이 5보다 작아지면 5로 강제 설정된다. 이 값은 프로세스를 잠시 재우고 dirty page를 강제로 비우게 하기 때문에 성능에 영향을 미칠 수 있다. 그래서 너무 작은 값으로 설정하면 성능이 저하될 수 있어서 최소한 5 밑으로는 내려가지 못하

도록 일종의 방어 코드를 구현한 것이다. 그래서 vm.dirty_ratio 값
은 5 밑으로는 설정할 수 없다.

❸ 실제로 우리가 설정한 값이 전체 메모리에서 몇 개의 pages로 구성
되는지 계산하는 부분이다. available_memory 메모리는 메모리의
크기를 의미하지 않고 전체 메모리의 page 개수를 의미하기 때문에
위에 계산된 값은 page 수를 의미한다.

❹ 이 부분도 중요하다. vm.dirty_background_ratio가 vm.dirty_ratio
보다 크게 설정되면 어떻게 될까? 이 코드를 보면 그에 대한 방어 로
직이 있다는 것을 알 수 있다. background 값이 dirty 값보다 커지
면 background 값은 dirty 값의 절반으로 설정된다. 그래서 사용자
가 실수로 vm.dirty_background_ratio를 크게 설정해도 이 로직에
의해서 자동으로 vm.dirty_ratio의 절반 값으로 재설정된다.

다시 balance_dirty_pages() 함수로 돌아와서 마지막 부분을 조금 더
살펴보자(코드 10-13).

코드 10-13 balance_dirty_pages() 함수의 소스 코드(일부)

```
    if ((laptop_mode && pages_written) ||
        (!laptop_mode && ((global_page_state(NR_FILE_DIRTY)
                        + global_page_state(NR_UNSTABLE_NFS))
                                > background_thresh)))
        bdi_start_background_writeback(bdi);❶
}
```

❶ vm.dirty_ratio를 넘지 않고 vm.dirty_background_ratio를 넘으면
실행되는 부분이다. bdi_start_background_writeback() 함수를 통
해 해당 블록 디바이스에 해당하는 inode들의 dirty page를 쓰게 된
다. 백그라운드 동기화의 과정에서 사실상 가장 중요한 부분이다. 우
리가 설정한 임계치 이상으로 dirty page가 생성되었음을 확인하고,
이를 동기화하기 위해 flush 커널 스레드를 깨우게 된다. 이번에는
bdi_start_background_writeback() 함수를 살펴보자(코드 10-14).

코드 10-14 bdi_start_background_writeback() 함수의 소스 코드

```
void bdi_start_background_writeback(struct backing_dev_info *bdi)
{
    __bdi_start_writeback(bdi, LONG_MAX, true, true);
}
```

이번에는 __bdi_start_writeback() 함수를 따라가 보자.

코드 10-15 __bdi_start_writeback() 함수의 소스 코드

```
static void
__bdi_start_writeback(struct backing_dev_info *bdi, long nr_pages,
        bool range_cyclic, bool for_background)
{
    struct wb_writeback_work *work;

    work = kzalloc(sizeof(*work), GFP_ATOMIC);
    if (!work) {
        if (bdi->wb.task) {
                trace_writeback_nowork(bdi);
                wake_up_process(bdi->wb.task); ❶
        }
        return;
    }

    work->sync_mode      = WB_SYNC_NONE;
    work->nr_pages       = nr_pages;
    work->range_cyclic = range_cyclic;
    work->for_background = for_background;

    bdi_queue_work(bdi, work); ❷
}
```

❶ wake_up_process() 함수를 이용해서 flush 커널 스레드를 깨운다.

❷ 깨운 커널 스레드에 넘겨줄 작업과 관련된 정보를 구조체로 만들어
서 큐에 넣는다.

마지막으로 확인할 부분은 wake_up_process()로 깨우는 커널 스레드가
실행하게 될 함수가 무엇인가이다. 소스 코드를 flush와 kthread라는 문
자열로 grep 명령을 통해 필터링해보면 의미 있는 소소 코드를 발견할 수
있다. 바로 mm/backing-dev.c 파일에 있는 bdi_forker_task() 함수다.

코드 10-16 bdi_forker_task() 함수의 소스 코드(일부)

```
static int bdi_forker_task(void *ptr)
{
    ... (중략) ...
        wb->task = kthread_run(bdi_start_fn, wb, "flush-%s",
                               dev_name(bdi->dev));
    ... (중략) ...
}
```

해당 코드를 보면 bdi_start_fn()이라는 함수를 flush 커널 스레드의 시작점으로 설정하는 것을 알 수 있다.

코드 10-17 bdi_start_fn() 함수의 소스 코드(일부)

```
static int bdi_start_fn(void *ptr)
{
    ... (중략) ...
    if (!list_empty(&bdi->work_list))
        wb_do_writeback(wb, 1);

    wb->task = NULL;
    return ret;
}
```

그리고 bdi_start_fn() 함수는 wb_do_writeback() 함수를 호출한다. 이 함수는 이후에도 나오는 아주 중요한 함수이니 꼭 기억해 두자. 이 함수를 통해서 실제로 동기화가 일어난다.

지금까지 백그라운드로 dirty page가 동기화되는 과정을 살펴보았다. 다른 과정들보다 더 중요하게 다루고 자세히 설명한 이유는 vm.dirty_background_ratio와 vm.dirty_ratio 값들의 활용 방법과 각각의 값에 대한 방어 로직 구성을 파악하는 것이 그만큼 중요하기 때문이다.

다음으로 주기적인 동기화를 살펴보자. 이번에는 백그라운드 작업이 영향을 끼치지 않도록 큰 값으로 설정한 후 테스트해보자.

코드 10-18 커널 파라미터 변경하기

```
[root@server dirty_test]# sysctl -w vm.dirty_background_ratio=20
vm.dirty_background_ratio = 20
[root@server dirty_test]# sysctl -w vm.dirty_ratio=40
vm.dirty_ratio = 40
```

```
[root@server dirty_test]# sysctl -w vm.dirty_writeback_centisecs=500
vm.dirty_writeback_centisecs = 500
[root@server dirty_test]# sysctl -w vm.dirty_expire_centisecs=1000
vm.dirty_expire_centisecs = 1000
```

위와 같이 설정하면 flush 커널 스레드가 5초에 한 번 깨어나서 생성된 지 10초가 넘은 dirty page들을 동기화하게 된다. 그렇게 동작하는지 살펴 보자.

코드 10-19 dirty page 현황 확인하기

```
Dirty:            12316 kB
Dirty:            13376 kB
Dirty:            14400 kB
Dirty:             1084 kB
Dirty:             2108 kB
Dirty:             3140 kB
Dirty:             4164 kB
```

1초에 1MB씩 쓰기 작업을 하기 때문에 flush 커널 스레드가 깨어나는 타이밍과 맞으면 10~15MB 사이에서 dirty page가 유지된다. 이때의 ftrace 결과를 살펴보면 코드 10-20과 같다.

 flush 커널 스레드가 깨어나는 순간 생성된 지 10초 이상 된 dirty page가 동기화되는데, 동기화 작업은 inode를 기준으로 발생하기 때문에 10초 이상된 dirty page가 포함된 파일의 모든 dirty page가 함께 동기화된다. 이는 코드 10-7에서 살펴본 결과에도 함께 적용되는 내용이다. 80MB가 넘는 dirty page가 포함된 파일의 모든 dirty page가 함께 동기화된다.

코드 10-20 ftrace 결과 확인하기

```
flush-8:0-1291  [005] 69235.778036: finish_task_switch <-schedule ❶
flush-8:0-1291  [005] 69235.778036: del_timer_sync <-schedule_timeout
flush-8:0-1291  [005] 69235.778036: _spin_lock_irqsave <-lock_timer_base
flush-8:0-1291  [005] 69235.778036: _spin_unlock_irqrestore <-try_to_del_timer_sync
flush-8:0-1291  [005] 69235.778037: kthread_should_stop <-bdi_writeback_task ❷
flush-8:0-1291  [005] 69235.778037: wb_do_writeback <-bdi_writeback_task ❸
flush-8:0-1291  [005] 69235.778037: _spin_lock <-wb_do_writeback
```

결과가 너무 길어서 일부분은 삭제했지만 flush 커널 스레드가 커널 스케줄러에 의해 깨어나는 것을 확인할 수 있다(❶). 그리고 bdi_writeback_ task() 함수를 호출하고(❷) 이 함수가 wb_do_writeback() 함수를 호출한다(❸). 먼저 bdi_writeback_task() 함수를 살펴보자.

코드 10-21 bdi_writeback_task() 함수(일부)

```
int bdi_writeback_task(struct bdi_writeback *wb)
{
    unsigned long last_active = jiffies;
    unsigned long wait_jiffies = -1UL;
    long pages_written;

    trace_writeback_task_start(wb->bdi);

    while (!kthread_should_stop()) {
        pages_written = wb_do_writeback(wb, 0); ❶

        ... (중략) ...

        if (dirty_writeback_interval) { ❷
                wait_jiffies = msecs_to_jiffies(dirty_writeback_interval * 10);
                schedule_timeout_interruptible(wait_jiffies);
        } else
                schedule();

        try_to_freeze();
    }

    trace_writeback_task_stop(wb->bdi);

    return 0;
}
```

이 함수에도 두 군데 중요한 부분이 있다.

❶ wb_do_writeback() 함수를 호출한다. 위 ftrace 예제에서 본 흐름대로 진행되는 것을 볼 수 있다.

❷ dirty_writeback_interval 값의 유무에 따라 동작이 달라진다. 만약 이 값이 0이라면, 즉 vm.dirty_writeback_centisecs 값이 0이라면 아무것도 하지 않고 schedule() 함수를 호출해서 다시 스케줄링되기를 기다린다. 주기적으로 동기화하지 않게 설정하려면 vm.dirty_writeback_centisecs 값을 0으로 설정하면 된다는 것을 확인할 수 있다.

wb_do_writeback() 함수에 대해서 조금 더 살펴보자. 해당 함수는 fs/
fs-writeback.c 파일에 있다.

코드 10-22 wb_do_writeback() 함수의 소스 코드

```
long wb_do_writeback(struct bdi_writeback *wb, int force_wait)
{
    struct backing_dev_info *bdi = wb->bdi;
    struct wb_writeback_work *work;
    long wrote = 0;

    set_bit(BDI_writeback_running, &wb->bdi->state);
    while ((work = get_next_work_item(bdi, wb)) != NULL) {

        if (force_wait)
                work->sync_mode = WB_SYNC_ALL;

        trace_writeback_exec(bdi, work);

        wrote += wb_writeback(wb, work); ❶

        if (work->done)
                complete(work->done);
        else
                kfree(work);
    }
    trace_mm_background_writeout(wrote);

    /*
     * Check for periodic writeback, kupdated() style
     */
    wrote += wb_check_old_data_flush(wb); ❷
    clear_bit(BDI_writeback_running, &wb->bdi->state);

    return wrote;
}
```

이 함수에서는 두 가지 중요한 부분을 확인할 수 있다. ❶번에서 wb_
writeback() 함수로 dirty page 동기화를 진행하고 ❷번에서 wb_check_
old_data_flush() 함수로 생성된 지 일정 시간이 지난 dirty page를 동기
화한다. 앞에서 백그라운드 동기화에 대해 이야기할 때 기억해둘 함수
로 거론한 wb_do_writeback() 함수가 등장한다.

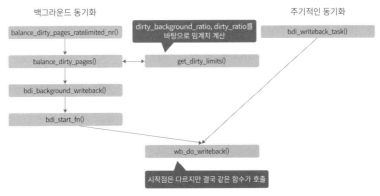

그림 10-3 백그라운드 동기화와 주기적인 동기화의 과정

그림 10-3을 보면 `wb_do_writeback()` 함수는 flush 커널 스레드의 시작점이 되는 함수이기 때문에 두 가지 방식에서 모두 호출되는 함수다. 즉, 백그라운드 동기화와 주기적인 동기화는 flush 커널 스레드를 깨우는 기준이 다른 것이지 실제로 하는 작업이 다른 것은 아니다. `vm.dirty_background_ratio`로 깨웠다고 해서 오래된 dirty page 파일을 그냥 두는 것이 아니며, `vm.dirty_writeback_centisecs`로 깨웠다고 해서 오래된 dirty page만 동기화하고 마는 것이 아니다. 두 경우 모두 서로 영향을 끼치고 같은 방식으로 dirty page를 동기화한다. 그래서 두 값은 시스템의 전체적인 dirty page의 관리 포인트를 설정하는 의미가 있다.

10.4 dirty page 설정과 I/O 패턴

지금까지 커널 소스 코드를 살펴보면서 dirty page와 관련된 커널 파라미터들이 어떻게 구현되어 있고 방어 로직은 어떻게 되어 있는지 살펴봤다. 이번 절에서는 dirty page 관련된 커널 파라미터 값들을 조금씩 수정해 보면서 I/O 패턴이 어떻게 바뀌는지 살펴볼 것이다.

첫 번째는 비율을 조금 높게 설정해서 테스트해보자(코드 10-23).

코드 10-23 dirty page 관련 커널 파라미터 수정하기

```
[root@server dirty_test]# sysctl -a | grep -i dirty
vm.dirty_background_ratio = 10
```

```
vm.dirty_background_bytes = 0
vm.dirty_ratio = 20
vm.dirty_bytes = 0
vm.dirty_writeback_centisecs = 500
vm.dirty_expire_centisecs = 3000
```

코드 10-5의 테스트 프로그램을 조금 바꿔서 1GB 단위로 파일을 끊으면서 생성해 보자(코드 10-24).

코드 10-24 수정된 테스트 프로그램

```
for( ; ; ){

    count++;
    write(output_fd, message, MEGABYTE);

    if (count%1000 == 0){
      output_fd = open(file_name, O_CREAT | O_RDWR | O_TRUNC);
    }

    if (count >= 5000)
        break;

}
```

먼저 dirty page의 변화량을 살펴보면 다음과 같다.

```
Dirty:              44 kB
Dirty:              44 kB
Dirty:              44 kB
Dirty:          124792 kB
Dirty:          265728 kB
Dirty:          397768 kB
Dirty:          530324 kB
Dirty:          665372 kB
Dirty:          797000 kB
Dirty:          784536 kB
Dirty:          647568 kB
Dirty:               0 kB
Dirty:          125176 kB
Dirty:          264504 kB
Dirty:          402688 kB
```

vm.dirty_background_ratio 값이 10이기 때문에 8GB 메모리 중 800MB 정도의 dirty page가 생겨야 동기화를 시작한다. 그래서 iostat

로 I/O 사용량을 살펴보면 대부분 0%에서 갑자기 100%에 이르는 패턴을 보인다. flush 커널 스레드가 깨어나는 조건이 더 길어지는 대신에 한번에 동기화해야 하는 양이 많아지기 때문이다.

코드 10-25 iostat으로 I/O 사용률 확인하기

```
Device:   rrqm/s    wrqm/s    r/s     w/s    rMB/s   wMB/s avgrq-sz avgqu-sz   await r_await w_await  svctm  %util
sda         0.00      0.00    0.00    0.00    0.00    0.00     0.00     0.00    0.00    0.00    0.00   0.00   0.00

Device:   rrqm/s    wrqm/s    r/s     w/s    rMB/s   wMB/s avgrq-sz avgqu-sz   await r_await w_await  svctm  %util
sda         0.00      0.00    0.00    0.00    0.00    0.00     0.00     0.00    0.00    0.00    0.00   0.00   0.00

Device:   rrqm/s    wrqm/s    r/s     w/s    rMB/s   wMB/s avgrq-sz avgqu-sz   await r_await w_await  svctm  %util
sda         0.00  32576.00    0.00  137.00    0.00   62.70   937.23    45.31  147.82    0.00  147.82   3.28  45.00

Device:   rrqm/s    wrqm/s    r/s     w/s    rMB/s   wMB/s avgrq-sz avgqu-sz   await r_await w_await  svctm  %util
sda         0.00  34270.00    0.00  269.00    0.00  134.11  1021.00   133.43  471.03    0.00  471.03   3.72 100.00

Device:   rrqm/s    wrqm/s    r/s     w/s    rMB/s   wMB/s avgrq-sz avgqu-sz   await r_await w_await  svctm  %util
sda         0.00  31318.00    0.00  247.00    0.00  122.54  1016.00   130.53  521.17    0.00  521.17   4.04  99.90

Device:   rrqm/s    wrqm/s    r/s     w/s    rMB/s   wMB/s avgrq-sz avgqu-sz   await r_await w_await  svctm  %util
sda         0.00  34832.00    0.00  277.00    0.00  138.50  1024.00   133.52  495.64    0.00  495.64   3.61 100.10

Device:   rrqm/s    wrqm/s    r/s     w/s    rMB/s   wMB/s avgrq-sz avgqu-sz   await r_await w_await  svctm  %util
sda         0.00  19558.00    0.00  278.00    0.00  139.50  1027.68   105.96  474.88    0.00  474.88   3.60 100.10

Device:   rrqm/s    wrqm/s    r/s     w/s    rMB/s   wMB/s avgrq-sz avgqu-sz   await r_await w_await  svctm  %util
sda         0.00      0.00    0.00    8.00    0.00    3.33   852.00     0.09  483.38    0.00  483.38   2.88   2.30

Device:   rrqm/s    wrqm/s    r/s     w/s    rMB/s   wMB/s avgrq-sz avgqu-sz   await r_await w_await  svctm  %util
sda         0.00      0.00    0.00    0.00    0.00    0.00     0.00     0.00    0.00    0.00    0.00   0.00   0.00
```

이번엔 dirty page를 조금 더 빨리 비우도록 설정해보자.

코드 10-26 dirty page 관련 커널 파라미터 수정하기

```
[root@server dirty_test]# sysctl -a | grep -i dirty
vm.dirty_background_ratio = 1
vm.dirty_background_bytes = 0
vm.dirty_ratio = 20
vm.dirty_bytes = 0
vm.dirty_writeback_centisecs = 500
vm.dirty_expire_centisecs = 1000
```

이어서 같은 테스트를 진행한다.

코드 10-27 dirty page 현황 확인하기

```
Dirty:              284 kB
Dirty:                0 kB
Dirty:            78600 kB
Dirty:           211232 kB
Dirty:           349104 kB
Dirty:           483544 kB
Dirty:           622464 kB
Dirty:           761640 kB
Dirty:           765636 kB
Dirty:           757204 kB
Dirty:           169040 kB
Dirty:           100488 kB
Dirty:           236176 kB
```

첫 번째 테스트에 비하면 1/10 수준으로 dirty page의 크기가 유지되는 것을 볼 수 있다. vm.dirty_background_ratio를 10에서 1로 줄였기 때문에 당연한 결과다. iostat을 확인해 보면 코드 10-28과 같은 패턴을 보인다.

코드 10-28 iostat으로 I/O 사용률 확인하기

```
Device:  rrqm/s   wrqm/s   r/s     w/s  rMB/s   wMB/s avgrq-sz avgqu-sz   await r_await w_await svctm  %util
sda        0.00     0.00  0.00    0.00   0.00    0.00     0.00     0.00    0.00    0.00    0.00  0.00   0.00

Device:  rrqm/s   wrqm/s   r/s     w/s  rMB/s   wMB/s avgrq-sz avgqu-sz   await r_await w_await svctm  %util
sda        0.00 21662.00  0.00  166.00   0.00   76.05   938.22    38.66  189.40    0.00  189.40  3.54  58.80

Device:  rrqm/s   wrqm/s   r/s     w/s  rMB/s   wMB/s avgrq-sz avgqu-sz   await r_await w_await svctm  %util
sda        0.00 33201.00  0.00  264.00   0.00  120.22   932.61    48.36  188.69    0.00  188.69  3.39  89.60

Device:  rrqm/s   wrqm/s   r/s     w/s  rMB/s   wMB/s avgrq-sz avgqu-sz   await r_await w_await svctm  %util
sda        0.00 34178.00  0.00  248.00   0.00  116.61   963.00    63.75  266.52    0.00  266.52  3.57  88.60

Device:  rrqm/s   wrqm/s   r/s     w/s  rMB/s   wMB/s avgrq-sz avgqu-sz   await r_await w_await svctm  %util
sda        0.00 28812.00  0.00  286.00   0.00  135.87   972.92    62.73  195.30    0.00  195.30  3.44  98.30

Device:  rrqm/s   wrqm/s   r/s     w/s  rMB/s   wMB/s avgrq-sz avgqu-sz   await r_await w_await svctm  %util
sda        0.00 42620.00  0.00  286.00   0.00  131.32   940.34    56.13  191.53    0.00  191.53  3.40  97.10

Device:  rrqm/s   wrqm/s   r/s     w/s  rMB/s   wMB/s avgrq-sz avgqu-sz   await r_await w_await svctm  %util
sda        0.00 21334.00  0.00  285.00   0.00  136.12   978.13    57.58  242.93    0.00  242.93  3.44  98.10
```

더 자주 flush 커널 스레드가 깨어나지만 한번에 동기화시켜야 할 양이 첫 번째에 비해 적다. 물론 98%도 높은 수치이긴 하지만 첫 번째 테스트에 비해 io util(%)의 최댓값이 작아졌다. 동기화해야 할 dirty page의 크기가 더 적기 때문이다.

　dirty page 동기화와 관련해서 가장 중요한 부분은 flush 커널 스레드를 얼마나 자주 깨울 것인지, 깨울 때 어느 정도의 양을 동기화할지를 설정하는 것이다. 위에서 살펴본 것처럼 자주 깨어나면 io util(%)이 비교적 적지만 flush 커널 스레드가 자주 깨어나는 단점이 있고, 늦게 깨우면 flush 커널 스레드는 자주 깨어나지 않지만 io util(%)가 높아지는 단점이 있다. flush 커널 스레드가 너무 자주 깨어나면 스케줄링에 대한 오버헤드가 발생할 수 있으며, 멀티 스레드 환경의 애플리케이션의 경우 불필요하게 자주 깨어나는 flush 커널 스레드에 cpu 리소스를 빼앗길 수 있기 때문에 성능 저하가 발생할 수 있다. 이렇게 dirty page 동기화를 어떻게 설정하느냐는 각각의 경우에 따라 장단점이 있으며 어떤 것이 더 낫다는 절대적인 기준은 없다. 따라서 현재 시스템에서 발생하는 워크로드와 디스크의 성능에 따라 결정해야 한다. 예를 들어 똑같이 초당 1MB의 dirty page를 생성하는 애플리케이션이 서로 다른 두 개의 시스템에서 동작하고 있다고 가정해 보자. A 시스템의 디스크는 초당 10MB의 쓰기 작업을 견딜 수 있고, B 시스템의 디스크는 초당 100MB의 쓰기 작업을 견딜 수 있다고 했을 때 두 시스템은 같은 애플리케이션을 동작시키지만 dirty page 동기화에 대해서는 서로 다른 전략을 사용해야 한다. A 시스템에서 한 번에 dirty page를 100MB를 동기화하면 background 동기화 속도가 애플리케이션이 생성하는 dirty page 속도를 따라잡지 못할 것이고, 이렇게 되면 결국 dirty_ratio까지 dirty page가 쌓이게 되어 애플리케이션의 성능에 영향을 줄 수 있다. 그렇기 때문에 A 시스템에서는 10MB 단위로 dirty page를 동기화할 수 있도록 설정하는 것이 전체적인 성능에 도움이 된다. 반대로 B 시스템은 디스크의 성능이 좋기 때문에 굳이 10MB 수준에서 flush 커널 스레드를 깨울 필요가 없다. 이 경우 오히려 자주 깨어나는 flush 커널 스레드가 성능을 저하시킬 수 있다. B 시스템은 100MB의 dirty page가 생성될 때까지 충분히 CPU를 사용하고 100MB가 되었을 때 동기화하면 된다. 이렇게 같은 애플리케이션을 사용하더라도 운영하고 있는 시스템에 따라 dirty page 동기화는 다른 전략을 취해야 한다. 다양한 값을 설정해 가면서 모니터링해서 최적의 값을 찾는 방법이 가장 좋다.

10.5 요약

이번 장에서는 dirty page가 무엇이고 왜 발생하는지, 그리고 dirty page 동기화를 컨트롤할 수 있는 커널 파라미터를 살펴봤다. dirty page는 커널에서 write I/O의 성능을 향상시키기 위해 사용하는 메모리이며 백그라운드 동기화, 주기적인 동기화, 명시적인 동기화의 3가지 방법으로 디스크와 동기화할 수 있다. 이번 장에서 배운 내용을 정리해 보면 다음과 같다.

1. vm.dirty_ratio의 최소값은 5이다. 5보다 작은 값으로 해도 강제로 5로 재설정된다.

2. vm.dirty_background_ratio가 vm.dirty_ratio보다 크다면 강제로 vm.dirty_ratio의 절반 값으로 수정된다.

3. vm.dirty_background_bytes, vm.dirty_bytes 값이 설정되어 있다면 각각 vm.dirty_background_ratio, vm.dirty_ratio 값은 무시된다.

4. vm.dirty_writeback_centisecs가 0이면 주기적인 동기화를 실행하지 않는다.

5. vm.dirty_ratio에 설정한 값 이상으로 dirty page가 생성되면 성능 저하가 발생한다.

6. dirty page를 너무 빨리 동기화시키면 flush 커널 스레드가 너무 자주 깨어나게 되며, dirty page를 너무 늦게 동기화시키면 동기화해야 할 dirty page가 너무 많아서 vm.dirty_ratio에 도달할 가능성이 커지게 된다. 따라서 워크로드와 시스템 구성에 맞게 dirty page 동기화 수준을 설정해 주어야 한다.

11장

I/O 작업이 지나가는 관문, I/O 스케줄러

사용자가 발생시키는 읽기, 쓰기와 같은 I/O 작업은 가상 파일 시스템, 로컬 파일 시스템 등의 경로를 거친 후 블록 디바이스로 전달되기 전에 I/O 스케줄러를 거치게 된다. I/O 스케줄러는 상대적으로 접근 속도가 느린 디스크에 대한 성능을 최대화하기 위해 구현된 커널의 일부분이며, 모든 I/O 작업은 이 I/O 스케줄러를 통해서 블록 디바이스에 전달된다. I/O 스케줄러는 기본적으로 병합과 정렬이라는 두 가지 방식을 이용해서 I/O 요청을 블록 디바이스에 전달하게 되는데, 서버에서 발생하는 워크로드와 I/O 스케줄러의 알고리즘에 따라 성능을 더 좋게 만들 수도, 성능을 더 나쁘게 만들 수도 있다. 이번 장에서는 I/O 스케줄러가 무엇이고 어떤 역할을 하는지, 그리고 어떤 알고리즘들이 있는지 살펴보고, 마지막으로 시스템에서 발생하고 있는 I/O 워크로드를 확인하는 방법까지 확인해 보려 한다.

11.1 I/O 스케줄러의 필요성

I/O 스케줄러를 알아보기 전에 디스크에 대해 먼저 살펴보자. 디스크는 크게 두 종류로 나눌 수 있다. 헤드와 플래터 등의 기계식 부품으로 이루어진 하드 디스크 드라이브(이하 HDD)와 플래시 메모리를 기반으로

이루어진 솔리드 스테이트 드라이브(이하 SSD)이다. HDD는 그림 11-1
과 같이 구성되어 있다.

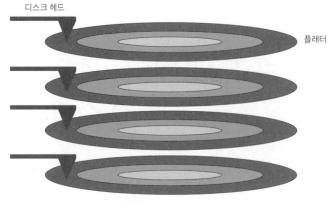

그림 11-1 HDD의 구성

플래터(Platter)라는 원판과 같은 자기 장치가 있으며, 디스크 헤드가 플
래터 위를 움직이면서 데이터를 읽거나 쓰는 작업을 한다. HDD에 저장
되어 있는 데이터를 읽기 위해서는 디스크 헤드를 플래터의 특정 위치
로 움직이게 해야 한다. 헤드는 기계 장치이기 때문에 시스템의 다른 부
품들과 달리 이동하는 데에 시간이 걸리고 시스템을 구성하는 많은 부
품들 중에서 가장 많은 시간이 소요된다. 그래서 헤드의 움직임을 최소
화하고, 한번 움직일 때 최대한 처리해야 I/O 성능이 극대화될 수 있다.
  반면에 SSD는 플래시 메모리를 기반으로 구성되어 있다. 그림 11-2
는 SSD의 내부 구조를 간략하게 표현한 것이다.

그림 11-2 SSD의 구성

SSD는 기계식 디스크와는 달리 헤드와 플래터 없이 기판에 장착되어 있는 플래시 메모리에 데이터를 쓰거나 읽는다. 헤드 대신에 컨트롤러라는 장치를 통해서 디스크로 유입되는 I/O 작업을 조정한다. SSD는 장치를 움직이지 않고 전기적 신호를 이용해서 접근하기 때문에 임의로 특정 섹터에 접근할 때 소요되는 시간이 모두 동일하다. 반면에 HDD는 특정 섹터에 접근하기 위해 헤드와 플래터를 움직여야 하기 때문에 현재 헤드의 위치가 어디냐에 따라 특정 영역에 접근하는 데 필요한 시간이 달라진다.

이렇게 디스크와 관련된 작업은 시간이 오래 소요되기 때문에 커널은 I/O 스케줄러를 통해서 조금이라도 성능을 극대화하려 한다. 그리고 이런 성능 극대화 작업을 위해서 병합과 정렬이라는 두 가지 방법을 사용한다.

먼저 병합을 살펴보자. 병합은 여러 개의 요청을 하나로 합치는 것을 의미한다.

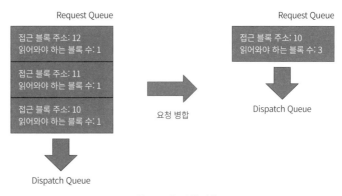

그림 11-3 I/O 요청 병합

그림 11-3과 같은 경우를 가정해 보자. Request Queue에 총 3개의 요청이 인입되었는데, 첫 번째 요청은 10번 블록에서 1개의 블록 내용을 읽어오는 요청이고, 두 번째 요청은 11번 블록에서 1개의 블록 내용을 읽어오는 요청, 그리고 마지막 세 번째 요청은 12번 블록에서 1개의 블록 내용을 읽어오는 요청이다. 서로 다른 세 개의 요청이지만 접근 블록

주소가 인접해 있기 때문에 블록 디바이스의 Dispatch Queue에 3개의 요청을 넘겨 주는 대신, 이 요청들을 하나의 큰 요청으로 합쳐서 넘겨주면 헤드의 움직임을 최소화할 수 있다. 10번 블록에 접근해서 3개의 블록만큼을 읽어오게 되면, 한 번의 요청으로 기존에 있던 3개의 I/O 요청을 처리할 수 있다. 이렇게 I/O 스케줄러는 병합을 통해서 디스크로의 명령 전달을 최소화하고 성능을 향상시킬 수 있다.

다음으로 정렬을 살펴보자. 정렬이란 여러 개의 요청을 섹터 순서대로 재배치하는 것을 의미한다.

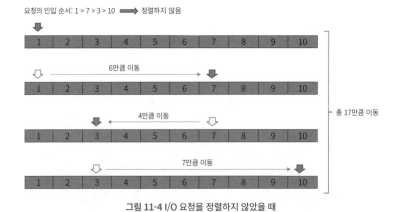

그림 11-4 I/O 요청을 정렬하지 않았을 때

그림 11-4와 같은 상황을 가정해보자. I/O 요청이 총 4개가 들어왔다. 1번 블록, 7번 블록, 3번 블록, 10번 블록의 순서대로 들어온 상태에서 이 요청들을 정렬하지 않고 들어온 순서대로 처리하게 되면, 총 17만큼의 헤더 이동이 필요하다. 특히 7번 블록에서 3번 블록으로 갈 때는 앞으로 갔다가 다시 뒤로 가게 되어 불필요한 이동이 발생하게 된다. 하지만 이 요청을 들어온 순서대로가 아니라 블록 접근 순서대로 정렬한다면 헤더의 움직임이 어떻게 바뀔까?

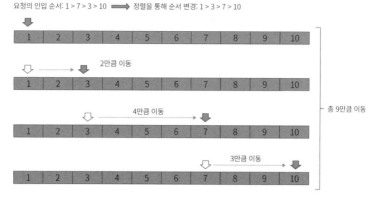

그림 11-5 I/O 요청을 정렬했을 때

정렬하지 않으면 총 17만큼의 이동이 필요하지만, 정렬하면 그림 11-5 와 같이 총 9만큼의 이동이 필요함을 확인할 수 있다. 헤더의 이동을 절 반에 가깝게 줄일 수 있다. 이렇게 섹터 순서대로 최적의 경로를 갈 수 있도록 재배치하는 것을 정렬이라고 한다. 이렇게 되면 먼저 발생한 요 청이 더 늦게 처리되는 문제가 생길 수도 있다. 그래서 I/O 스케줄러는 다양한 알고리즘으로 이런 문제를 해결하고 있다.

SSD의 경우는 어떨까? 헤드가 없기 때문에 헤드를 이동하느라 발생 하는 비용이 없다. 그렇기 때문에 사실 정렬이 별 의미가 없다. 오히려 정렬하는 데 CPU 리소스를 쓸데없이 사용하기 때문에 성능이 나빠질 수 있다. 그래서 SSD는 HDD와는 조금 다른 I/O 스케줄러를 사용한다. 이 내용은 뒤에서 자세히 살펴볼 것이다.

11.2 I/O 스케줄러 설정

I/O 스케줄러에 대한 내용을 본격적으로 다루기 전에 현재 설정된 I/O 스케줄러를 확인하는 방법과 변경하는 방법을 살펴보자.

현재 시스템에 적용 가능한 I/O 스케줄러와 설정되어 있는 I/O 스케 줄러 정보는 코드 11-1과 같이 확인할 수 있다.

코드 11-1 현재 시스템에 설정된 I/O 스케줄러 확인하기

```
[root@server queue]# pwd
/sys/block/sda/queue
[root@server queue]# cat scheduler
[noop] deadline cfq
```

[]로 표시되어 있는 부분이 현재 설정되어 있는 I/O 스케줄러이고, 그 외의 것들이 설정 가능한 I/O 스케줄러이다. 변경은 echo 명령을 이용하면 된다(코드 11-2).

코드 11-2 시스템의 I/O 스케줄러 변경하기

```
[root@server queue]# cat scheduler
noop [deadline] cfq
[root@server queue]# echo cfq > ./scheduler
[root@server queue]# cat scheduler
noop deadline [cfq]
```

변경하면 재미있는 것을 볼 수 있는데, 각각의 I/O 스케줄러별로 튜닝 가능한 파라미터들이 바뀐다는 것이다. 코드 11-3과 같이 I/O 스케줄러를 변경하면 그 하위 디렉터리인 iosched 디렉터리에서도 값이 바뀐다.

코드 11-3 I/O 스케줄러 변경에 따른 파라미터 변경 확인하기

```
[root@server queue]# cat scheduler
noop anticipatory deadline [cfq]
[root@server queue]# ls ./iosched/
back_seek_max      fifo_expire_async group_idle       low_latency slice_async   slice_idle
back_seek_penalty  fifo_expire_sync  group_isolation  quantum     slice_async_rq slice_sync
[root@server queue]# echo deadline > ./scheduler
[root@server queue]# ls ./iosched/
fifo_batch front_merges read_expire write_expire writes_starved
```

맨 처음 cfq였을 때는 약 12개의 파일이 있다. 각각 cfq 스케줄러의 동작 방식에 영향을 주는, 튜닝 가능한 파라미터들이다. deadline으로 바꾸게 되면 iosched 디렉터리의 파일들이 5개로 변경된다. 이렇게 I/O 스케줄러를 바꾸는 것뿐 아니라 iosched 디렉터리에 있는 파일들의 값을 변경함으로써, 같은 I/O 스케줄러를 사용하더라도 조금 더 워크로드에 최적화할 수 있다.

그럼 다음 절부터 본격적으로 I/O 스케줄러를 살펴보자.

11.3 cfq I/O 스케줄러

cfq는 Completely Fair Queueing의 약자로, 우리말로 하면 '완전 공정 큐잉' I/O 스케줄러를 말한다. 공정하다는 단어에서 유추할 수 있듯이 프로세스들이 발생시키는 I/O 요청들이 모든 프로세스에서 공정하게 실행되는 것이 특징이다.

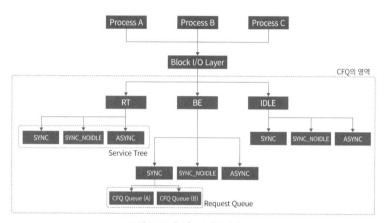

그림 11-6 cfq I/O 스케줄러의 구조

그림 11-6은 cfq의 구성을 간단하게 정리한 것이다. 우선 각각의 프로세스에서 발생시킨 I/O는 Block I/O Layer를 거친 후 실제 디바이스로 내려가기 전에 cfq I/O 스케줄러를 거치게 된다. cfq I/O는 특성에 따라 각각 RT(Real Time), BE(Best Effort), IDLE 중 하나로 I/O요청을 정의한다. 이 값은 ionice 명령을 이용해서 변경할 수 있으며, 대부분의 I/O 요청은 기본적으로 BE에 속한다. 위 형태는 I/O 처리의 우선 순위를 설정하기 위해 나눈 것으로, RT에 속한 요청들을 가장 먼저 처리하고 IDLE에 속한 요청들을 가장 나중에 처리한다. I/O 우선순위에 따라 RT, BE, IDLE 셋 중 하나로 분류한 다음에는 service tree라 불리는 워크로드별 그룹으로 다시 나눈다. SYNC는 순차적인 동기화 I/O 작업, 주로 순차 읽기를 의미한다. 여기에 속한 큐들은 각각의 큐에 대한 처리를 완료한 후 일정 시간 동안 대기하게 된다. 순차적인 작업이기 때문에 향후에 들어오는 I/O 요청도 현재 디스크 헤드와 가까운 위치의 작업이 들어올

확률이 높다. 그래서 약간의 대기 시간이 있더라도 가까운 곳의 I/O 요청을 처리하게 되면 더 좋은 성능을 내는 데 도움이 되기 때문에 대기하게 된다. 뒤에서 이야기할 slice_idle 값으로 이 대기 시간을 설정할 수 있다. SYNC_NOIDLE은 임의적인 동기화 I/O 작업, 주로 임의 읽기를 의미한다. 여기에 속한 큐들은 SYNC 워크로드와는 달리 각각의 큐에 대한 처리를 완료한 후 대기 시간 없이 바로 다음 큐에 대한 I/O 작업을 시작한다. 임의 작업은 디스크 헤드를 많이 움직이게 하기 때문에 굳이 다음 요청을 기다려서 얻게 되는 성능상의 이점이 없기 때문이다. 그래서 기다리지 않는다는 뜻으로 NOIDLE이라는 이름을 붙인다. 마지막으로 ASYNC는 비동기화 I/O 작업, 주로 쓰기 작업을 의미한다. 이곳에는 각각의 프로세스에서 발생하는 쓰기 작업이 같이 모여서 처리된다. cfq는 프로세스별로 큐를 가지고 있지만 이 큐는 동기화 I/O 작업만을 처리하는 것이고, 비동기화 I/O 작업은 ASYNC 서비스 트리 밑에 하나로 모아놓고 한꺼번에 작업한다.

이렇게 I/O 우선순위와 워크로드에 따라 분류된 I/O 요청을 어떤 프로세스에서 발생시켰느냐에 따라 어떤 큐에 들어갈 것인지 최종적으로 정해진다. A 프로세스에서 발생시킨 요청은 cfq queue (A)에 속하게 되며, B 프로세스에서 발생시킨 요청은 cfq queue (B)에 속하게 된다. 만약 A 프로세스에서 쓰기 요청을 발생시켰다면 cfq queue (A)에 속하지 않고 ASYNC 서비스 트리 밑에 만들어진 큐에 들어가게 된다. cfq I/O 스케줄러는 이렇게 나뉜 I/O 요청들을 cfq queue에 넣고 각각 동등한 time slice를 할당한 다음 이 값을 기준으로 큐들을 순차적으로 처리한다. 그래서 cfq I/O 스케줄러는 모든 프로세스들에 치우침 없이 동등한 I/O 요청 처리 기회를 주지만, 일부 I/O를 많이 일으키거나 더 빨리 처리되어야 하는 I/O를 가진 프로세스들의 경우에 자신의 차례가 될 때까지 기다려야 하기 때문에 I/O 요청에 대한 성능이 낮아질 가능성이 있다.

cfq I/O 스케줄러에서 튜닝이 가능한 값은 총 12가지가 있다.

코드 11-4 cfq I/O 스케줄러의 파라미터들

```
[root@server iosched]# ls
back_seek_max      fifo_expire_async  group_idle        low_latency  slice_async    slice_idle
back_seek_penalty  fifo_expire_sync   group_isolation   quantum                    slice_async_rq  slice_sync
```

각각의 값들이 가지는 의미를 살펴보면 cfq I/O 스케줄러가 어떻게 동 작하는지를 이해할 수 있다.

첫 번째 값은 back_seek_max이다. 이 값은 현재 디스크의 헤드가 위치 한 곳을 기준으로 backward seeking의 최댓값을 의미한다. backward seeking 값의 기준 안에 들어오는 요청은 바로 다음 요청으로 간주되어 처리된다. 예를 들어 현재 헤드의 위치를 10이라고 하고 back_seek_max 값을 5라고 가정한다면 헤드의 위치 10에서 5를 뺀 섹터 5번~9번까지 의 요청들이 바로 다음 요청으로 간주되어 처리된다. 이 값은 인접한 섹 터의 요청이 들어왔을 때 바로 처리할 수 있게 되어 헤더의 움직임을 최 소화하는 데 도움이 되지만, 그만큼 다른 요청들이 밀릴 수 있기 때문에 적당한 값을 유지하는 것이 좋다. 만약 시스템에 순차 쓰기가 주를 이룬 다면 이 값을 줄이는 게 도움이 된다.

두 번째 값은 back_seek_penalty이다. back_seek_max와 비슷하지만 이 값은 backward seeking의 페널티를 정의한다. 이미 언급했지만 헤 더를 움직이는 비용은 매우 크기 때문에 가능하다면 순서대로 움직이 는 것이 좋다. 즉 1→2→3과 같은 식으로 계속해서 증가하는 추세로 동 작하는 것이 1→3→2→4와 같이 뒤로 가는 것보다 성능에 더 도움이 된 다. 그렇기 때문에 뒤로 갈 때는 back_seek_penalty 값으로 페널티를 적 용한다. 예를 들어 현재 헤더의 위치가 10이고 5번 섹터로 가는 요청과 15번 섹터로 가는 요청이 있다고 가정해 보자. 둘 다 현재 헤더를 기준 으로 5만큼 이동하겠지만 cfq는 여기에 back_seek_penalty 값을 곱해서 서로의 거리를 다르게 본다. 즉, 똑같이 5만큼 이동하지만 5번 섹터로 가는 것이 더 무겁고 성능에 좋지 않은 영향을 주는 작업이라고 인지하 는 것이다.

세 번째 값은 fifo_expire_async이다. cfq에도 시간을 기준으로 한 fifo 리스트가 존재하고 그중에서 async 요청에 대한 만료 시간을 정의한다. async는 비동기적이라는 의미로, 주로 쓰기 요청을 나타낸다. 10장에서도 이야기했지만 애플리케이션의 쓰기 작업은 커널에 의해서 dirty page 쓰기 작업만으로 끝날 수 있다. 실제 디스크로의 쓰기 요청까지 발생하지 않고 메모리에 쓰기 작업을 하는 것만으로도 쓰기 작업이 완료되었다고 끝낼 수 있으며, 그렇기 때문에 대부분의 쓰기 작업은 애플리케이션을 블록시키지 않고 비동기적으로 완료된다. 이 값은 비동기적인 I/O 작업에 대한 만료 시간을 정의한다.

네 번째 값은 fifo_expire_sync 값이다. fifo_expire_async 값과 유사하지만 sync 요청에 대한 만료 시간을 의미한다. sync는 동기적이라는 의미로, 주로 읽기 요청을 나타낸다. 만약 애플리케이션이 특정 파일의 내용을 읽는 작업을 한다면, 대부분의 경우는 읽기가 완료되어야만 다음 작업을 진행할 수 있다. 예를 들어 애플리케이션이 환경 변수가 설정되어 있는 설정 파일을 읽는다고 가정했을 때, 일부분만 읽어서는 애플리케이션이 동작할 수 없고 전체를 읽어 들여야 동작할 수 있다. 그래서 읽기 동작이 완료될 때까지 애플리케이션을 블록시킨다. 이 값은 동기적인 I/O 작업에 대한 만료 시간을 정의한다.

다섯 번째 값은 group_idle이다. cfq는 원래 프로세스별로 할당된 큐를 이동할 때 해당 큐에 할당된 시간을 전부 사용하지 않았지만 I/O 요청이 전부 처리되어 이동해야 한다면 해당 큐는 idle 상태가 된다. 당장은 I/O 요청이 없지만 혹시라도 추가로 발생하게 될지 모르기 때문이다. 이 과정 중에서도 group_idle이 설정되어 있다면 같은 cgroup 안에 포함된 프로세스들에 대해서는 큐를 이동할 때 기다리지 않고 바로 다음 큐로 넘어가도록 동작한다. 하지만 같은 cgroup 안의 I/O 요청을 처리하고 다른 cgroup으로 넘어가려고 할 때에는 group_idle에 정의된 시간(ms 단위)만큼을 대기한다.

여섯 번째는 group_isolation이다. 이 값 역시 cgroup과 관련이 있다. 단어가 의미하는 것처럼 서로 다른 cgroup 간의 차이를 더 명확하게 해주는 역할을 한다. 기본값은 0이며, 이 값이 0이 되면 위에서 언급한 서비스 트리 중 SYNC_NOIDLE에 속하는 큐들을 cgroup의 루트 그룹으로 이동시킨다. SYNC_NOIDLE은 임의 접근이기 때문에 디스크 헤드를 많이 움직이게 되고, 순차 접근에 비해 I/O 요청 완료까지 걸리는 시간이 상대적으로 오래 걸린다. 만약 각각의 cgroup별로 SYNC_NOIDLE을 처리한다면, SYNC_NOIDLE이 많은 경우 cgroup별로 처리해야 하기 때문에 전체적인 성능이 낮아진다. cgroup별로 임의 접근을 위한 SYNC_NOIDLE 서비스 트리를 만들지 않고 시스템의 모든 임의 접근을 하나의 SYNC_NOIDLE 서비스 트리에 모아놓고 한번에 처리하면 I/O 성능이 더 좋아진다. 그리고 이때 임의 접근을 루트 cgroup에 있는 SYNC_NOIDLE에 모은다. 하지만 이렇게 되면 cgroup별로 설정한 값이 임의 접근에는 적용되지 않는다. 이때 group_isolation을 1로 설정하면 임의 접근도 cgroup 값의 영향을 받게 되고 각각의 cgroup 분류가 더 명확해진다. 따라서 이 값은 cgroup을 활용하는 환경에서는 성능에 큰 영향을 미치는 중요한 값이다.

일곱 번째는 low_latency이다. I/O 요청을 처리하다가 발생할 수 있는 대기 시간을 줄이는 역할을 한다. 이 값은 boolean으로 0이나 1, 즉 disable/enable을 의미한다. cfq는 현재 프로세스별로 별도의 큐를 할당하고, 이 큐들은 그 성격에 따라 RT(RealTime), BE(BestEffort), IDLE 이렇게 세 개의 큐로 다시 그룹화된다. 만약 I/O를 일으키는 5개의 프로세스가 있다고 가정했을 때, 아무 설정을 하지 않으면 이 5개의 프로세스는 각각 sorted, fifo 2개씩 큐를 할당 받고, 이 큐들은 BE 그룹으로 묶인다. 이때 low_latency가 설정되어 있다면 각 큐에 time slice를 할당하기 전에 각 그룹별로 요청이 몇 개씩 있는지 확인한다. 각 그룹별로 있는 큐의 요청들을 전부 합친 후에 time_slice를 곱하게 되는데, 이때 expect_latency 값이 생성된다. 즉, 해당 그룹의 큐를 모두 처리하는 데 걸릴 시간을 계산하고, 이 계산 결과가 target_latency 값보다 크다면 이 값을 넘지 않도록 조절한다.

✅ 과거에는 target_latency도 설정이 가능한 매개변수였는데 최근에는 300ms로 소스 코드상에 하드 코딩된다.

만약 low_latency가 켜져 있지 않으면 그룹의 큐를 확인하지 않게 되고, 큐에 I/O 요청이 많을수록 한 번의 time slice로는 처리가 어렵다. 이렇게 소요 시간이 많이 걸리는 요청들은 자신의 time slice를 다 쓰고 다시 차례가 돌아오기를 기다려야 하기 때문에 처리하는 데 많은 시간이 소요된다. low_latency 설정 값을 통해서 전체적인 I/O 요청을 바탕으로 time slice를 조절한다. 아마 성능에 가장 큰 영향을 끼치는 요소가 될 것이다.

여덟 번째 값은 slice_idle이다. cfq는 큐 처리를 완료하고 바로 다음 큐로 넘어가지 않고 slice_idle에 설정된 시간만큼 기다린다. 보통 I/O 요청은 random access보다는 sequential access가 주를 이룬다. 이곳저곳을 막 읽거나 쓰지 않고, 읽던 파일을 계속 읽거나 쓰던 파일에 계속해서 쓰기 때문이다. 그래서 cfq는 현재 요청 중인 큐를 모두 처리한 다음 혹시라도 또 I/O 요청이 들어오지 않을까 대기하고, I/O 요청이 들어온다면 해당 요청을 처리한다. 이렇게 하면 디스크 헤드의 움직임을 최소화할 수 있기 때문에 디스크의 접근 시간을 줄일 수 있다. 하지만 기다리는 동안 아무 요청도 들어오지 않는다면 기다리는 시간은 버려지는 시간이 된다. 과거에는 기본값이 6이었는데 최근 커널에는 기본 값이 0으로 설정된다. 단위는 ms이다.

아홉 번째 값은 slice_sync이다. 앞에서도 이야기한 것처럼 cfq는 큐별로 time slice를 할당해서 I/O를 처리하는 와중에 해당 설정 시간을 넘기면 다음번 큐를 처리하도록 동작한다. slice_sync는 이때 사용되는 time slice의 기준 값 중 하나로, sync 요청에 대한 time slice 기준이 된다. sync 요청은 실행하는 동안 애플리케이션이 블록되는, 즉 애플리케이션이 그 결과를 기다리게 되는 읽기와 같은 작업을 의미한다. 큐에 sync 작업이 하나라도 있으면 해당 큐의 time slice는 이 값을 따라간다.

열 번째 값은 slice_async이다. slice_sync와 기능은 같지만 큐에

async 요청이 있을 때 설정되는 time slice의 기준 값이다. 대부분 쓰기 작업을 의미한다.

열한 번째 값은 `slice_async_rq`이다. cfq가 큐에서 한번에 꺼내서 dispatch queue에 넘기는 async 요청의 최대 개수이다.

마지막 열두 번째 값은 `quantum`이다. 이 값은 `slice_async_rq`와 반대로 sync 요청을 꺼내서 dispatch에 넘기는 최대 개수이다. 이 값이 커진다면 큐에서 한 번에 꺼낼 수 있는 요청의 개수가 증가하겠지만 그만큼 하나의 큐가 실행될 때 걸리는 시간이 늘어나기 때문에 경우에 따라서는 성능이 저하될 수 있다.

11.4 deadline I/O 스케줄러

deadline은 그 이름에서 유추할 수 있듯이 I/O 요청별로 완료되어야 하는 deadline을 가지고 있는 I/O 스케줄러이다. 예를 들어 읽기 요청은 500ms 안에 완료되어야 하고 쓰기 요청은 5s 안에 완료되어야 하는 등의 요청별 deadline이 주어지며, 가능한 한 해당 deadline을 넘기지 않도록 동작한다. 물론 이 deadline이 반드시 그 시간 안에 완수될 수 있다는 것을 보장하는 값은 아니다.

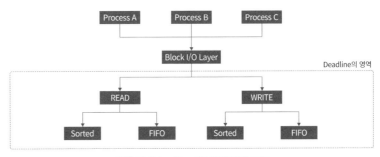

그림 11-7 deadline I/O 스케줄러의 구조

그림 11-7과 같이 I/O 스케줄러에는 2개의 sorted list와 2개의 fifo list가 있다. 2개의 sorted list는 각각 읽기 요청과 쓰기 요청을 저장하고 있으며 섹터 기준으로 정렬된다. 2개의 fifo list 역시 읽기 요청, 쓰기 요청

을 저장하고 있으며 섹터 기준이 아닌 요청이 발생한 시간을 기준으로
정렬된다.

평상시에는 sorted list에서 정렬된 상태의 요청을 꺼내서 처리하게 되
지만, fifo list에 있는 요청들 중 deadline을 넘긴 요청이 있다면 fifo list
에 있는 요청을 꺼내서 처리한다. 그리고 fifo list에서 요청이 처리되고
나면 처리된 요청을 기준으로 sorted list를 재정렬해서 그 이후의 I/O
요청을 처리한다.

예를 들어 각각 1번 블록, 10번 블록, 30번 블록, 50번 블록, 70번 블
록에 접근하는 I/O 요청이 정렬된 상태로 있다고 가정해보자. 이대로라
면 1→10→30→50→70의 순서대로 처리될 것이다. 하지만 10번 블록
을 처리한 후에 50번 블록에 대한 I/O 요청이 deadline을 넘겼다는 것
을 알게 된다면 다음 번 처리는 30번 블록이 아닌 50번 블록이 된다. 그
러고 나서 70번 블록의 I/O 요청이 처리된다. 즉, 50→70→30의 순서로
재정렬되는 것이다.

deadline I/O 스케줄러에서 튜닝이 가능한 값은 총 5가지가 있다.

코드 11-5 deadline I/O 스케줄러의 매개변수들

```
[root@server iosched]# ls
fifo_batch  front_merges  read_expire  write_expire  writes_starved
```

첫 번째 값은 **fifo_batch**이다. 이 값은 한번에 dispatch queue를 통해서
실행할 I/O 요청의 개수다. deadline은 batch라는 이름으로 다수의 I/O
요청을 처리하는데, 이때 몇 개의 I/O 요청을 전달할 것인지 결정하는
값이다. 기본값은 16개로, 16개의 I/O 요청이 하나의 batch로 간주되어
처리된다.

두 번째 값은 **front_merges**이다. I/O 작업은 계속해서 섹터가 증가하
는 구조이다. 로그 파일 쓰기를 생각해 보자. 새로운 로그는 기존 로그
의 뒤에 추가되는데 이를 디바이스의 관점에서 본다면 계속해서 섹터가
증가하는 추세가 될 것이다. 중간에 특별히 다른 로직을 넣지 않는다면
이렇게 섹터가 증가하는 I/O 요청이 가장 자연스러운 요청의 형태이다.

하지만 파일의 앞에, 즉 현재 헤더 위치의 뒤가 아닌 앞쪽으로 I/O 요청이 발생하는 경우도 있는데, 이를 탐색하는 것이 front_merges 값이다. 이 값은 0 혹은 1의 boolean 형태이며 기본값은 1이다. 만약 현재 시스템에서 발생하는 워크로드가 순차 쓰기, 혹은 순차 읽기가 주를 이루고 있다면 이 값을 0으로 해서 성능을 조금 더 향상시킬 수 있다.

세 번째 값은 read_expire이다. 발생한 I/O 요청 중 read 요청에 대한 deadline을 결정할 때 사용되는 값으로 기본값은 500이며 단위는 ms이다. 즉, 읽기 요청은 500ms 동안 처리되지 않으면 만료된다.

네 번째 값은 write_expire이다. read_expire와 동일한 역할을 하며 write 요청에 대한 deadline을 결정할 때 사용된다. 단위는 역시 ms이며 기본 값은 5000이다. 값을 보면 짐작할 수 있겠지만 deadline I/O 스케줄러는 읽기 요청 deadline이 더 짧아서 읽기 요청에 대한 처리를 좀 더 선호하도록 설계되어 있다.

마지막 다섯 번째 값은 writes_starved이다. 위에서도 언급했지만 deadline I/O 스케줄러는 읽기 요청에 대한 처리를 더 선호하기 때문에 자칫 잘못하면 쓰기 요청의 처리가 계속해서 지연될 수 있다. 그래서 이 값은 읽기 요청과 쓰기 요청 사이의 밸런스를 설정한다. 단위는 횟수이며 기본값은 2이다. 즉, 읽기 요청을 2번 처리하면 쓰기 요청을 1번 처리하는 식으로 동작한다. 이때의 요청은 하나의 요청을 의미하는 것이 아니라 한 번의 batch를 의미한다. 2번의 읽기 요청에 대한 batch 이후에 1번의 쓰기 요청에 대한 batch를 처리한다.

지금까지의 값을 토대로 살펴보면 deadline I/O 스케줄러는 쓰기 요청보다 읽기 요청을 더 많이 처리하도록 설계되었으며, batch와 같은 형태로 한번에 다수의 I/O 요청을 처리하고 있음을 알 수 있다. 하지만 파라미터를 변경해서 조금 더 워크로드에 맞도록 수정할 수도 있다. 예를 들어 write_expire에 read_expire와 동일한 값을 주고 writes_starved를 1로 주면 읽기와 쓰기 요청을 동등하게 처리한다.

11.5 noop I/O 스케줄러

noop 스케줄러는 간단한 형태의 I/O 스케줄러이다. 흔히 아무것도 하지 않는다고 생각할 수 있지만 noop 스케줄러도 병합 작업을 한다. 위에서 언급한 I/O 스케줄러의 가장 중요한 병합과 정렬 두 가지 역할 중 정렬은 하지 않고 병합 작업만 하는 I/O 스케줄러이다.

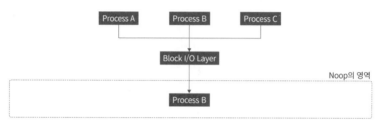

그림 11-8 noop I/O 스케줄러의 구조

그림 11-8과 같이 큐도 하나만 존재하며 인입된 I/O 요청에 대해 병합할 수 있는지의 여부만 확인한 후 병합이 가능하면 병합 작업을 진행한다. 별도의 섹터별 정렬 작업은 하지 않는다. 그렇다면 noop I/O 스케줄러는 왜 존재하는 걸까?

헤더를 움직여야 하는 기계식 디스크가 아닌 플래시 메모리를 기반으로 한 플래시 디스크는 헤더가 없기 때문에 특정 섹터에 도달하는 데 필요한 시간이 모두 동일하다. 즉 10번 섹터에 접근하든, 100번 섹터에 접근하든 접근 시간이 동일하다는 의미이다. 반면에 헤더를 움직여야 하는 기계식 디스크는 현재 헤더의 위치가 어디냐에 따라서 섹터별로 접근하는 소요 시간이 달라진다. 이렇게 플래시 디스크는 어느 섹터에 언제 접근하든 소요되는 시간이 같기 때문에 굳이 정렬을 해서 헤더의 움직임을 최소화할 필요가 없다. 오히려 정렬하는 데 시간을 빼앗겨서 성능이 더 안 좋아질 수 있다. 그렇기 때문에 플래시 디스크의 경우는 noop I/O 스케줄러 사용을 권고하고 있다. 이 I/O 스케줄러의 경우는 튜닝 가능한 값도 존재하지 않는다.

11.6 cfq와 deadline의 성능 테스트

지금까지 리눅스에서 제공하는 3가지의 I/O 스케줄러를 살펴보았다. 이 중에서도 cfq와 deadline의 차이에 대해서 조금 더 살펴보자. 사실 어떤 경우에도 완벽한 I/O 스케줄러는 없다. 앞에서 이야기한 것처럼 각각의 I/O 스케줄러는 나름의 특성이 있기 때문에 어떤 워크로드가 발생하느냐에 따라서 어떤 I/O 스케줄러를 사용할 것인지 결정해야 한다. 예를 들어 I/O를 일으키는 프로세스가 하나만 있다면 cfq와 deadline 사이에는 큰 차이가 없을 것이다. 하지만 I/O를 일으키는 프로세스가 여러 개인 상황에서는 cfq와 deadline은 차이가 있다. cfq는 다수의 프로세스들의 요청을 공평하게 분배해서 처리하는 한편, deadline은 요청이 어떤 프로세스로부터 발생했느냐가 아니라 언제 발생했느냐를 기준으로 처리하기 때문이다. 또한 임의 접근이 많이 발생하느냐, 순차 접근이 많이 발생하느냐의 워크로드 차이도 성능의 차이를 만들어낼 수 있다. 이번 절에서는 fio라는 툴을 이용해서 두 I/O 스케줄러 간에 어떤 성능 차이가 있는지 살펴보자.

테스트 환경은 코드 11-6과 같다.

코드 11-6 fio 테스트 환경

```
CPU : Intel(R) Xeon(R) CPU E3-1240 V2 @ 3.40GHz
Memory : 32GB
DISK : SATA 3TB
```

fio는 다양한 옵션을 이용해서 실제 서버와 유사한 워크로드를 만들어낼 수 있다. 이번 절에서는 크게 웹 서버와 파일 서버의 워크로드를 시뮬레이션해볼 것이다.

먼저 웹 서버의 워크로드를 시뮬레이션해보자. 웹 서버에서 발생하는 가장 많은 I/O 요청은 사용자의 요청에 대한 로그 기록이다. 로그 기록을 로그 파일의 끝에 계속해서 붙여 나가는 방식이기 때문에 순차 접근이 많으며, 프로세스가 로그 파일 디스크립터를 여러 개 열어서 사용하지 않기 때문에 발생하는 I/O 요청 자체도 그리 많지는 않을 것이다. 다

음은 웹 서버의 워크로드를 시뮬레이션하기 위해 사용한 파라미터 값
이다.

```
fio --ioengine=libaio --name=test --runtime=60 --time_based
--clocksource=clock_gettime --numjobs=X --rw=readwrite --bs=4k
--size=16g --filename=fio_test.tmp --ioscheduler=cfq --iodepth=1
--direct=1
```

 위 파라미터 중 numjobs는 1에서부터 CPU 코어 개수인 8까지 늘려 가면서 테
스트를 진행했다.

그림 11-9는 순차 읽기/쓰기에 대한 테스트 결과를 그래프로 그린 것
이다.

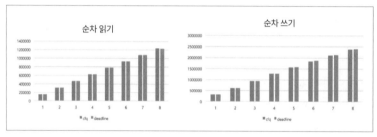

그림 11-9 순차 읽기/쓰기에 대한 테스트 결과

프로세스의 개수가 증가함에 따라 I/O 처리 성능도 함께 증가했으며
cfq와 deadline 사이의 성능 차이가 거의 없다. 순차 접근 자체가 헤드
의 움직임이 최소화되어 있고 프로세스들이 발생시키는 I/O 요청 자체
도 많지 않기 때문이다. 그래서 웹 서버에서는 I/O 스케줄러가 성능에
큰 영향을 주지는 않는다.

다음으로 파일 서버의 워크로드를 시뮬레이션해보자. 파일 서버에서
는 다양한 파일들에 대한 접근이 이루어지기 때문에 순차 접근보다는
임의 접근이 많이 발생한다. 또한 사용자의 요청이 많을 경우 많은 양의
I/O가 발생할 수 있다. 다음은 파일 서버의 워크로드를 시뮬레이션하기
위해 사용한 파라미터 값이다.

```
fio --ioengine=libaio --name=test --runtime=60 --time_based
--clocksource=clock_gettime --numjobs=X --rw=randrw --bs=4k --size=16g
--filename=fio_test.tmp --ioscheduler=deadline --iodepth=64 --direct=1
```

웹 서버의 워크로드를 시뮬레이션했을 때와의 차이를 살펴보자. 테스트 방식이 순차 방식(readwrite)에서 임의 방식(randrw)로 바뀌었으며, I/O를 일으키는 수준인 iodepth가 1에서 64로 증가했다. 과연 어떤 결과가 나왔을까?

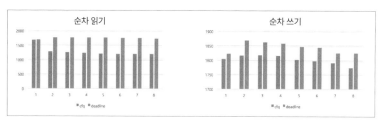

그림 11-10 임의 읽기와 임의 쓰기에 대한 테스트 결과

순차 접근과는 사뭇 다른 결과를 볼 수 있다. 프로세스의 개수가 하나일 때는 둘 다 비슷하지만 프로세스의 개수가 많아질수록 두 I/O 스케줄러의 성능 차이는 벌어지기 시작한다. 왜 이런 결과가 나타날까?

만약 두 개의 프로세스가 다음과 같이 I/O 요청을 만들어 냈다고 가정해보자.

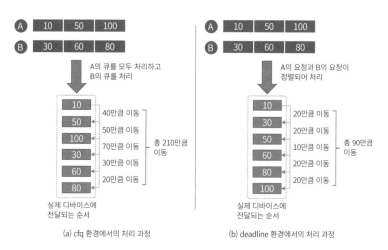

그림 11-11 멀티 프로세스 환경에서 I/O 스케줄러별 처리 과정

cfq I/O 스케줄러는 프로세스 A에 할당된 큐를 모두 처리한 후 프로세스 B에 할당된 큐를 처리해야 한다. 그래서 A의 I/O 요청 순서대로 10, 50, 100번 블록을 처리한 후 B의 I/O 요청 순서인 30, 60, 80번 블록을 처리한다. 그림 11-11을 보면 각각의 큐에서는 정렬된 상태였지만 전체적으로 봤을 때는 정렬되지 않고 헤드가 움직인다. 위 예제에서는 210만큼의 헤드 이동이 발생한다. 하지만 deadline I/O 스케줄러는 A에서 발생한 I/O 요청과 B에서 발생한 I/O 요청을 함께 정렬해서 전달한다. 그래서 전체적으로 블록 순으로 정렬이 가능해지고 cfq에 비해 헤드의 움직임이 더 적어진다. 위 예제에서는 90만큼 헤드가 이동한다.

이렇게만 이야기하면 마치 cfq가 deadline보다 좋지 않은 I/O 스케줄러처럼 보일 수도 있지만 조금 더 생각해 보면 그렇지 않다는 것을 알 수 있다. 자신의 타임 슬라이스가 다 소비되면 다른 큐로 넘어간다는 이야기는 바꿔 말하면 I/O 스케줄러가 하나의 I/O 요청을 전적으로 처리해 주는 시간이 반드시 있다는 것을 의미한다. 그래서 다수의 프로세스가 동등하게 I/O 요청을 일으키는 경우라면 cfq I/O 스케줄러가 조금 더 좋은 성능을 보여줄 수 있다. 여기서의 좋은 성능이란 더 빠른 응답 속도보다는 모든 프로세스가 비슷한 수준으로 I/O 요청을 처리하는 것을 의미한다. 주로 동영상 스트리밍이나 인코딩을 처리하는 서버에 유리한 환경이다. 다수의 프로세스가 다수의 사용자로부터 받은 스트리밍 혹은 인코딩 요청을 처리하게 되는데 그 프로세스들이 균등하게 I/O 요청을 처리할 수 있다면 특정 사용자의 요청이 빨리 처리되거나 하는 불균등 현상을 줄일 수 있다.

반대로 DB 서버와 같이 특정 프로세스가 많은 양의 I/O 요청을 일으키는 경우에는 deadline I/O 스케줄러가 더 효율적이다. 타임 슬라이스에 따라서 특정 프로세스의 I/O 요청이 처리되지 않는 idle 타임이 존재하지 않고 I/O 요청의 발생 시간을 기준으로 처리되기 때문이다.

11.7 I/O 워크로드 살펴보기

그렇다면 현재 시스템에서 발생하는 I/O 워크로드는 어떻게 살펴볼 수 있을까? 먼저 얼마나 많은 프로세스가 I/O를 일으키는지에 대한 워크로드를 살펴보자. 앞에서도 이야기했듯이 다수의 프로세스가 I/O를 일으킨다면 cfq가 deadline보다 상대적으로 유리할 수 있다.

 I/O를 일으키는 프로세스들을 가장 효과적으로 파악할 수 있는 명령어는 iotop이다. iotop 명령을 입력하면 얼마나 많은 프로세스들이 I/O를 일으키는지 확인할 수 있다.

 코드 11-7은 iotop의 실행 결과이다.

코드 11-7 iotop 명령 실행 결과

```
[root@serveriotest]# iotop -P
Total DISK READ :        0.00 B/s | Total DISK WRITE :     1336.72 M/s
Actual DISK READ:        0.00 B/s | Actual DISK WRITE:        0.00 B/s
  TID  PRIO  USER      DISK READ  DISK WRITE  SWAPIN      IO    COMMAND
27843 be/4 root         0.00 B/s 1336.72 M/s  0.00 %  0.00 % sysbench
--test fileio --num-threads 8 --file-total-size 16G --file-test-mode
seqwr,seqrd --file-rw-ratio 2 prepare
```

코드 11-7을 보면 현재 시스템에서는 sysbench 프로세스만 I/O를 발생시키는 것을 확인할 수 있다. 코드 11-8은 웹 서버의 역할을 하고 있는 서버에서의 iotop 결과이다. 다수의 프로세스가 I/O 요청을 일으키는 것을 확인할 수 있다. 웹 서버의 경우는 사용자의 요청을 처리하는 프로세스들이 모두 공평하게 I/O를 사용하도록 보장해주면 전체적인 성능에 도움이 되기 때문에 cfq I/O 스케줄러를 사용하는 것이 좋다.

코드 11-8 서버에서의 iotop 명령 실행 결과

```
[root@serveriotest]# iotop -P
Total DISK READ: 0.00 B/s | Total DISK WRITE: 91.13 K/s
  PID  PRIO  USER      DISK READ  DISK WRITE  SWAPIN      IO>    COMMAND
  381 be/3 root         0.00 B/s  32.81 K/s  0.00 %  0.08 % [jbd2/vda1-8]
 1136 be/4 root         0.00 B/s   3.65 K/s  0.00 %  0.00 % rsyslogd -i /
var/run/syslogd.pid -c 5
24459 be/4 deploy       0.00 B/s  14.58 K/s  0.00 %  0.00 % java -server
-Xmx2G -Xms2G -XX:MaxGCPaus~cation.port=19010 --management.port=19011
29633 be/4 deploy       0.00 B/s   7.29 K/s  0.00 %  0.00 % java -server
```

```
-Xmx2G -Xms2G -XX:MaxGCPaus~cation.port=19020 --management.port=19021
 5088 be/4 nobody      0.00 B/s   7.29 K/s  0.00 %  0.00 % nginx: worker
process
```

다음으로는 임의 요청이 많은지 순차 요청이 많은지를 살펴보자. 사실 이런 요청의 형태에 대해서는 일반적인 명령으로 살펴보기는 어렵다. 그래서 GitHub에 공개되어 있는 여러 오픈소스 툴 중에서 perf-tools를 사용할 것이다.[1] 이 프로젝트에는 많은 툴들이 포함되어 있지만 그중에서도 iosnoop이란 툴을 사용할 것이다.

코드 11-9는 iosnoop의 결과 중 일부이다.

코드 11-9 순차 I/O에 의한 iosnoop 명령 결과(일부)

```
[root@serverperf]# ./iosnoop
Tracing block I/O. Ctrl-C to end.
COMM          PID    TYPE DEV     BLOCK        BYTES     LATms
sysbench      3217   R    8,0     4536786344   131072    1.75
sysbench      3219   R    8,0     4536786600   131072    1.75
sysbench      3220   R    8,0     4536786856   131072    1.75
sysbench      3222   R    8,0     4536787112   131072    2.19
sysbench      3221   R    8,0     4536787368   131072    2.19
sysbench      3223   R    8,0     4536787624   131072    1.76
sysbench      3216   R    8,0     4536787880   131072    1.75
sysbench      3218   R    8,0     4536788136   131072    1.76
sysbench      3220   R    8,0     4536788392   131072    1.76
sysbench      3219   R    8,0     4536788648   131072    1.75
sysbench      3221   R    8,0     4536788904   131072    1.75
sysbench      3222   R    8,0     4536789160   131072    1.74
sysbench      3223   R    8,0     4536789416   131072    1.75
```

코드 11-9는 sysbench로 순차 읽기 테스트를 진행했을 때의 결과이다. BLOCK의 값이 순차적으로 증가하는 것을 볼 수 있다. 디스크로의 접근이 섹터의 크기별로 순차적으로 증가하고 있으며 헤드의 움직임이 최소화되는 워크로드다.

코드 11-10 임의 I/O에 의한 iosnoop 명령 결과

```
[root@serverperf]# ./iosnoop
Tracing block I/O. Ctrl-C to end.
```

1　perf-tools는 *https://github.com/brendangregg/perf-tools*에서 다운 받을 수 있다.

COMM	PID	TYPE	DEV	BLOCK	BYTES	LATms
sysbench	3409	R	8,0	4438462720	16384	13.76
sysbench	3411	R	8,0	4415954624	16384	13.90
sysbench	3410	R	8,0	4431580736	16384	5.40
sysbench	3405	R	8,0	4437916256	16384	11.05
sysbench	3409	R	8,0	4452311392	16384	24.32
sysbench	3406	R	8,0	4412933696	16384	20.75
sysbench	3405	R	8,0	4419597408	16384	8.31
sysbench	3410	R	8,0	4417457024	16384	14.87
sysbench	3408	R	8,0	4448907040	16384	2.78
sysbench	3406	R	8,0	4416992192	16384	16.35
sysbench	3410	R	8,0	4413454016	16384	12.62
sysbench	3409	R	8,0	4410737536	16384	26.90
sysbench	3408	R	8,0	4446582496	16384	16.35
sysbench	3411	R	8,0	4542106248	16384	43.85
sysbench	3404	R	8,0	4448870592	16384	6.86

코드 11-10은 sysbench로 임의 읽기/쓰기에 대한 테스트를 했을 때의
결과이다. 코드 11-9와는 다르게 BLOCK의 숫자가 앞뒤로 꽤 큰 차이를
두고 변화하는 것을 볼 수 있다. 그에 따라서 소요 시간도 기존과는 달
리 크게 벌어진다. 이렇게 임의 읽기/쓰기가 많아지면 헤드의 움직임이
많아지고 이에 따라 요청 처리 시간도 길어진다.

11.8 요약

이번 장에서는 I/O 스케줄러의 종류와 각각의 특징을 살펴보았다. 모든
워크로드를 다 만족시키는 절대적인 I/O 스케줄러는 없다. 각각의 I/O
스케줄러의 특징을 파악하고, 시스템에서 발생하는 I/O 요청의 워크로
드를 파악해서 가장 효과적인 I/O 스케줄러가 무엇인지 판단해야 한다.
그리고 다양한 테스트를 통해서 발생 가능한 워크로드에 적합한 I/O 스
케줄러를 미리 정해 놓는 것도 좋은 방법이다.

이번 장에서 배운 내용을 정리하면 다음과 같다.

1. /sys/block/⟨block device⟩/queue/scheduler에서 현재 사용하는
   스케줄러와 사용 가능한 I/O 스케줄러 정보를 볼 수 있으며, echo 명
   령을 통해서 변경할 수 있다.

2. cfq I/O 스케줄러는 I/O 요청을 일으키는 각각의 프로세스별로 요청 큐를 할당하고 특정 타임 슬라이스 동안 해당 큐의 I/O들을 처리하도록 만들었다. 큐와 큐 사이를 이동할 때는 시간이 소요되며, 임의 접근이 많아서 큐끼리 접근하는 영역이 가깝지 않을 경우 성능 저하가 발생할 수 있다. 하지만 각각의 프로세스별로 시간이 주어지기 때문에 거의 대등하게 I/O 요청을 처리할 수 있다.

3. deadline I/O 스케줄러는 I/O 요청을 발생 시간을 기준으로 관리한다. 기본적으로는 섹터를 기준으로 정렬된 큐에서 요청을 꺼내서 블록 디바이스로 넘기지만, 특정 I/O 요청이 할당된 시간 이상으로 지연될 경우 중간에 해당 I/O 요청을 처리하도록 동작한다. 다수의 프로세스들이 I/O 요청을 만들어 내며, 그 중 몇몇 개의 프로세스가 많은 I/O 요청을 일으켜서 빨리 처리되어야 하는 경우, 또는 대부분 데이터베이스나 파일 서버 용도로 사용하는 서버에 적합한 I/O 스케줄러이다.

4. noop I/O 스케줄러는 I/O 요청을 따로 정렬하지 않지만 병합 작업은 진행한다. 임의 접근에도 헤드의 이동 시간이 포함되지 않는, SSD와 같은 플래시 기반의 디스크에 적합한 I/O 스케줄러다. 임의 접근 시에도 헤드를 이동시키지 않기 때문에 접근하는 섹터별로 정렬할 필요가 없어서 소요되는 시간이 줄어드는, 플래시 메모리 기반의 디스크에 더 적합한 I/O 스케줄러다.

5. iotop 명령을 통해서 현재 시스템에서 I/O를 일으키는 프로세스가 얼마나 되는지 살펴볼 수 있다. cfq는 쓰레드가 아닌 프로세스 별로 큐를 할당하기 때문에 -P 옵션을 붙여서 사용하는 것이 좋다.

6. perf-tools 중에서 iosnoop 툴은 현재 시스템에서 발생하는 I/O 요청들의 섹터 주소로 볼 수 있기 때문에 순차 접근이 많은지 임의 접근이 많은지에 대한 I/O 워크로드 패턴을 살펴보는 데 도움이 된다.

12장

애플리케이션
성능 측정과 튜닝

지금까지 리눅스 커널의 특징과 그에 따라 발생할 수 있는 여러 가지 이슈들을 살펴보았다. 사실 이 모든 것이 애플리케이션이 리눅스 환경에서 최적의 성능을 낼 수 있도록 하기 위함이라고 할 수 있다. 그래서 마지막 장에서는 지금까지 이야기한 것을 바탕으로 간단한 애플리케이션을 만들어보고, 이 애플리케이션의 성능을 측정하는 방법과 그 과정에서 발생할 수 있는 여러 문제점, 그리고 튜닝 포인트를 알아볼 것이다.

12.1 애플리케이션 만들기

가장 빠르고 간편하게 애플리케이션을 만들기 위해 파이썬 플라스크 프레임워크를 사용해서 만들어볼 것이다. 우리가 만들려는 애플리케이션은 사용자의 입력을 키로 해서 Redis에 요청 받은 순간의 Timestamp를 저장하고 출력해 주는 아주 간단한 애플리케이션이다. 하지만 Rest API, In-Memory cache 등을 사용하는 현대의 기본적인 애플리케이션 구조를 따라간다. 애플리케이션의 소스 코드는 코드 12-1과 같다. 완성된 소스 코드는 아니고 간단하게 만들어서 조금씩 개선해볼 것이다.

코드 12-1 테스트용 애플리케이션 코드

```
import redis
import time
from flask import Flask
app = Flask(__name__)

@app.route("/test/<key>")
def testApp(key):
    r = redis.StrictRedis(host='redis.server' , port=6379, db=2)
    r.set(key, time.time())

    return r.get(key)

if __name__ == "__main__":
    app.run(host='0.0.0.0')
```

우선 잘 동작하는지 테스트해보자.

코드 12-2 애플리케이션 동작 테스트

```
[root@client ~]# curl -s http://server:5000/test/1
1474983962.6675031
```

테스트를 위한 툴은 siege라는 툴을 사용한다.[1] 다운 받은 후 다음과 같
이 설치한다.

코드 12-3 siege 툴 컴파일과 설치

```
[root@client siege-3.1.3]# ./configure --prefix=/usr/local/siege
checking for a BSD-compatible install... /usr/bin/install -c
checking whether build environment is sane... yes
... (중략) ...
--------------------------------------------------------
Configuration is complete

Run the following commands to complete the installation:
  make
  make install

To upgrade an old siegerc file (optional):
  mv ~/.siegerc.new ~/.siegerc

For complete documentation:           http://www.joedog.org
--------------------------------------------------------
```

---

[1] *https://www.joedog.org/siege-home*에서 다운 받을 수 있다.

```
[root@client siege-3.1.3]# make;make install
Making all in .
make[1]: Entering directory `/usr/local/src/siege-3.1.3'
make[1]: `all-am'를 위해 할 일이 없습니다
... (중략) ...
make[1]: Leaving directory `/usr/local/src/siege-3.1.3'
 [root@client siege-3.1.3]# cd /usr/local/siege/
[root@client siege]# ls
bin  etc  share
```

이제 테스트를 위한 모든 준비가 끝났다. 다음 절부터 본격적으로 테스트를 진행해보자.

12.2 성능 테스트 시작

현재 서버는 기본 플라스크 애플리케이션 서버를 통해서 서비스하는 아주 심플한 구조이다. 이 상태로는 정식 서비스에 넣을 수는 없긴 하지만, 이번 장의 목표는 완전 바닥에서 시작해서 정식 서비스를 할 수 있는 상태로 튜닝하는 것이기 때문에 이 상태에서 시작해 보자.

첫 번째 테스트 결과는 코드 12-4와 같다.

코드 12-4 첫 번째 테스트 결과

```
[root@client bin]# ./siege -c 100 -b -t30s -q http://server/test/1

Lifting the server siege...      done.

Transactions:                    1003 hits
Availability:                    100.00 %
Elapsed time:                    29.92 secs
Data transferred:                0.02 MB
Response time:                   2.83 secs
Transaction rate:                33.52 trans/sec
Throughput:                      0.00 MB/sec
Concurrency:                     95.01
Successful transactions:         1003
Failed transactions:             0
Longest transaction:             3.00
Shortest transaction:            0.04
```

siege의 파라미터를 보면 -c는 동시에 요청할 사용자의 수를 설정하고 -b는 벤치마킹 모드로 동작하도록 설정하며 -t는 테스트하는 기간을 설

정한다. 30초 동안 동시 요청 100개씩으로 테스트를 진행한다. 이번 장 전체에 걸쳐 이 옵션을 계속 사용할 것이다.

첫 번째 테스트 결과를 보면 초당 트랜잭션이 33 정도로 측정되었다. 이 애플리케이션 서버가 조금 더 성능을 낼 수 있을까? 다음 절부터 본격적으로 애플리케이션의 성능을 튜닝해 보자.

12.3 CPU 성능 최적화하기

제일 먼저 CPU와 관련된 성능을 측정하고 최적화하는 방법을 살펴볼 것이다. 우리가 만든 애플리케이션이 과연 시스템이 제공하는 CPU 리소스를 최대한으로 이용하고 있는지, top 명령을 이용해서 CPU Usage를 확인해보자.

코드 12-5 top 명령을 이용해서 CPU usage 확인하기

```
[root@server ~]# top
top - 23:06:16 up 105 days, 17:01,  2 users,  load average: 0.00, 0.00, 0.00
Tasks: 119 total,   1 running, 118 sleeping,   0 stopped,   0 zombie
Cpu0 :  5.3%us,  1.0%sy,  0.0%ni, 91.3%id,  0.0%wa,  1.0%hi,  1.3%si,  0.0%st
Cpu1 :  0.3%us,  0.0%sy,  0.0%ni, 99.7%id,  0.0%wa,  0.0%hi,  0.0%si,  0.0%st
Mem:   8061404k total,  2905388k used,  5156016k free,   167248k buffers
Swap: 10485756k total,    84304k used, 10401452k free,  2363964k cached

  PID USER      PR  NI  VIRT  RES  SHR S %CPU %MEM    TIME+  COMMAND
 6012 root      20   0  287m  16m 3648 S  8.3  0.2   0:02.13 python
   11 root      20   0     0    0    0 S  0.3  0.0   3:54.67 events/0
 5849 root      20   0 99.7m 4684 3684 S  0.3  0.1   0:00.17 sshd
```

top의 결과를 보면 python 프로세스 하나만 동작하고 있는 것을 볼 수 있다. 지금 사용하고 있는 플라스크의 내장 애플리케이션 서버는 싱글 스레드로 동작하기 때문에 당연한 결과일 것이다. 하지만 더 많은 프로세스로 요청받으면 더 빠른 응답 속도를 낼 수 있지 않을까? 그래서 플라스크의 내장 애플리케이션 서버를 사용하지 않고 gunicorn이라는 별도의 애플리케이션 서버를 사용해보려고 한다.

우선 pip를 통해서 gunicorn를 설치한다.

코드 12-6 gunicorn 설치하기

```
[root@server app]# pip install gunicorn
```

그리고 다음과 같이 실행시킨다.

코드 12-7 gunicorn으로 애플리케이션 실행시키기

```
[root@server app]# gunicorn -w 4 -b 0.0.0.0:5000 app:app
[22804] [INFO] Starting gunicorn 19.6.0
[22804] [INFO] Listening at: http://0.0.0.0:5000 (22804)
[22804] [INFO] Using worker: sync
[22809] [INFO] Booting worker with pid: 22809
[22814] [INFO] Booting worker with pid: 22814
[22819] [INFO] Booting worker with pid: 22819
[22824] [INFO] Booting worker with pid: 22824
```

여기서 핵심이 되는 부분은 -w로 설정한 worker의 개수이다. 5000번
포트에 바인딩되어 우리가 만든 app이라는 애플리케이션을 4개의 프로
세스를 통해서 서비스하도록 설정했다. 물론 CPU Usage 상태를 보면
서 조금 더 늘려도 괜찮다. 우선은 4개로 설정해서 띄운 후에 다시 테스
트해보자.

코드 12-8 두 번째 테스트 결과

```
[root@client bin]# ./siege -c 100 -b -t30s -q http://server:5000/test/1

Lifting the server siege...      done.

Transactions:                 4164 hits
Availability:               100.00 %
Elapsed time:                29.58 secs
Data transferred:             0.07 MB
Response time:                0.70 secs
Transaction rate:           140.77 trans/sec
Throughput:                   0.00 MB/sec
Concurrency:                 98.79
Successful transactions:      4164
Failed transactions:             0
Longest transaction:          0.75
Shortest transaction:         0.03
```

초당 트랜잭션 수를 보면 상당히 많은 성능 향상이 있음을 확인할 수 있
다. 코드 12-4에서 확인했을 때는 33 정도를 기록하던 초당 트랜잭션이

140까지 늘어났다. 이는 gunicorn을 멀티 프로세스 모드로 동작시켰기 때문이기도 하지만, 그만큼 플라스크 기본 애플리케이션 서버의 성능이 좋지 않음을 의미하는 것이기도 하다.

이 정도로 충분히 만족할 만한 수준이지만, 튜닝할 부분이 더 없는지 살펴보자.

12.4. 네트워크 소켓 최적화하기

이번에는 네트워크 소켓 관점에서 최적화할 만한 부분이 없는지 살펴볼 것이다. 애플리케이션이 동작하는 동안의 소켓 상태를 ss 명령으로 확인해보자.

코드 12-9 ss와 netstat 명령을 이용해서 네트워크 소켓 상태 확인하기

```
[root@server ~]# ss -s
Total: 69 (kernel 95)
TCP:   1818 (estab 3, closed 1804, orphaned 0, synrecv 0, timewait 1804/0), ports 1009

Transport Total     IP        IPv6
*         95        -         -
RAW       0         0         0
UDP       6         5         1
TCP       14        12        2
INET      20        17        3
FRAG      0         0         0

[root@server ~]# netstat -napo | grep -ic 6379
904
```

코드 12-9를 보면 상당한 양의 TIME_WAIT 상태의 소켓이 생성되어 있고 대부분의 소켓이 6379 포트, 즉 Redis 서버를 향해 있는 것을 볼 수 있다. 코드 12-1을 보면 사용자가 API를 호출한 순간 Redis 서버로의 연결을 만들고 요청이 완료된 순간 Redis 서버로의 연결이 자동으로 끊어진다. 7장에서 이야기한 것처럼 애플리케이션이 먼저 Redis 서버와의 연결을 끊기 때문에 다수의 TIME_WAIT 소켓이 발생한다. 그럼 TIME_WAIT 소켓을 없앨 수는 없을까? Redis 서버로의 요청이 잦기 때문에 사용자의 요청이 올 때마다 연결을 맺지 말고 미리 만들어 놓은 연결을

사용할 수는 없을까? 8장에서 살펴본 keepalive와 관련된 이야기이다.
소스 코드를 살짝 고쳐 보자.

코드 12-10 테스트용 애플리케이션 소스 코드 수정

```
from flask import Flask
app = Flask(__name__)

pool = redis.ConnectionPool(host='infra-redis.redis.iwilab.com', port=6379, db=0)

@app.route("/test/<key>")
def testApp(key):
  r = redis.Redis(connection_pool=pool)
  r.set(key, time.time())

  return r.get(key)
```

API 호출 시마다 연결했던 부분을 수정해서 미리 커넥션 풀을 만들어
놓고, 요청이 올 때는 그 커넥션 풀을 사용하는 방식으로 고쳤다. 이제
다시 테스트해보자.

코드 12-11 ss와 netstat 명령으로 네트워크 소켓 상태 확인하기 2

```
[root@server ~]# ss -s
Total: 71 (kernel 87)
TCP:  827 (estab 104, closed 712, orphaned 0, synrecv 0, timewait 712/0), ports 10

Transport Total     IP      IPv6
*         87        -       -
RAW       0         0       0
UDP       6         5       1
TCP       115       113     2
INET      121       118     3
FRAG      0         0       0

[root@server ~]# netstat -napo | grep -i 6379
tcp 0  0 10.10.10.10:48800  10.10.10.11:6379  ESTABLISHED 23540/python  off (0.00/0/0)
tcp 0  0 10.10.10.10:48801  10.10.10.11:6379  ESTABLISHED 23555/python  off (0.00/0/0)
tcp 0  0 10.10.10.10:48799  10.10.10.11:6379  ESTABLISHED 23545/python  off (0.00/0/0)
tcp 0  0 10.10.10.10:48798  10.10.10.11:6379  ESTABLISHED 23550/python  off (0.00/0/0)
```

이번에는 아까와는 약간 다르다. 확실히 TIME_WAIT 소켓 수는 1800
여 개에서 700여 개로 줄었으며 6379 포트는 더 이상 TIME_WAIT가 아

닌 EST 상태로 네 개만 보인다. gunicorn 프로세스가 네 개이기 때문이
다. 그렇다면 이번엔 성능이 어느 정도로 측정되었을까?

코드 12-12 세 번째 테스트 결과

```
[root@client bin]# ./siege -c 100 -b -t30s -q http://server:5000/test/1

Lifting the server siege...      done.

Transactions:                 7867 hits
Availability:                 100.00 %
Elapsed time:                 29.36 secs
Data transferred:             0.13 MB
Response time:                0.37 secs
Transaction rate:             267.95 trans/sec
Throughput:                   0.00 MB/sec
Concurrency:                  99.32
Successful transactions:      7867
Failed transactions:             0
Longest transaction:          0.41
Shortest transaction:         0.04
```

기존 140에서 260 수준으로 성능이 향상된 것을 확인할 수 있다. 요청
마다 맺고 끊음을 반복하던 기존 코드에서 한번 맺은 세션을 계속 사용
하는 코드로 수정되면서 TCP handshake에 대한 오버헤드가 줄어들고
성능이 나아진 것이다. 하지만 아직도 TIME_WAIT 소켓이 많다. 어떤
소켓들인지 살펴보자.

코드 12-13 ss와 netstat 명령으로 네트워크 소켓 상태 확인하기 3

```
[root@server ~]# ss -s
Total: 71 (kernel 86)
TCP:   352 (estab 104, closed 237, orphaned 0, synrecv 0, timewait 237/0), ports 10

Transport Total     IP        IPv6
*         86        -         -
RAW       0         0         0
UDP       6         5         1
TCP       115       113       2
INET      121       118       3
FRAG      0         0         0

[root@server ~]# netstat -napo | grep -i time_wait
tcp 0  0 10.10.10.10:5000  10.10.10.12:42642  TIME_WAIT  -  timewait (57.76/0/0)
```

```
tcp 0 0 10.10.10.10:5000  10.10.10.12:42527  TIME_WAIT  -  timewait (55.86/0/0)
tcp 0 0 10.10.10.10:5000  10.10.10.12:42488  TIME_WAIT  -  timewait (55.22/0/0)
tcp 0 0 10.10.10.10:5000  10.10.10.12:42771  TIME_WAIT  -  timewait (59.86/0/0)
tcp 0 0 10.10.10.10:5000  10.10.10.12:42690  TIME_WAIT  -  timewait (58.54/0/0)
tcp 0 0 10.10.10.10:5000  10.10.10.12:42680  TIME_WAIT  -  timewait (58.38/0/0)
tcp 0 0 10.10.10.10:5000  10.10.10.12:42584  TIME_WAIT  -  timewait (56.80/0/0)
tcp 0 0 10.10.10.10:5000  10.10.10.12:42542  TIME_WAIT  -  timewait (56.10/0/0)
```

확인해 보니 전부 테스트를 위해 유입된 소켓들이다. TIME_WAIT는 먼저 연결을 끊는 쪽에서 발생하는데, 그럼 애플리케이션이 먼저 연결을 끊었다는 이야기이다. 정말 그렇게 동작한 걸까? 간단한 telnet 테스트를 통해서 확인해보자.

코드 12-14 telnet을 이용한 테스트

```
[root@client bin]# telnet server 5000
Trying 10.10.10.10...
Connected to server.
Escape character is '^]'.
GET /test/1 HTTP/1.1

HTTP/1.1 200 OK
Server: gunicorn/19.6.0
Date: Wed, 05 Oct 2016 12:57:32 GMT
Connection: close
Content-Type: text/html; charset=utf-8
Content-Length: 17

1475672252.152288Connection closed by foreign host.
```

클라이언트의 GET 요청에 대한 응답을 줄 때 Connection: close 헤더를 내려준다. 이 헤더는 서버가 연결을 유지하지 않는다는 의미로, 이를 통해 먼저 연결을 끊었음을 확인할 수 있다. 여러 개의 요청이 들어올 때는 더 나은 성능을 위해 연결을 유지해서 이전에 맺어 놓은 세션을 이용해야 한다고 7장과 8장에서 확인했다. 그럼 gunicorn 서버가 keepalive를 지원하기 위해서는 어떻게 해야 할까? help 메시지를 통해 확인해보자. 애플리케이션 서버들마다 조금씩 다르겠지만 -h 옵션을 이용해서 help 메시지를 출력해 보면 keepalive 지원에 대한 단서를 얻을 수 있다.

코드 12-15 gunicorn 서버의 help 메시지

```
[root@server app]# gunicorn -h
usage: gunicorn [OPTIONS] [APP_MODULE]

optional arguments:
  -h, --help            show this help message and exit
  -v, --version         show program's version number and exit
... (중략) ...
  --keep-alive INT      The number of seconds to wait for requests on a Keep-
                        Alive connection. [2]
```

코드 12-15를 보면 --keep-alive라는 옵션을 통해서 설정할 수 있다. 해당 옵션을 이용해서 웹 서버를 다시 구동해보자.

코드 12-16 gunicorn에 keepalive 모드를 적용해서 실행시키기

```
[root@server app]# gunicorn --keep-alive 5 -w 4 -b 0.0.0.0:5000 app:app
[2016-10-05 22:01:52 +0000] [24424] [INFO] Starting gunicorn 19.6.0
[2016-10-05 22:01:52 +0000] [24424] [INFO] Listening at:
http://0.0.0.0:5000 (24424)
```

이번에도 telnet을 이용해 확인해보자.

코드 12-17 telnet 명령을 이용한 테스트 2

```
[root@client bin]# telnet server 5000
Trying 10.10.10.10...
Connected to server.
Escape character is '^]'.
GET /test/1 HTTP/1.1

HTTP/1.1 200 OK
Server: gunicorn/19.6.0
Date: Wed, 05 Oct 2016 13:02:01 GMT
Connection: close
Content-Type: text/html; charset=utf-8
Content-Length: 18

1475672521.4654541Connection closed by foreign host.
```

코드 12-17을 보면 이번에도 Connection: close로 헤더를 내려주는 것을 볼 수 있다. --keep-alive 옵션을 주었지만 제대로 동작하지 않는 것처럼 보인다. 공식 홈페이지에서 gunicorn의 keepalive 에 대한 옵션을 찾아보면 다음과 같은 내용을 찾을 수 있다.

The default Sync workers are designed to run behind Nginx which only uses HTTP/1.0 with its upstream servers. If you want to deploy Gunicorn to handle unbuffered requests (ie, serving requests directly from the internet) you should use one of the async workers.

기본으로 사용하는 sync 타입의 워커에서는 keepalive 기능을 사용할 수 없고, async 타입으로 동작하는 다른 워커를 사용해야만 keepalive 기능을 사용할 수 있다는 설명이다.

그러면 gunicorn에서 제공하는 async 타입의 워커 중에서 eventlet 을 사용해서 웹 서버를 다시 띄워보자.

코드 12-18 gunicorn의 워커를 변경해서 실행시키기

```
[root@server app]# gunicorn -w 4 -b 0.0.0.0:5000 app:app --keep-alive 10 -k eventlet
[2016-10-05 22:06:15 +0000] [24531] [INFO] Starting gunicorn 19.6.0
[2016-10-05 22:06:15 +0000] [24531] [INFO] Listening at: http://0.0.0.0:5000 (24531)
[2016-10-05 22:06:15 +0000] [24531] [INFO] Using worker: eventlet
```

그리고 telnet으로 테스트해보자.

코드 12-19 telnet을 이용한 테스트 3

```
[root@client bin]# telnet server 5000
Trying 10.10.10.10...
Connected to server.
Escape character is '^]'.
GET /test/1 HTTP/1.1

HTTP/1.1 200 OK
Server: gunicorn/19.6.0
Date: Wed, 05 Oct 2016 13:06:22 GMT
Connection: keep-alive
Content-Type: text/html; charset=utf-8
Content-Length: 18

1475672782.8436151
```

이번엔 정확하게 의도대로 Connection: keep-alive 헤더가 내려오고 연결도 먼저 끊어지지 않았다. 그럼 이 상태에서는 어느 정도의 성능을 낼 것인지 확인해보자.

코드 12-20 네 번째 테스트 결과

```
[root@client bin]# ./siege –c 100 –b –t30s –q –H "Connection: Keep-
Alive" http://server:5000/test/1

Lifting the server siege...        done.

Transactions:                    56059 hits
Availability:                    100.00 %
Elapsed time:                    29.24 secs
Data transferred:                0.94 MB
Response time:                   0.05 secs
Transaction rate:                1917.20 trans/sec
Throughput:                      0.03 MB/sec
Concurrency:                     99.82
Successful transactions:         56059
Failed transactions:                 0
Longest transaction:             0.28
Shortest transaction:            0.01
```

초당 트랜잭션이 260 정도이던 지난 테스트 결과와 달리 초당 트랜잭션이 거의 2000에 가깝게 측정되었다.

코드 12-21 ss와 netstat 명령으로 네트워크 소켓 상태 확인하기

```
[root@server ~]# netstat -napo | grep -i time_wait
[root@server ~]# ss –s
Total: 332 (kernel 365)
TCP:   278 (estab 268, closed 0, orphaned 0, synrecv 0, timewait 0/0), ports 274

Transport Total     IP       IPv6
*          365      –        –
RAW        0        0        0
UDP        6        5        1
TCP        278      276      2
INET       284      281      3
FRAG       0        0        0
```

또한 서버 쪽에서도 더 이상 5000번 포트에 대한 TIME_WAIT 상태의 소켓이 생성되지 않는다. Keepalive를 사용하도록 헤더가 들어온 덕분에 먼저 끊지 않았기 때문이다.

이번 테스트에서는 Keepalive의 효과도 컸지만 gunicorn의 동작 방식을 기본 sync 워커에서 eventlet async 워커로 변경해서 사용한 것도 성능 향상에 많은 기여를 했다.

이제 애플리케이션 서버의 튜닝은 충분한 것 같다. 본격적으로 서비스에 넣기 위해 80 포트로 사용자의 요청을 받을 프론트 서버를 설정해보자.

12.5 nginx를 통해 reverse proxy 설정하기

대부분의 경우 gunicorn이나 uwsgi와 같은 애플리케이션 서버가 직접 사용자 요청을 받도록 설정하지 않는다. 여러 가지 이유가 있겠지만 nginx, apache와 같은 프론트 서버를 두는 것이 보안 설정에도 유리하고 virtual host, server_name을 통한 다양한 라우팅이 가능하기 때문이다. 여기서도 gunicorn 앞단에 nginx를 설정해서 80 포트를 통해 서비스하도록 해보자.

yum이나 apt-get을 통해서 간단하게 설치할 수 있지만, 원하는 버전을 직접 설치하기 위해서 소스 코드를 컴파일해서 설치해보자.[2]

이 책을 쓰고 있는 시점의 최신 버전은 1.11.4 버전이다. 해당 버전을 다운 받아서 설치한다. nginx의 컴파일 옵션은 다양하지만 아래 옵션들은 반드시 포함하는 것이 좋다. 특히 http_stub_status는 nginx_status를 통해서 현재 nginx의 TPS등을 확인할 수 있으며, --with-debug 옵션은 nginx의 동작 과정 확인을 위해 디버깅 로그를 사용할 때 도움이 많이 된다.

코드 12-22 nginx 컴파일 후 설치

```
[root@server nginx-1.11.4]# ./configure --prefix=/usr/local/nginx
--with-http_stub_status_module --with-http_ssl_module --with-debug
checking for sysconf(_SC_NPROCESSORS_ONLN) ... found
... (중략) ...
[root@server nginx-1.11.4]# make;make install
```

컴파일 및 설치가 정상적으로 완료되면 디렉터리 구조는 코드 12-23과 같이 된다.

---

2   *http://nginx.org/en/download.html*에서 최신 버전을 다운 받을 수 있다.

코드 12-23 nginx 설치 후 디렉터리 구조

```
[root@server nginx]# ls
conf  html  logs  sbin
```

conf/nginx.conf 파일을 우선 코드 12-24와 같이 수정해서 실행해
보자.

코드 12-24 nginx.conf 파일

```
user  nobody;
worker_processes  auto;

events {
    worker_connections  1024;
}

http {
    include       mime.types;
    default_type  application/octet-stream;

    log_format  main  '$remote_addr - $remote_user [$time_local] "$request" '
                      '$status $body_bytes_sent "$http_referer" '
                      '"$http_user_agent" "$http_x_forwarded_for"';

    sendfile          on;
    keepalive_timeout  30;

    upstream gunicorn {
        server 127.0.0.1:5000;
    }

    server {
        listen       80;
        server_name  localhost;

        access_log  logs/access.log  main;

        location / {
            proxy_pass http://gunicorn;
        }
    }
}
```

코드 12-24는 reverse proxy로 동작하는 nginx의 아주 기본적인 config
형태이다. 튜닝해야 할 부분이 더 있지만 차차 확인할 것이다. 설정 후
nginx를 실행시켜서 제대로 동작하는지 확인해보자.

코드 12-25 nginx reverse proxy의 동작 테스트

```
[root@client bin]# curl -s http://server/test/1
1475675855.878793
[root@client bin]# curl -s http://server:5000/test/1
1475675882.5002811
```

5000번 포트와 80포트 둘 다 정상적으로 동작하는 것을 확인할 수 있다. 이제 siege 툴을 이용해서 테스트를 진행해보자.

코드 12-26 다섯 번째 테스트 결과

```
[root@client bin]# ./siege -c 100 -b -t30s -q -H "Connection: Keep-
Alive" http://server/test/1

Lifting the server siege...        done.

Transactions:                46543 hits
Availability:                99.35 %
Elapsed time:                29.91 secs
Data transferred:             0.83 MB
Response time:                0.06 secs
Transaction rate:          1556.10 trans/sec
Throughput:                   0.03 MB/sec
Concurrency:                 99.77
Successful transactions:     46543
Failed transactions:           303
Longest transaction:          0.20
Shortest transaction:         0.01
```

코드 12-20에서 확인한 네 번째 테스트 결과보다 초당 트랜잭션이 조금 떨어졌다. 애플리케이션 서버와 바로 붙지 않고 nginx를 거치기 때문에 당연한 결과라고 볼 수 있다. 하지만 더 중요한 것은 Availability가 99.35%라는 것인데, 이는 일부 요청이 실패했다는 의미이다. nginx의 error_log에 어떤 로그가 남았는지 확인해보자.

코드 12-27 nginx의 error_loge 확인하기

```
[crit] 28394#0: *197158 connect() to 127.0.0.1:5000 failed (99: Cannot
assign requested address) while connecting to upstream, client:
10.10.10.12, server: localhost, request: "GET /test/1 HTTP/1.1",
upstream: "http://127.0.0.1:5000/test/1", host: "server"
```

코드 12-27을 보면 Cannot assign requested address라는 에러를 확인할 수 있다. nginx가 gunicorn으로 사용자의 요청을 전달할 때 사용할 로컬 포트를 할당 받지 못했음을 의미한다. 7장에서도 이야기했지만 TIME_WAIT 상태의 소켓은 tcp.ipv4.tw_reuse 옵션을 켜지 않으면 타이머가 끝나서 반환될 때까지 사용할 수 없다.

코드 12-28 TIME_WAIT 상태의 소켓 확인하기

```
tcp  0  0 127.0.0.1:48216  127.0.0.1:5000  TIME_WAIT  - timewait (48.97/0/0)
tcp  0  0 127.0.0.1:45014  127.0.0.1:5000  TIME_WAIT  - timewait (47.33/0/0)
```

netstat으로 확인해 보면 위와 같은 소켓들이 다수 생성되어 있다. 이 소켓들이 바로 nginx에서 gunicorn으로 보낼 때 사용하는 소켓들이다. 그렇다면 이 문제를 어떻게 해결해야 할까? 몇 가지 방법이 있다.

net.ipv4.tcp_tw_reuse 커널 파라미터를 enable로 설정해서 재사용할 수 있게 하거나, nginx와 gunicorn 사이에도 keepalive로 동작할 수 있도록 하면 코드 12-28에서 보이는 nginx와 gunicorn 서버 사이의 TIME_WAIT 소켓을 해결할 수 있다.

우선 커널 파라미터를 이용한 방법을 적용해 보자.

코드 12-29 net.ipv4.tcp_tw_reuse 사용 설정

```
[root@server ]# sysctl -w net.ipv4.tcp_tw_reuse=1
net.ipv4.tcp_tw_reuse = 1
```

그리고 다시 siege 툴을 돌려보자.

코드 12-30 여섯 번째 테스트 결과

```
[root@client bin]# ./siege -c 100 -b -t30s -q -H "Connection: Keep-Alive" http://server/test/1

Lifting the server siege...      done.

Transactions:              54813 hits
Availability:              100.00 %
Elapsed time:              29.20 secs
Data transferred:          0.92 MB
Response time:             0.05 secs
Transaction rate:          1877.16 trans/sec
Throughput:                0.03 MB/sec
```

```
Concurrency:                    99.85
Successful transactions:        54813
Failed transactions:                0
Longest transaction:             0.26
Shortest transaction:            0.01
```

이번엔 100% 모든 요청을 다 처리했다. 하지만 아직도 많은 TIME_WAIT 소켓들이 남아 있다. 8장에서도 이야기한 것처럼 nginx에는 upstream keepalive라는 기능이 있어서 gunicorn과 같이 upstream 서버와 keepalive로 연결을 열어놓고 서비스할 수 있다. 이 기능을 사용하기 위해서 코드 12-31과 같이 nginx.conf를 변경한다.

코드 12-31 reverse proxy 모드에서 upstream 서버와 keepalive 설정하기

```
... (중략) ...
upstream gunicorn {
        server 127.0.0.1:5000;
        keepalive 1024;
    }

    server {
        listen      80;
        server_name localhost;

        access_log  logs/access.log  main;

        location / {
            proxy_pass http://gunicorn;
            proxy_http_version 1.1;
            proxy_set_header Connection "";
        }

    }
```

그리고 siege 툴을 다시 돌려보자.

코드 12-32 일곱 번째 테스트 결과

```
[root@client bin]# ./siege -c 100 -b -t30s -q -H "Connection: Keep-Alive" http://server/test/1

Lifting the server siege...    done.

Transactions:                  61694 hits
Availability:                  100.00 %
Elapsed time:                   29.69 secs
```

```
Data transferred:              1.03 MB
Response time:                 0.05 secs
Transaction rate:              2077.94 trans/sec
Throughput:                    0.03 MB/sec
Concurrency:                   99.87
Successful transactions:       61694
Failed transactions:           0
Longest transaction:           0.39
Shortest transaction:          0.01
```

놀라운 결과를 볼 수 있다. gunicorn만 가동하던 때와 비슷한 정도의 결과가 나왔다.

그럼 이번에는 지금까지의 튜닝을 바탕으로 어느 정도의 동시 접속자 수를 처리할 수 있을지 확인해 보자. 100으로 시작해서 200, 400, 800 이렇게 높이다 보면 800에서 코드 12-33과 같은 에러를 확인할 수 있다.

코드 12-33 여덟 번째 테스트 결과

```
[root@client bin]# ./siege -c 800 -b -t30s -q -H "Connection: Keep-Alive" http://server/test/1
[error] socket: read error Connection reset by peer sock.c:536: Connection reset by peer
[error] socket: read error Connection reset by peer sock.c:536: Connection reset by peer
[error] socket: read error Connection reset by peer sock.c:536: Connection reset by peer
[error] socket: read error Connection reset by peer sock.c:536: Connection reset by peer
      done.
siege aborted due to excessive socket failure; you
can change the failure threshold in $HOME/.siegerc

Transactions:                  2046 hits
Availability:                  66.64 %
Elapsed time:                  1.30 secs
```

서버의 nginx error log를 살펴보자.

코드 12-34 nginx의 error_log

```
[alert] 7431#0: 1024 worker_connections are not enough
[alert] 7431#0: 1024 worker_connections are not enough
[alert] 7431#0: 1024 worker_connections are not enough
```

코드 12-34에서 볼 수 있는 worker_connections are not enough 에러는 nginx.conf에 설정해둔 worker_connections의 개수가 모자랄 때 발생하는 에러이다. 즉, 코드 12-33의 테스트에서는 nginx의 worker_connections 설정 값이 모자라서 서버가 더 이상 요청을 처리할 수 없는 상태였던 것이다. 실제 애플리케이션을 운영할 때도 이런 부분을 조심해야 하는데, 분명 시스템의 리소스는 남는데 요청을 처리하지 못하고에러를 출력할 때 제일 먼저 의심해야 할 내용이다. 더 많은 요청을 처리할 수 있음에도 불구하고 소프트웨어적인 설정 때문에 처리하지 못하는것이기 때문이다. 그럼 nginx.conf의 내용을 다음과 같이 수정해 보자.

코드 12-35 nginx.conf의 worker_connections 수정

```
events {
    use epoll;
    worker_connections  10240;
    multi_accept on;
}
```

튜닝하는 김에 기본 select 방식의 이벤트 처리 모듈에서 epoll 방식으로 변경해 보자. 일반적으로 epoll 방식이 더 나은 성능을 보여준다. 그리고 다시 siege 툴을 이용해서 테스트를 진행하면 코드 12-36과 같이나온다.

코드 12-36 아홉 번째 테스트

```
[root@client bin]# ./siege -c 800 -b -t30s -q -H "Connection: Keep-Alive" http://server/test/1

Lifting the server siege...      done.

Transactions:                  56838 hits
Availability:                  100.00 %
Elapsed time:                  29.06 secs
Data transferred:              0.95 MB
Response time:                 0.41 secs
Transaction rate:              1955.88 trans/sec
Throughput:                    0.03 MB/sec
Concurrency:                   792.16
Successful transactions:       56838
Failed transactions:           0
Longest transaction:           1.85
Shortest transaction:          0.01
```

800개의 동시 접속도 아무런 문제 없이 처리하는 것을 확인할 수 있다.지금까지 플라스크 프레임워크로 만든 애플리케이션을 튜닝해서 사람들에게 서비스할 수 있는 수준까지 만들어 보았다. 애플리케이션을 작성하는 코드도 중요하지만 어떤 프레임워크와 어떤 애플리케이션 서버를 이용해서 서비스하는지도 성능에 매우 중요하며 서비스의 품질에 많은 영향을 끼친다. 또한 자신이 사용하는 애플리케이션 서버의 설정 방법과 이에 따른 성능 차이를 이해하면 더 안정적으로 서비스를 운영할 수 있다.

12.6. 요약

이번 장에서는 시스템의 성능 측정과 동시에 성능에 영향을 끼칠 수 있는 CPU, 네트워크 소켓 상태 등 다양한 부분을 확인하고 튜닝하는 방법까지 다뤘다. 효율적인 코드를 통해서 성능을 최적화하는 것도 필요하지만 이렇게 테스트를 통해서 성능 병목이 일어날 수 있는 부분을 미리 확인해서 최적의 성능을 낼 수 있도록 튜닝하는 과정도 반드시 필요하다.

이번 장에서 배운 내용을 정리하면 다음과 같다.

1. 애플리케이션이 CPU 리소스를 최대로 사용할 수 있도록 다수의 워커를 통해서 서비스할 수 있게 설정해야 한다. 대부분의 경우 옵션을 통해서 워커의 수를 조절할 수 있으며, 최소한 CPU 코어 수와 같은 수의 값을 설정해서 사용한다.

2. 다수의 TIME_WAIT 소켓이 생기는 것은 TCP 연결의 맺고 끊음이 그만큼 빈번하게 일어난다는 의미이다. 어디서 TIME_WAIT 소켓이 발생하는지 찾아서 연결을 유지한 상태로 사용하면 성능을 더욱 향상시킬 수 있다.

3. 다른 서비스들과 연동하는 경우 keepalive 옵션 등을 이용해서 연결을 만들어 놓고 커넥션 풀 방식으로 사용하면 성능을 높일 수 있다.

4. 시스템 리소스가 부족함이 없는데도 서비스의 응답 속도가 느려지거나 장애가 발생하면 애플리케이션의 워커 설정 등 소프트웨어적인 설정에 문제가 있는지 확인해야 한다. 이런 경우는 대개 서버를 늘린다고 해도 늘어나는 사용자의 요청을 처리하지 못해 장애 현상이 지속될 가능성이 높다.

Appendix A

커널 디버깅을 위한
커널 컴파일

커널 디버깅을 할 수 있는 방법 중 가장 직관적인 방법은 printk() 함수를 추가해서 컴파일하는 방법이 있다. 함수 내부에서 사용되는 특정 변수의 값을 printk() 함수를 통해 출력해봄으로써 함수의 로직을 더 쉽게 파악할 수 있다. 이번 장에서는 printk() 함수를 활용해서 커널 디버깅을 위한 로직을 추가하고 커널 컴파일을 해서 변경 내용을 확인하는 과정까지 살펴보자.

A.1 커널 소스 컴파일하기

커널 소스를 구해서 설치하고 나면 다음과 같은 디렉터리 구조를 볼 수 있다.

코드 A-1 커널 소스 코드 설치 후 디렉터리 구조

```
[root@server rpmbuild]# pwd
/root/rpmbuild
[root@server rpmbuild]# ls -al
total 32
drwxr-xr-x  8 root root 4096 Dec 27 18:27 .
dr-xr-x---. 15 root root 4096 May 29 23:07 ..
drwxr-xr-x  3 root root 4096 Dec 27 18:29 BUILD
drwxr-xr-x  2 root root 4096 Dec 27 18:27 BUILDROOT
drwxr-xr-x  2 root root 4096 Dec 27 18:27 RPMS
```

```
drwxr-xr-x   2 root root 4096 Dec 27 18:29 SOURCES
drwxr-xr-x   2 root root 4096 Dec 27 18:29 SPECS
drwxr-xr-x   2 root root 4096 Dec 27 18:27 SRPMS
```

 CentOS 기준으로 커널 소스를 구하고 설치하는 방법은 *https://wiki.centos.org/ HowTos/I_need_the_Kernel_Source*를 참고하면 된다. Ubuntu 기준으로 커널 소스를 구하고 설치하는 방법은 *https://wiki.ubuntu.com/Kernel/SourceCode*를 참고하면 된다. 이번 장에서는 CentOS를 기준으로 설명한다.

6개의 디렉터리들 중 BUILD 디렉터리로 이동하면 아래와 같이 소스 코드가 설치된 커널을 볼 수 있고 그 안에 실제 커널 소스 코드가 들어있는 디렉터리가 있다.

코드 A-2 컴파일을 위해 디렉터리 이동하기

```
[root@server rpmbuild]# ls
BUILD  BUILDROOT  RPMS  SOURCES  SPECS  SRPMS
[root@server rpmbuild]# cd BUILD
[root@server BUILD]# ls
kernel-2.6.32-642.11.1.el6
[root@server BUILD]# cd kernel-2.6.32-642.11.1.el6/
[root@server kernel-2.6.32-642.11.1.el6]# ls
linux-2.6.32-642.11.1.el6.x86_64  vanilla-2.6.32-642.11.1.el6
```

 vanilla 커널은 CentOS에서 수정하지 않은 버전의 커널이다. 보통의 배포판에서는 vanilla 커널을 기준으로 버그를 수정하거나 자신들의 특화된 로직 등을 넣어서 배포한다.

현재 부팅된 커널과 동일한 설정으로 컴파일하기 위해 현재 부팅된 커널의 설정 파일을 새롭게 컴파일할 커널의 디렉터리로 복사한다(코드 A-3).

코드 A-3 현재 부팅된 커널의 설정 복사하기

```
[root@server linux-2.6.32-696.3.2.el6.x86_64]# cp /boot/config-`uname
-r` ./.config
[root@server linux-2.6.32-696.3.2.el6.x86_64]# ls -al .config
-rw-r--r-- 1 root root 108168 Jun 22 23:20 .config
```

설정을 복사한 후 make menuconfig 명령으로 몇 가지 설정을 변경하자.

먼저 [Load an Alternate Configuration File] 메뉴를 선택해서 복사해 온 설정 파일의 값을 읽어온다.

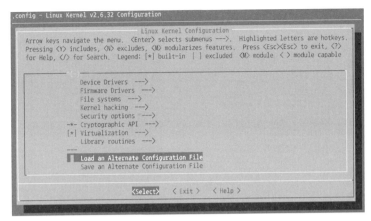

그림 A-1 설정 파일 읽어오기

그 다음 General setup 메뉴로 들어가서 [Local version]을 선택한 후 '-custom'이라고 입력한다.

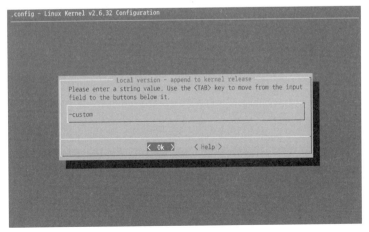

그림 A-2 Local version 입력하기

그리고 하단으로 내려가서 [enable deprecated sysfs features...] 항목 의 체크 박스를 선택한다.

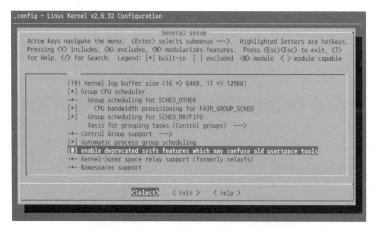

그림 A-3 enable deprecated sysfs features 항목 켜기

그 다음 [Exit]를 선택해서 상위 메뉴로 올라가서 [Enable loadable module support] 항목에 있는 [Module signature verification (EXPERIMENTAL)] 항목의 체크 박스를 해제한다.

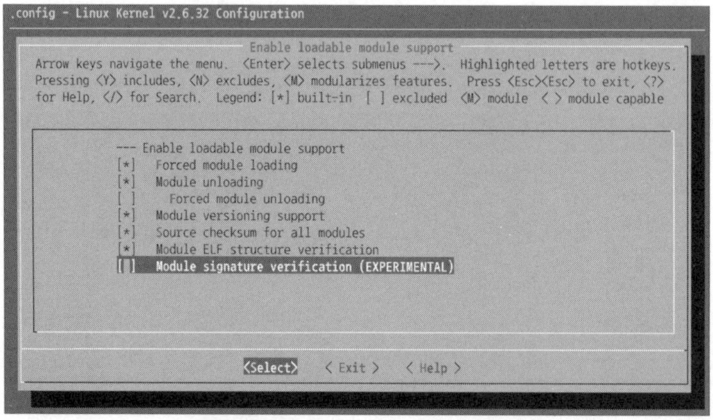

```
.config - Linux Kernel v2.6.32 Configuration
                     Enable loadable module support
 Arrow keys navigate the menu.  <Enter> selects submenus --->.  Highlighted letters are hotkeys.
 Pressing <Y> includes, <N> excludes, <M> modularizes features.  Press <Esc><Esc> to exit, <?>
 for Help, </> for Search.  Legend: [*] built-in  [ ] excluded  <M> module  < > module capable

         --- Enable loadable module support
         [*]   Forced module loading
         [*]   Module unloading
         [ ]     Forced module unloading
         [*]   Module versioning support
         [*]   Source checksum for all modules
         [*]   Module ELF structure verification
         [ ]   Module signature verification (EXPERIMENTAL)


                  <Select>    < Exit >    < Help >
```

그림 A-4 Module signature verification 항목 끄기

마지막으로 [Exit]를 선택해서 상위 메뉴로 올라간 후 [Cryptographic API] 항목에 있는 [In-kernel signature checker (EXPERIMENTAL)] 항목의 체크박스도 해제해 준다.

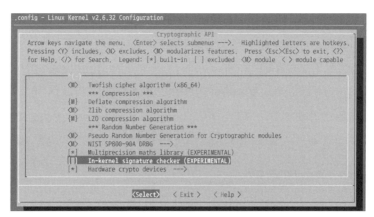

그림 A-5 In-kernel signature checker (EXPERIMENTAL) 항목 끄기

설정 완료 후 [Save an Alternate Configuration File]을 선택해서 저장
하고 [Exit]를 선택해서 터미널로 돌아온다.

여기까지 하면 컴파일 준비는 끝난다. 이제 make all 명령으로 컴파
일을 진행해 보자. 컴파일이 완료되면 make modules_install로 모듈 설
치 작업을 진행한다. 모듈 설치까지 완료되면 마지막으로 make install
을 통해서 커널 이미지 생성작업까지 진행한다. 코드 A-4에서 이 내용
을 볼 수 있다.

코드 A-4 make 명령으로 컴파일하기

```
[root@server linux-2.6.32-696.3.2.el6.x86_64]# make all
... (중략) ...
  IHEX    firmware/iwlwifi-7265D-16.ucode
  IHEX    firmware/iwlwifi-8000C-16.ucode
[root@server linux-2.6.32-696.3.2.el6.x86_64]# make modules_install
... (중략) ...
  INSTALL net/wireless/lib80211_crypt_ccmp.ko
  INSTALL net/wireless/lib80211_crypt_tkip.ko
  INSTALL net/wireless/lib80211_crypt_wep.ko
  INSTALL net/xfrm/xfrm_ipcomp.ko
  DEPMOD  2.6.32-custom
[root@server linux-2.6.32-696.3.2.el6.x86_64]# make install
sh /root/rpmbuild/BUILD/kernel-2.6.32-696.3.2.el6/linux-2.6.32-696.3.2.el6.
x86_64/arch/x86/boot/install.sh 2.6.32-custom arch/x86/boot/bzImage \
        System.map "/boot"
[root@server linux-2.6.32-696.3.2.el6.x86_64]# ls -al /boot/*-custom
-rw-r--r-- 1 root root 2620479 Jun 24 22:21 /boot/System.map-2.6.32-custom
-rw-r--r-- 1 root root 4263952 Jun 24 22:21 /boot/vmlinuz-2.6.32-custom
```

코드 A-4의 제일 마지막 줄을 보자. 컴파일이 모두 완료되면 /boot 디렉터리에 우리가 컴파일한 커널의 이미지가 파일로 생성된다. 정상적으로 컴파일이 완료되었다면 이제 우리가 컴파일한 커널의 이미지를 기본 이미지로 설정해서 부팅할 때마다 기본적으로 컴파일한 커널로 부팅할 수 있도록 설정해야 한다. 이 설정은 /boot/grub/grub.conf 파일을 이용해서 설정해 준다. 코드 A-5는 /boot/grub/grub.conf 파일의 일부이다.

코드 A-5 grub.conf 파일의 일부

```
[root@server ~]# cat /boot/grub/grub.conf
default=1
timeout=5
title CentOS (2.6.32-custom) ❶
      root (hd0,0)
      kernel /vmlinuz-2.6.32-custom root=UUID=174dada4-27dc-4925-
bacc-5916ba0b07a2 ro console=tty0 elevator=noop intel_idle.max_
cstate=0 processor.max_cstate=1 crashkernel=auto biosdevname=0 intel_
pstate=disable transparent_hugepage=never SYSFONT=latarcyrheb-sun16
LANG=en_US.UTF-8 KEYTABLE=us
      initrd /initramfs-2.6.32-custom.img
title CentOS (2.6.32-696.3.1.el6.x86_64)
      root (hd0,0)
      kernel /vmlinuz-2.6.32-696.3.1.el6.x86_64 root=UUID=174dada4-27dc-
4925-bacc-5916ba0b07a2 ro console=tty0 elevator=noop intel_idle.max_
cstate=0 processor.max_cstate=1 crashkernel=auto biosdevname=0 intel_
pstate=disable transparent_hugepage=never
      initrd /initramfs-2.6.32-696.3.1.el6.x86_64.img
```

❶을 보면 아래와 같이 우리가 컴파일한 커널이 메뉴의 최상단에 올라와 있는 것을 알 수 있다.

우리가 컴파일한 커널로 부팅하기 위해서는 grub.conf 파일의 default 구문의 값을 1이 아닌 0으로 설정해주면 된다. vim과 같은 에디터로 파일을 열어서 직접 수정해도 된다.

 grub.conf 파일에 보이는 이미지들의 순서 값은 가장 위에 있는 이미지가 1이 아닌 0부터 시작하기 때문에 default 값을 0으로 설정해 줘야 가장 위에 있는 이미지로 부팅하게 된다. 코드 A-5에서 볼 수 있는 것처럼 우리가 컴파일한 커널이 가장 위에 있기 때문에 0으로 설정해야 한다.

코드 A-6 default 값 수정

```
default=0
timeout=5
```

grub.conf 파일을 수정한 후 리부팅을 진행한다. 리부팅 후 uname -a 명령으로 커널 버전을 확인해 보면 컴파일한 커널로 부팅된 것을 알 수 있다.

코드 A-7 uname -a로 커널 버전 확인하기

```
[root@server ~]# uname -a
Linux server 2.6.32-custom #2 SMP Sat Jun 24 22:16:17 KST 2017 x86_64
x86_64 x86_64 GNU/Linux
```

이제 컴파일은 완료되었다. 이번에는 알고자 하는 코드의 곳곳에 printk() 함수를 이용해서 값을 출력해보자.

A.2 printk() 함수 추가하기

본격적으로 커널 소스 코드에 printk() 함수를 추가해서 원하는 대로 동작하는지 살펴보자. 수많은 커널 함수 중에서 block/cfq-iosched.c 파일에 있는 cfq_init_queue(), cfq_exit_queue() 함수와 block/deadline-iosched.c 파일에 있는 deadline_init_queue(), deadline_exit_queue() 함수에 각각 pritnk() 함수를 넣어보자. 각각의 함수들은 cfq I/O 스케줄러와 deadline I/O 스케줄러가 설정될 때 호출되는 함수이다. 11장에서 살펴본 것처럼 I/O 스케줄러를 변경할 때마다 우리가 추가로 넣은 printk() 함수가 잘 출력하는지 살펴보자.

먼저 cfq_init_queue(), cfq_exit_queue() 함수에 추가해 보자.

코드 A-8 block/cfq-iosched.c 파일 수정

```
static void *cfq_init_queue(struct request_queue *q)
{
        struct cfq_data *cfqd;
        int i, j;
        struct cfq_group *cfqg;
```

```
        struct cfq_rb_root *st;

        printk(KERN_CRIT "cfq_init_queue()\n");

        cfqd = kmalloc_node(sizeof(*cfqd), GFP_KERNEL | __GFP_ZERO, q->node);
        if (!cfqd)
                return NULL;
.... (중략) ....

static void cfq_exit_queue(struct elevator_queue *e)
{
        struct cfq_data *cfqd = e->elevator_data;
        struct request_queue *q = cfqd->queue;
        bool wait = false;

        printk(KERN_CRIT "cfq_exit_queue()\n");

        cfq_shutdown_timer_wq(cfqd);
.... (중략) ....
```

그리고 deadline_init_queue(), deadline_exit_queue() 함수에 추가해
보자.

코드 A-9 block/cfq-iosched.c 파일 수정

```
static void *deadline_init_queue(struct request_queue *q)
{
        struct deadline_data *dd;

        printk(KERN_CRIT "deadline_init_queue()\n");

        dd = kmalloc_node(sizeof(*dd), GFP_KERNEL | __GFP_ZERO, q->node);
.... (중략) ....

static void deadline_exit_queue(struct elevator_queue *e)
{
        struct deadline_data *dd = e->elevator_data;

        printk(KERN_CRIT "deadline_exit_queue()\n");
.... (중략) ....
```

추가 완료 후에는 코드 A-4와 같이 컴파일한 후 컴파일된 커널로 리부
팅해보자. 그리고 아래와 같이 I/O 스케줄러를 cfq에서 deadline으로,
deadline에서 cfq로 각각 바꿔보자. 그럼 우리가 추가한 printk() 함수가
정상적으로 /var/log/messages에 출력되는 것을 볼 수 있다.

코드 A-10 /var/log/messages에 출력되는 printk() 결과

```
Jul  2 11:29:31 server kernel: deadline_init_queue()
Jul  2 11:29:37 server kernel: cfq_init_queue()
Jul  2 11:29:37 server kernel: deadline_exit_queue()
Jul  2 11:29:42 server kernel: deadline_init_queue()
Jul  2 11:29:42 server kernel: cfq_exit_queue()
Jul  2 11:29:44 server kernel: cfq_init_queue()
Jul  2 11:29:44 server kernel: deadline_exit_queue()
```

A.3 printk() 함수로 Load Average 계산 과정 살펴보기

지금까지 커널을 컴파일하는 방법과 그 과정에서 printk() 함수를 이용해서 우리가 원하는 결과를 출력하는 방법을 살펴봤다. 커널의 소스 코드를 눈으로 보는 것보다는 이렇게 printk() 함수를 통해서 직접 출력해 살펴보는 것이 동작 과정을 이해하는 데 더 도움이 될 것이다. 그래서 이번 절에서는 pritnk() 함수로 변수들의 값을 출력해서 3장에서 이야기한 Load Average의 계산 과정을 더 자세히 살펴보자.

3장에서 잠깐 언급한 calc_load() 함수와 calc_global_load() 함수에서 몇 가지 값을 출력해보자. 해당 함수는 kernel/sched.c 파일에 있다.

먼저 calc_load() 함수를 다음과 같이 수정해 보자.

코드 A-11 calc_load() 함수 수정

```
static unsigned long
calc_load(unsigned long load, unsigned long exp, unsigned long active)
{

        printk(KERN_CRIT "calc_load() - load : %lu\n", load); ❶
        printk(KERN_CRIT "calc_load() - exp : %lu\n", exp); ❷
        printk(KERN_CRIT "calc_load() - active : %lu\n", active); ❸

        load *= exp;
        load += active * (FIXED_1 - exp);
        return load >> FSHIFT;
}
```

코드 A-11에서는 ❶, ❷, ❸과 같이 함수의 파라미터로 받는 load, exp, active라는 값들을 전부 출력해보자. 이 값들을 출력할 때는 load, exp, active 변수가 정의되어 있는 데이터 타입에 맞게 printk()에서 포맷을 정해주어야 한다.

 코드 A-11에서 load, exp, active는 unsigned long 형태의 변수이기 때문에 출력 포맷을 %lu로 설정해 주었다. 다른 데이터 타입의 출력 포맷에 대해서는 *https://www.kernel.org/doc/Documentation/printk-formats.txt*를 참고하자.

그리고 calc_global_load() 함수를 수정해 보자.

코드 A-12 calc_global_load() 함수 수정

```
void calc_global_load(void)
{
        unsigned long upd = calc_load_update + 10;
        long active;

        if (time_before(jiffies, upd))
                return;

        active = atomic_long_read(&calc_load_tasks);
        printk(KERN_CRIT "calc_global_load() - active : %ld\n", active); ❶
        active = active > 0 ? active * FIXED_1 : 0;

        avenrun[0] = calc_load(avenrun[0], EXP_1, active);
        avenrun[1] = calc_load(avenrun[1], EXP_5, active);
        avenrun[2] = calc_load(avenrun[2], EXP_15, active);

        calc_load_update += LOAD_FREQ;
}
```

코드 A-12에서는 ❶과 같이 active라는 변수의 값을 출력해보자. printk() 함수를 추가한 후 커널 컴파일하고 컴파일된 커널로 부팅해 보자.

 printk() 구문을 추가할 때 주의해야 할 점이 있는데, 너무 자주 호출되는 함수에 추가하면 printk() 함수 자체가 부하를 주어 부팅이 되지 않는 경우가 생길 수 있다.

그리고 /var/log/messages의 내용을 살펴보면 다음과 같은 메세지를 볼 수 있다.

코드 A-13 /var/log/messages

```
[root@server ~]# tail -f /var/log/messages
Jul  2 12:02:34 server kernel: calc_global_load() - active : 0
Jul  2 12:02:34 server kernel: calc_load() - load : 694 ❶
Jul  2 12:02:34 server kernel: calc_load() - exp : 1884
Jul  2 12:02:34 server kernel: calc_load() - active : 0
Jul  2 12:02:34 server kernel: calc_load() - load : 163
Jul  2 12:02:34 server kernel: calc_load() - exp : 2014
Jul  2 12:02:34 server kernel: calc_load() - active : 0
Jul  2 12:02:34 server kernel: calc_load() - load : 52
Jul  2 12:02:34 server kernel: calc_load() - exp : 2037
Jul  2 12:02:34 server kernel: calc_load() - active : 0
Jul  2 12:02:39 server kernel: calc_global_load() - active : 0
Jul  2 12:02:39 server kernel: calc_load() - load : 638 ❶
Jul  2 12:02:39 server kernel: calc_load() - exp : 1884
Jul  2 12:02:39 server kernel: calc_load() - active : 0
Jul  2 12:02:39 server kernel: calc_load() - load : 160
Jul  2 12:02:39 server kernel: calc_load() - exp : 2014
Jul  2 12:02:39 server kernel: calc_load() - active : 0
Jul  2 12:02:39 server kernel: calc_load() - load : 51
Jul  2 12:02:39 server kernel: calc_load() - exp : 2037
Jul  2 12:02:39 server kernel: calc_load() - active : 0
```

코드 A-13의 결과를 살펴보자. 우선 가장 주목할 만한 부분은 두 함수의 호출 주기이다. 5초 간격으로 호출되는 것을 알 수 있으며 이를 통해 유추할 수 있는 것은 Load Average의 계산 간격이 5초라는 것이다. 이 역시 printk() 함수를 통해서 확인할 수 있는 중요한 정보 중 하나이다.

출력 결과를 살펴보면 load, exp, active의 값이 차례대로 찍히는 것을 볼 수 있다. 그중에서도 exp의 값은 1884, 2014, 2037 이렇게 3개의 값이 변하지 않고 찍히고 있다. 이 값은 각각 EXP_1, EXP_5, EXP_15를 의미한다. 코드 A-11에서 볼 수 있듯이 calc_load() 함수는 load라는 파라미터를 통해 전달받은 값에 exp 값을 곱하고, active 값과 FIXED_1 - exp의 값을 곱한 값을 더하게 되는데 calc_global_load()에서 전달된 active 값은 0이기 때문에 결국 load *= exp라는 로직만 동작하게 된다. avenrun[0]의 값을 기준으로 보자면, avenrun[0]의 값에 계속해서 1884 라는 값이 곱해지고 이 값이 FSHIFT에 의해 우측으로 11bit 이동하기 때문에 값이 점점 작아진다.

FSHIFT의 값은 include/linux/sched.h 파일에 정의되어 있으며 다음과 같은 값을 가진다.

```
#define FSHIFT        11
```

그래서 순간적으로 높은 Load Average를 기록한 후에 문제가 발생하는 프로세스들을 정리해도 Load Average가 급격하게 떨어지지 않고 서서히 떨어지게 된다.

A.4 요약

지금까지 간단한 예제를 통해서 커널 소스 코드에 printk() 함수를 추가해서 컴파일하고 그 값을 출력하는 과정을 살펴봤다. printk()를 추가하는 것은 그리 어렵지 않고 커널 소스 코드를 파악하는 데 많은 도움이 된다. 사실 커널 소스 코드를 눈으로만 쫓는 것은 지루하고 어려운 작업이기 때문에 이와 같은 방법을 이용해서 조금 더 손쉽게 커널 소스 코드를 파악할 수 있다.

이번 장에서 배운 내용은 다음과 같다.

1. printk() 함수를 커널 소스 코드에 추가하면 원하는 곳에서 원하는 내용을 출력할 수 있게 해준다.
2. printk() 함수에서 변수의 값을 출력할 때는 변수가 정의되어 있는 데이터 타입에 맞는 값을 이용해서 출력해야 한다. 그렇지 않으면 잘못된 값이 출력되어 소스 코드 해석에 더 악영향을 줄 수 있다.

Appendix B

strace를 통한
애플리케이션 분석

strace를 사용하면 애플리케이션이 동작하는 동안 호출하는 여러 가지 시스템 콜들을 살펴볼 수 있다. write(), read(), sendto() 등과 같이 다양한 시스템 콜들의 호출 관계를 살펴보면 애플리케이션의 동작 원리를 파악하는 데에 도움이 된다. 특히 애플리케이션이 이상 동작하는 것으로 의심될 경우 strace를 통해 시스템 콜을 추적하다 보면 해결의 실마리를 찾을 수 있다. 이번 장에서는 strace의 기본적인 사용법과 예제를 통해서 애플리케이션을 분석하는 방법을 살펴보자.

B.1 strace의 기본 사용법

strace를 본격적으로 사용하기에 앞서 몇 가지 옵션을 통해 기본적인 사용법을 알아보자. 우선 아무런 옵션 없이 strace를 실행해본 다음 현재 디렉터리의 파일 리스트를 살펴보는 ls 명령을 strace와 함께 실행해보자.

코드 B-1 strace를 통해 ls 명령 실행하기

```
[root@server ~]# strace ls
execve("/bin/ls", ["ls"], [/* 30 vars */]) = 0
brk(0)                                  = 0x1982000
```

```
mmap(NULL, 4096, PROT_READ|PROT_WRITE, MAP_PRIVATE|MAP_ANONYMOUS, -1,
0) = 0x7effd5a92000
access("/etc/ld.so.preload", R_OK)      = -1 ENOENT (No such file or
directory)
open("/etc/ld.so.cache", O_RDONLY)      = 3
fstat(3, {st_mode=S_IFREG|0644, st_size=41952, ...}) = 0 ❶
mmap(NULL, 41952, PROT_READ, MAP_PRIVATE, 3, 0) = 0x7effd5a87000
close(3)                                = 0
open("/lib64/libselinux.so.1", O_RDONLY) = 3
read(3, "\177ELF\2\1\1\0\0\0\0\0\0\0\0\0\3\0>\0\1\0\0\0PY\34
0L:\0\0\0"..., 832) = 832
fstat(3, {st_mode=S_IFREG|0755, st_size=124640, ...}) = 0
mmap(0x3a4ce00000, 2221912, PROT_READ|PROT_EXEC, MAP_PRIVATE|MAP_
DENYWRITE, 3, 0) = 0x3a4ce00000
mprotect(0x3a4ce1d000, 2093056, PROT_NONE) = 0
mmap(0x3a4d01c000, 8192, PROT_READ|PROT_WRITE, MAP_PRIVATE|MAP_
FIXED|MAP_DENYWRITE, 3, 0x1c000) = 0x3a4d01c000
mmap(0x3a4d01e000, 1880, PROT_READ|PROT_WRITE, MAP_PRIVATE|MAP_
FIXED|MAP_ANONYMOUS, -1, 0) = 0x3a4d01e000
.... (중략) ....
write(1, "anaconda-postinstall.log  cache_"..., 116anaconda-
postinstall.log cache_pressure_10000_2 dirty_trace http_test    io_
test     perf.data.old  test          test.pcap
) = 116
close(1)                                = 0
munmap(0x7effd5a91000, 4096)            = 0
close(2)                                = 0
exit_group(0)                           = ?
+++ exited with 0 +++
[root@server ~]#
```

실행해 보면 상당히 많은 양의 출력을 볼 수 있다. 이 출력의 결과를 살
펴보면 몇 가지 문제점이 있다. 첫 번째로는 출력의 결과가 너무 많아서
한 페이지에서 볼 수 없다는 것이고 두 번째로는 ❶에서 볼 수 있는 것
처럼 끝부분이 ...으로 잘렸다는 것이다. 시스템 콜의 호출 과정에서 반
드시 확인해야 할 필요가 있는 일부 파라미터의 값이 모두 찍히지 않고
부분만 찍히는 결과가 생길 수도 있다. 세 번째로는 시간의 변화에 따른
호출 관계를 볼 수 없다는 것이다. 특정 시스템 콜이 언제 호출되었으며
소요 시간이 얼마나 걸렸는지 현재의 결과로는 알 수 없다.

이렇게 아무 옵션이 없이 기본 형태로 strace를 사용하면 추적에 별
소용이 없다. 그래서 필수 옵션들을 하나씩 살펴보면서 strace를 조금
더 효과적인 툴로 만들어 보자.

먼저 살펴볼 옵션은 -s 옵션이다. -s 옵션은 출력되는 string 결과의 최 댓값을 설정하는 옵션이다. 이 옵션의 기본값은 32이기 때문에, 코드 B-1의 결과 중 ❶에서처럼 끝부분 결과가 …으로 처리될 수 있다. 그래 서 가능한 한 모든 값을 찍을 수 있게 하기 위해 -s의 옵션 값을 65535로 설정한다.

다음으로 살펴볼 옵션은 -t 옵션이다. -t 옵션은 출력 행의 제일 앞에 타임스탬프를 찍어준다. 그래서 언제 해당 시스템 콜이 호출되었는지 알 수 있다. -tt를 사용하면 microseconds 단위까지 보여주며 -ttt를 사 용하면 유닉스 타임을 기준으로 보여준다. 유닉스 타임은 사람이 바로 인지하기 어렵기 때문에 보통 -tt 옵션을 사용한다.

-T 옵션은 각각의 시스템 콜이 호출되는 데 소요된 시간을 행의 끝에 출력해 준다. 이를 통해 어떤 시스템 콜에서 시간이 얼마나 걸렸는지를 판단할 수 있다.

-f 옵션은 코드 B-1의 결과를 살펴볼 때는 언급되지 않았지만, 멀티 스 레드 혹은 멀티 프로세스로 동작하는 애플리케이션의 경우 -f 옵션을 사 용하지 않으면 fork()를 통해 생성된 자식 프로세스의 시스템 콜을 추 적하지 않는다. 그래서 경우에 따라서는 아무 작업도 하지 않는 부모 프 로세스만 추적하게 되어 시스템 콜을 살펴봐도 별다른 소득이 없을 수 도 있다.

-o 옵션은 코드 B-1의 결과를 살펴볼 때도 언급했지만, 출력 결과물이 상당히 길기 때문에 터미널 화면에서 바로 보는 것은 그리 추천하지 않 으며, 별도의 파일로 추적 결과를 저장하고 이 파일을 열어서 살펴보는 것이 좋다.

마지막으로는 -p 옵션이다. 이 옵션도 코드 B-1의 결과를 살펴볼 때 는 언급되지 않았지만, 이미 동작 중인 프로세스를 추적할 때 사용되는 옵션이다. -p 옵션 뒤에는 추적하고자 하는 프로세스의 PID를 기입하 면 된다.

위에서 언급된 옵션들을 모두 합쳐 다음과 같은 형태를 기본 옵션으 로 포함시켜 strace를 사용하면 된다.

코드 B-2 strace의 필수 옵션들

```
[root@server ~]# strace -s 65535 -f -T -tt -o <파일명> -p <pid>
```

지금까지 strace의 기본적인 사용법을 알아보았으니 이제 몇 가지 예제
를 통해서 strace의 활용법을 살펴보자.

B.2 hostname 명령 분석하기

리눅스에는 호스트명을 알 수 있는 hostname이라는 명령이 있다. 이 명
령어도 다양한 옵션을 제공하는데 그중에서도 -f와 -A 옵션은 비슷한 출
력 결과를 제공해 준다. strace를 통해 두 옵션의 차이점을 살펴보자.

코드 B-3 hostname -f 옵션과 hostname -A 옵션의 결과

```
[root@server ~]# hostname -f
server.domain.io
[root@server ~]# hostname -A
server.domain.io
```

먼저 아래와 같이 strace 명령에 옵션을 적용해서 -f 옵션의 동작 과정
을 추적해 보자.

코드 B-4 strace로 hostname -f 옵션 추적하기

```
[root@server ~]# strace -s 65535 -f -T -tt -o hostname_f_trace hostname -f
server.domain.io
[root@server ~]# ls -al ./hostname_f_trace
-rw-r--r-- 1 root root 17616 Jun 20 22:55 ./hostname_f_trace
```

추적 결과를 기록한 hostname_f_trace 파일을 살펴보자.

코드 B-5 hostname -f에 대한 추적 결과

```
2649  22:55:05.935695 execve("/bin/hostname", ["hostname", "-f"], [/*
30 vars */]) = 0 ❶
2649  22:55:05.936185 brk(0)                = 0x2025000
2649  22:55:05.936285 mmap(NULL, 4096, PROT_READ|PROT_WRITE, MAP_
PRIVATE|MAP_ANONYMOUS, -1, 0) = 0x7fd370245000
2649  22:55:05.936352 access("/etc/ld.so.preload", R_OK) = -1 ENOENT
(No such file or directory)
2649  22:55:05.936413 open("/etc/ld.so.cache", O_RDONLY) = 3
```

```
... (중략) ...
2649  22:55:05.939211 uname({sys="Linux", node="server", ...}) = 0
2649  22:55:05.939322 getpid()          = 2649
2649  22:55:05.939364 open("/etc/resolv.conf", O_RDONLY) = 3 ❷
2649  22:55:05.939413 fstat(3, {st_mode=S_IFREG|0644, st_size=184,
...}) = 0
2649  22:55:05.939456 mmap(NULL, 4096, PROT_READ|PROT_WRITE, MAP_
PRIVATE|MAP_ANONYMOUS, -1, 0) = 0x7fd370244000
2649  22:55:05.939499 read(3, "search          domain.io s1.vm.example.
cc s2.vm.example.cc pg1.vm.example.cc vm.iwilab.com\nnameserver\
t10.20.30.40\nnameserver\t10.20.30.40\noptions          timeout:1
attempts:1 rotate\n", 4096) = 184 ❸
2649  22:55:05.939551 read(3, "", 4096) = 0
2649  22:55:05.939593 close(3)          = 0
... (중략) ...
2649  22:55:05.939682 socket(PF_LOCAL, SOCK_STREAM|SOCK_CLOEXEC|SOCK_
NONBLOCK, 0) = 3
2649  22:55:05.939730 connect(3, {sa_family=AF_LOCAL, sun_path="/var/
run/nscd/socket"}, 110) = -1 ENOENT (No such file or directory)
2649  22:55:05.939783 close(3)          = 0 ❹
2649  22:55:05.939827 socket(PF_LOCAL, SOCK_STREAM|SOCK_CLOEXEC|SOCK_
NONBLOCK, 0) = 3
2649  22:55:05.939870 connect(3, {sa_family=AF_LOCAL, sun_path="/var/
run/nscd/socket"}, 110) = -1 ENOENT (No such file or directory)
2649  22:55:05.939917 close(3)          = 0
2649  22:55:05.939962 open("/etc/nsswitch.conf", O_RDONLY) = 3 ❺
2649  22:55:05.940008 fstat(3, {st_mode=S_IFREG|0644, st_size=1688,
...}) = 0
... (중략) ...
2649  22:55:05.940882 munmap(0x7fd37023a000, 41952) = 0
2649  22:55:05.940929 open("/etc/host.conf", O_RDONLY) = 3
2649  22:55:05.940974 fstat(3, {st_mode=S_IFREG|0644, st_size=9, ...})
= 0
2649  22:55:05.941016 mmap(NULL, 4096, PROT_READ|PROT_WRITE, MAP_
PRIVATE|MAP_ANONYMOUS, -1, 0) = 0x7fd370244000
2649  22:55:05.941059 read(3, "multi on\n", 4096) = 9
... (중략) ...
2725  22:58:54.684727 open("/etc/hosts", O_RDONLY|O_CLOEXEC) = 3 ❻
2725  22:58:54.684775 fcntl(3, F_GETFD) = 0x1 (flags FD_CLOEXEC)
2725  22:58:54.684821 fstat(3, {st_mode=S_IFREG|0644, st_size=160,
...}) = 0
2725  22:58:54.684865 mmap(NULL, 4096, PROT_READ|PROT_WRITE, MAP_
PRIVATE|MAP_ANONYMOUS, -1, 0) = 0x7f06fcb81000
2725  22:58:54.684909 read(3, "# Do not remove the following line,
or various programs\n# that require network functionality will
fail.\n127.0.0.1          localhost.localdomain localhost\n",
4096) = 160
... (중략) ...
2725  22:58:54.686206 socket(PF_INET, SOCK_DGRAM|SOCK_NONBLOCK,
```

```
IPPROTO_IP) = 3
2725  22:58:54.686257 connect(3, {sa_family=AF_INET, sin_
port=htons(53), sin_addr=inet_addr("10.20.30.40")}, 16) = 0 ❼
2725  22:58:54.686318 poll([{fd=3, events=POLLOUT}], 1, 0) = 1 ([{fd=3,
revents=POLLOUT}])
2725  22:58:54.686366 sendto(3, "\275\241\1\0\0\1\0\0\0\0\0\7server\5
domain\2io\0\0\1\0\1", 34, MSG_NOSIGNAL, NULL, 0) = 34 ❽
2725  22:58:54.686423 poll([{fd=3, events=POLLIN}], 1, 1000) = 1
([{fd=3, revents=POLLIN}])
2725  22:58:54.686760 ioctl(3, FIONREAD, [126]) = 0
2725  22:58:54.686927 recvfrom(3,
"\275\241\205\200\0\1\0\1\0\2\0\2\7server\5domain\2io\0\0\1\0\1\300\
f\0\1\0\1\0\0\2X\0\4\254\20 \230\300\24\0\2\0\1\0\0\2X\0\16\3ns2\4daum\
3net\0\300\24\0\2\0\1\0\0\2X\0\6\3ns1\300B\300X\0\1\0\1\0\1Q\200\0\4q=
j\5\300>\0\1\0\1\0\1Q\200\0\4q=k\5", 1024, 0, {sa_family=AF_INET, sin_
port=htons(53), sin_addr=inet_addr("10.20.30.40")}, [16]) = 126 ❾
2725  22:58:54.687067 close(3)              = 0
2725  22:58:54.687192 fstat(1, {st_mode=S_IFCHR|0620, st_
rdev=makedev(136, 0), ...}) = 0
2725  22:58:54.687275 mmap(NULL, 4096, PROT_READ|PROT_WRITE, MAP_
PRIVATE|MAP_ANONYMOUS, -1, 0) = 0x7f06fcb81000
2725  22:58:54.687372 write(1, "server.domain.io\n", 17) = 17 ❿
2725  22:58:54.687518 exit_group(0)      = ?
2725  22:58:54.687627 +++ exited with 0 +++
```

출력 결과가 상당히 길다. 중요한 부분만 살펴보자.

❶ execve() 시스템 콜을 호출해서 bash 셸이 hostname 명령으로 바뀐다. 우리가 bash 프롬프트상에서 입력하는 모든 명령이 fork() 후 execve()를 통해서 새로운 프로세스로 변하는 과정이라는 것을 알 수 있는 부분이다.

❷ open() 시스템 콜을 이용해서 /etc/resolv.conf 파일을 읽고 있다. hostname 명령은 도메인 질의와 관련된 명령이기 때문에 도메인 질의와 관련된 설정들이 들어 있는 /etc/resolv.conf 파일을 읽게 된다. 결과의 제일 끝에 보면 3이라는 숫자가 보이는데 이것은 앞으로 이 프로세스가 /etc/resolv.conf 파일에 접근할 때 사용하게 될 파일 디스크립터의 번호이다.

❸ read() 시스템 콜을 이용해서 실제 /etc/resolv.conf 파일의 내용을 읽는다. ❷에서 언급된 3이라는 파일 디스크립터 번호를 이용해서 파일의 내용을 읽어오고 있다.

❹ open()으로 열었던 /etc/resolv.conf 파일에 대한 파일 디스크립터 3번을 close() 시스템 콜로 닫는다.

❺ open() 시스템 콜을 이용해서 /etc/nsswitch.conf 파일을 연다. 이번에도 파일 디스크립터의 번호는 3이다.

❻ open() 시스템 콜을 이용해서 /etc/hosts 파일을 열고 있다. 코드 B-5에서는 생략되었지만 ❺를 통해서 연 /etc/nsswitch.conf 파일을 close()로 닫았기 때문에 파일 디스크립터의 번호는 3이 된다.

❼ /etc/resolv.conf 파일을 통해서 확인한 도메인 서버로 connect() 함수를 사용해서 네트워크 연결을 시도하고 있다. connect() 함수의 파라미터들을 살펴보면 AF_INET 형태의 소켓이며, 연결하고자 하는 포트는 53 (sin_port), 연결하려는 IP 주소는 10.20.30.40 (sin_addr)임을 알 수 있다.

❽ ❼을 통해서 연결된 도메인 서버와의 네트워크 세션으로 sendto() 시스템 콜을 이용해서 도메인 질의를 하고 있다. server.domain.io라는 도메인의 IP 주소를 요청하고 있다.

❾ recvfrom() 시스템 콜을 통해서 도메인 서버의 응답을 받고 있다. 코드 B-3에서는 특수 문자로 인해 알아보기 힘들지만 정상적인 도메인 질의 응답을 받고 있다.

❿ ❾에서 받은 결과를 바탕으로 write() 시스템 콜을 이용해서 화면에 결과를 출력하고 있다.

strace의 내용을 바탕으로 hostname -f의 결과에 대해서 조금 더 살펴보자. ❸을 통해서 읽은 /etc/resolv.conf 파일의 내용 중에서 nameserver 항목에 있는 IP 주소 (10.20.30.40)가 ❼을 통해서 연결에 사용되고 있다. 그리고 /etc/resolv.conf 파일의 내용 중에서 search 항목에 나열되어 있는 값을 실제 서버의 호스트명 뒤에 붙여서 ❽을 통해 도메인 서버에 도메인 질의를 한다. 여기서 응답이 제대로 오면 hostname -f의 결과를 정상적으로 출력한다. 즉, hostname -f는 /etc/resolv.conf에 있는 search 지시자의 내용을 바탕으로 호스트명과 지시자에 나열되어 있는 각각의 도메인을

FQDN의 형태로 만들어서 도메인 서버에 질의하도록 동작한다. 그리고 그중에서 정상적인 응답이 오는 FQDN을 출력한다.

그럼 이번엔 hostname -A 옵션의 동작 과정을 추적해 보자.

코드 B-6 hostname -A에 대한 추적 결과

```
10892 22:53:36.090592 execve("/bin/hostname", ["hostname", "-A"], [/*
29 vars */]) = 0
10892 22:53:36.091111 brk(0)              = 0x23f4000
.... (중략) ....
10892 22:53:36.096119 open("/etc/resolv.conf", O_RDONLY) = 3 ❶
10892 22:53:36.096164 fstat(3, {st_mode=S_IFREG|0644, st_size=184,
...}) = 0
10892 22:53:36.096208 mmap(NULL, 4096, PROT_READ|PROT_WRITE, MAP_
PRIVATE|MAP_ANONYMOUS, -1, 0) = 0x7f61b670e000
10892 22:53:36.096252 read(3, "search          domain.io s1.vm.example.
cc s2.vm.example.cc pg1.vm.example.cc vm.iwilab.com\nnameserver\
t10.20.30.40\nnameserver\t10.20.30.40\noptions          timeout:1
attempts:1 rotate\n", 4096) = 184
10892 22:53:36.096305 read(3, "", 4096) = 0
10892 22:53:36.096355 close(3)            = 0
10892 22:53:36.096403 munmap(0x7f61b670e000, 4096) = 0
.... (중략) ....
10892 22:53:36.098216 socket(PF_INET, SOCK_DGRAM|SOCK_NONBLOCK,
IPPROTO_IP) = 3
10892 22:53:36.098320 connect(3, {sa_family=AF_INET, sin_
port=htons(53), sin_addr=inet_addr("10.20.30.40")}, 16) = 0 ❷
10892 22:53:36.098378 poll([{fd=3, events=POLLOUT}], 1, 0) = 1 ([{fd=3,
revents=POLLOUT}])
10892 22:53:36.098452 sendto(3, "Z\227\1\0\0\1\0\0\0\0\0\0\003152\0023
2\00216\003172\7in-addr\4arpa\0\0\f\0\1", 44, MSG_NOSIGNAL, NULL, 0) =
44 ❸
10892 22:53:36.098530 poll([{fd=3, events=POLLIN}], 1, 1000) = 1
([{fd=3, revents=POLLIN}])
10892 22:53:36.098860 ioctl(3, FIONREAD, [121]) = 0
10892 22:53:36.098990 recvfrom(3, "Z\227\205\203\0\1\0\
0\0\1\0\0\003152\00232\00216\003172\7in-addr\4arpa\0\0\
f\0\1\00216\003172\7IN-ADDR\4ARPA\0\0\6\0\1\0\0\16\20\0.\2ns\4daum\
3net\0\nhostmaster\300Nx+\221p\0\0\34 \0\0\7\10\0\t:\200\0\0p\200",
1024, 0, {sa_family=AF_INET, sin_port=htons(53), sin_addr=inet_
addr("10.20.30.40")}, [16]) = 121 ❹
10892 22:53:36.099171 close(3)            = 0
10892 22:53:36.099256 fstat(1, {st_mode=S_IFCHR|0620, st_
rdev=makedev(136, 0), ...}) = 0
10892 22:53:36.099363 mmap(NULL, 4096, PROT_READ|PROT_WRITE, MAP_
PRIVATE|MAP_ANONYMOUS, -1, 0) = 0x7f61b670e000
10892 22:53:36.099449 write(1, "server.domain.io\n", 17) = 17 ❺
```

```
10892 22:53:36.099583 exit_group(0)    = ?
10892 22:53:36.099671 +++ exited with 0 +++
```

코드 B-5와 유사한 내용들이 많기 때문에 중요한 부분만 살펴보자.

❶ -f 옵션 때와 마찬가지로 open() 시스템 콜을 이용해서 /etc/resolv.conf 파일을 열고 있다.

❷ 역시 -f 옵션 때와 마찬가지로 connect() 시스템 콜을 이용해서 도메인 서버와 네트워크 연결을 맺고 있다.

❸ 이 부분이 -f 옵션과 결정적으로 다른데, in-addr.arpa로 시작하는 리버스 도메인 질의를 하는 것을 볼 수 있다.

> ✔️ 도메인명을 이용해서 IP에 대한 정보를 요청하는 것은 도메인 질의, 반대로 IP를 이용해서 도메인에 대한 정보를 요청하는 것을 리버스 도메인 질의라고 한다. 리버스 도메인 질의는 in-addr.arpa.XXX 의 형태로 도메인 질의를 한다.

❹ ❸을 통해 요청한 리버스 도메인 질의에 대한 응답이다.

❺ 리버스 도메인 질의에 대한 결과를 출력하고 있다.

코드 B-6을 보면 -A 옵션은 -f 옵션과는 다르게 서버의 IP를 이용해서 리버스 도메인 질의를 요청하고 그에 대한 결과를 FQDN 형태로 출력해준다.

이처럼 같은 결과를 출력해 주는 옵션이지만 strace를 통해 확인해 보면 두 옵션의 동작 방식이 전혀 다르다는 것을 알 수 있다.

B.3 요약

지금까지 strace에 대한 몇 가지 옵션들과 간단한 사용법을 알아보고, 예제를 통해 직접 추적 내용을 분석해 보았다. 이번 장에서 배운 내용은 다음과 같다.

1. strace로 프로세스의 시스템 콜 호출 과정을 추적할 수 있으며 이를 통해서 대략적인 동작 원리를 파악할 수 있다.

2. strace의 -s 옵션은 출력 결과물의 길이를 설정하고, -f는 멀티 스레드 혹은 멀티 프로세스 방식으로 동작할 때 그 자식 스레드 혹은 자식 프로세스에 대한 추적을 가능하게 해 준다.

3. strace의 -t 옵션은 타임 스탬프를 찍어주며 주로 -tt와 같이 microsecond 단위로 기록하도록 사용한다. -T 옵션은 각 시스템 콜의 호출 시간을 기록해 준다.

4. strace의 -o 옵션을 사용하면 출력 결과를 파일로 저장할 수 있고 -p 옵션은 이미 동작 중인 프로세스를 추적할 때 사용한다.

5. strace는 이미 동작 중인 프로세스를 추적할 때 프로세스의 동작에 부하를 줄 수 있기 때문에 서비스 환경에서 사용할 때는 반드시 최악의 경우를 대비한 시나리오를 준비하고 추적해야 한다.

Appendix C

tcpdump와 와이어샤크를
통한 TCP 패킷 분석

네트워크 문제 때문에 생기는 애플리케이션의 응답 지연 현상을 파악하기 위한 가장 좋은 방법은 tcpdump를 통해서 네트워크 패킷을 수집하는 것이다. 그리고 tcpdump 만큼 중요한 것이 수집된 내용을 잘 볼 수 있는 wireshark와 같은 툴의 사용법일 것이다. 그래서 이번 절에서는 tcpdump를 다양한 옵션을 통해서 효과적으로 사용할 수 있는 방법과 와이어샤크(wireshark)로 수집한 패킷을 효과적으로 분석할 수 있는 방법을 살펴보자.

C.1 tcpdump의 사용법

우선 tcpdump를 살펴보자. tcpdump는 서버에서 발생하는 네트워크 패킷을 중간에서 캡처해서 사용자가 볼 수 있도록 해 준다. 어떤 서버와 통신을 하는지, 어떤 패킷들을 주고 받는지 등을 살펴볼 수 있기 때문에 서버에서 발생하는 네트워크 이슈의 원인을 파악할 때 사용되는 가장 기본적인 툴이다.

터미널 화면에서 아무런 옵션 없이 tcpdump 명령만 입력하면 다음과 같은 출력을 볼 수 있다(코드 C-1).

코드 C-1 tcpdump의 기본 출력(일부 출력 결과 삭제)

```
[root@server tcp_dump]# tcpdump
tcpdump: verbose output suppressed, use -v or -vv for full protocol
decode
listening on eth0, link-type EN10MB (Ethernet), capture size 65535
bytes
22:22:13.267299 IP 10.10.10.20.59909 > 10.10.10.10.http: ❶ Flags [S],
seq 3015600030, win 65535, options [mss 1360,nop,wscale 5,nop,nop,TS
val 500057003 ecr 0,sackOK,eol], length 0
22:22:13.267331 IP 10.10.10.10.http > 10.10.10.20.59909: Flags [S.],
seq 1765658894, ack 3015600031, win 14480, options [mss 1460,sackOK,TS
val 603864684 ecr 500057003,nop,wscale 10], length 0
22:22:13.279190 IP 10.10.10.20.59909 > 10.10.10.10.http: Flags [.], ack
1, win 4128, options [nop,nop,TS val 500057023 ecr 603864684], length 0
22:22:13.283725 IP 10.10.10.20.59909 > 10.10.10.10.http: Flags [P.],
seq 1:81, ack 1, win 4128, options [nop,nop,TS val 500057023 ecr
603864684], length 80
22:22:13.283739 IP 10.10.10.10.http > 10.10.10.20.59909: Flags [.], ack
81, win 15, options [nop,nop,TS val 603864700 ecr 500057023], length 0
```

코드 C-1의 ❶에서 **10.10.10.20.59909 > 10.10.10.10.http** 이런 출력 결과를 볼 수 있다. 앞부분은 패킷의 출발지 IP와 출발지 포트 주소, 뒷부분은 목적지 IP와 목적지 포트 주소를 의미한다. 즉, ❶은 10.10.10.20이라는 곳에서 59909번 출발지 포트를 달고 **10.10.10.10**이라는 목적지로 http 포트를 설정해서 보내진 패킷이라는 것을 의미한다.

이제 이 결과에 몇 가지 옵션을 추가해서 더 많은 정보를 확인해 보자. 먼저 -nn 옵션이다. 이 옵션은 protocol과 port를 이름으로 바꾸지 않는다. ❶의 **10.10.10.10.http**는 사실 10.10.10.10.80이라는 출력 결과 중 포트 80이라는 숫자가 http라는 문자로 바뀌어서 보이는 것이다. -nn 옵션이 없으면 tcpdump의 출력 결과 중 포트 번호를 많이 사용되는 프로토콜로 치환해서 보여준다. 그래서 만약 80 포트를 http 용도가 아닌 다른 용도로 사용하면 패킷 수집 결과를 분석할 때 오해를 불러 일으킬 수 있다. 그렇기 때문에 tcpdump에서 패킷을 수집할 때 포트 본연의 숫자가 출력될 수 있도록 -nn 옵션을 붙이는 것이 좋다.

코드 C-2 tcpdump -nn 옵션의 결과(일부 출력 결과 삭제)

```
[root@server ~]# tcpdump -nn
tcpdump: verbose output suppressed, use -v or -vv for full protocol
```

```
decode
listening on eth0, link-type EN10MB (Ethernet), capture size 65535
bytes
22:27:58.794730 IP 10.10.10.20.59922 > 10.10.10.10.80: ❶Flags [S], seq
1135384871, win 65535, options [mss 1360,nop,wscale 5,nop,nop,TS val
500402160 ecr 0,sackOK,eol], length 0
22:27:58.794779 IP 10.10.10.10.80 > 10.10.10.20.59922: Flags [S.], seq
629823329, ack 1135384872, win 14480, options [mss 1460,sackOK,TS val
604210211 ecr 500402160,nop,wscale 10], length 0
22:27:58.805285 IP 10.10.10.20.59922 > 10.10.10.10.80: Flags [.], ack
1, win 4128, options [nop,nop,TS val 500402170 ecr 604210211], length 0
22:27:58.806000 IP 10.10.10.20.59922 > 10.10.10.10.80: Flags [P.],
seq 1:81, ack 1, win 4128, options [nop,nop,TS val 500402170 ecr
604210211], length 80
22:27:58.806012 IP 10.10.10.10.80 > 10.10.10.20.59922: Flags [.], ack
81, win 15, options [nop,nop,TS val 604210222 ecr 500402170], length 0
```

코드 C-2의 ❶을 보면 코드 C-1의 ❶과는 달리 http라고 찍히지 않고 80
이라는 포트 숫자가 그대로 찍히는 것을 볼 수 있다.

다음 옵션은 -vvv 옵션이다. 이 옵션은 출력 결과에 tcpdump가 수집할
수 있는 패킷의 모든 정보를 포함하도록 한다. 수집된 패킷을 분석할 때
패킷의 TTL(Time To Live) 정보라든가, ID 값 등 헤더에 포함된 값들도
모두 출력해서 봐야 할 경우 유용한 옵션이다.

코드 C-3 tcpdump -vvv 옵션의 결과(일부 출력 결과 삭제)

```
[root@server ~]# tcpdump -nn -vvv
tcpdump: listening on eth0, link-type EN10MB (Ethernet), capture size
65535 bytes
22:31:31.063379 IP (tos 0x0, ttl 59, id 44383, offset 0, flags [DF],
proto TCP (6), length 64)
    10.10.10.20.60062 > 10.10.10.10.80: Flags [S], cksum 0x4a6a
(correct), seq 1010984653, win 65535, options [mss 1360,nop,wscale
5,nop,nop,TS val 500613728 ecr 0,sackOK,eol], length 0
22:31:31.063406 IP (tos 0x0, ttl 64, id 0, offset 0, flags [DF], proto
TCP (6), length 60)
    10.10.10.10.80 > 10.10.10.20.60062: Flags [S.], cksum 0x7843
(correct), seq 194099513, ack 1010984654, win 14480, options [mss
1460,sackOK,TS val 604422480 ecr 500613728,nop,wscale 10], length 0
22:31:31.075238 IP (tos 0x0, ttl 59, id 60915, offset 0, flags [DF],
proto TCP (6), length 52)
    10.10.10.20.60062 > 10.10.10.10.80: Flags [.], cksum 0xcf73
(correct), seq 1, ack 1, win 4128, options [nop,nop,TS val 500613743
ecr 604422480], length 0
22:31:31.079741 IP (tos 0x0, ttl 59, id 32163, offset 0, flags [DF],
```

```
proto TCP (6), length 132)
    10.10.10.20.60062 > 10.10.10.10.80: Flags [P.], cksum 0xcf6b
(correct), seq 1:81, ack 1, win 4128, options [nop,nop,TS val 500613743
ecr 604422480], length 80
```

얼핏 봐도 코드 C-2보다 더 많은 정보를 출력하는 것을 알 수 있다. 이 옵션은 수집 내용을 파일로 저장할 때 파일의 크기가 커진다는 단점이 있지만 많은 정보를 저장할 수 있어서 패킷의 내용을 다각도로 분석할 때 많은 도움이 된다.

다음 옵션은 -A 옵션이다. 이 옵션은 패킷의 내용을 ASCII 형태로 출력해서 보여준다. 이 옵션은 암호화되지 않은 평문으로 데이터를 주고받을 때 패킷 수집 과정에서 바로 전송되는 데이터 내용을 살펴 볼 수 있는 장점이 있다.

코드 C-4 tcpdump -A의 결과(일부 출력 결과 삭제)

```
[root@server ~]# tcpdump -A -nn -vvv
tcpdump: listening on eth0, link-type EN10MB (Ethernet), capture size
65535 bytes
22:33:29.988623 IP (tos 0x0, ttl 59, id 46159, offset 0, flags [DF],
proto TCP (6), length 132)
    10.10.10.20.60066 > 10.10.10.10.80: Flags [P.], cksum 0xaaa8
(correct), seq 1:81, ack 1, win 4128, options [nop,nop,TS val 500732488
ecr 604541385], length 80
E....O@.;..c...... ....P.G:........ .......
...H$...GET / HTTP/1.1 ❶
Host: server.domain.io
User-Agent: curl/7.51.0
Accept: */*
```

코드 C-4의 ❶을 보면 HTTP 요청 패킷(GET/요청)의 헤더까지 볼 수 있다. -vvv 옵션처럼 출력 결과가 커지지만 더 빠르게 문제를 분석할 수 있다는 장점이 있다.

다음 옵션은 -G 옵션이다. 이 옵션은 tcpdump를 통해서 주기적으로 패킷을 수집할 때 유용한 옵션이다. 타임아웃이 간헐적으로 발생하는 경우 tcpdump를 통해서 오랜 시간 동안 패킷을 수집해야 하는데 이렇게 되면 파일의 크기가 너무 커질 수 있다. 이때 -G 옵션을 통해서 일정 간격으로 tcpdump가 수집 내용을 저장하는 파일을 갱신할 수 있게 설정할

수 있다. 단위는 초 단위이며 -G 3600과 같이 옵션을 주면 3600초, 즉 1
시간 간격으로 파일을 다시 열어서 패킷 수집 내용을 저장한다.

-w 옵션은 tcpdump가 수집한 패킷의 내용을 저장할 파일을 지정할 때
사용한다. tcpdump를 통해서 패킷을 수집할 때는 분석한 파일을 바로 열
어서 살펴볼 수도 있지만 주로 와이어샤크와 같은 패킷 분석 툴을 이용
해서 분석하는 경우가 많다. 이때 -w 옵션으로 특정 파일로 수집 내용
을 저장하고 이를 와이어샤크로 열어서 분석할 수 있다.

-Z 옵션은 tcpdump를 실행시킬 권한을 설정해 준다. tcpdump는 기본
적으로 tcpdump라는 사용자 권한으로 실행되기 때문에 파일 저장을 위
해서는 다른 계정의 권한이 필요할 수도 있다. 그럴 때 유용하게 사용할
수 있다.

마지막 옵션은 host와 port이다. host는 출발지, 목적지 상관 없이 지
정한 IP가 포함된 패킷만을 수집할 때 사용하는 옵션이다. port도 출발
지, 목적지와 상관 없이 지정한 포트가 포함된 패킷만을 수집할 때 사용
하는 옵션이다. 예를 들어 host 10.10.10.10 and port 80이라고 하면 IP
에 10.10.10.10이 포함되고 포트에 80이 포함되는 패킷들만 수집한다.
문제가 발생한 네트워크 구간을 정확히 알 수 있을 때 host와 port 옵
션을 이용하면 수집할 패킷의 양을 줄이고 문제를 더 빠르게 파악할 수
있다.

지금까지의 옵션들을 정리하면 다음과 같은 옵션을 만들어낼 수 있
다. 이 외에도 유용한 옵션이 많지만 실무에서는 이 정도 옵션만으로도
분석을 위한 데이터를 쌓는 데에는 충분할 것이다.

코드 C-5 필수 옵션을 적용한 tcpdump 명령

```
tcpdump -vvv -nn -A -G 3600 -w dump_$(hostname)_%Y%m%d-%H%D%S.pcap❶ -Z
root host <IP> and port <PORT>
```

위 옵션 중 눈여겨봐야 할 부분은 -w 옵션인데, -G 옵션이 있기 때문에
❶과 같은 형태의 표현식을 사용해서 지정해 주어야 한다. 그렇지 않고
-w로 특정 파일을 지정하면 -G 옵션에 의해서 3600초에 한 번씩 파일

을 새로 만들 때 기존에 저장한 파일의 내용을 덮어 써서 수집이 무의미해질 수 있다. 예를 들어 코드 C-6과 같이 입력하면 3600초마다 dump_result.pcap 파일에 패킷의 수집 내용이 새롭게 쌓이게 된다.

코드 C-6 -w 옵션이 특정 파일일 때

```
tcpdump -vvv -nn -A -G 3600 -w dump_result.pcap -Z root host
10.20.30.40 and port 443
```

하지만 코드 C-5처럼 -w 옵션 뒤에 표현식을 사용하면 3600초마다 새로운 파일이 만들어지고 기존 수집 내용도 유지되어 계속해서 패킷의 내용을 수집할 수 있다.

지금까지 tcpdump를 이용한 수집 방법을 알아보았다. 이제 수집한 내용을 잘 볼 수 있도록 와이어샤크에 대해서 살펴보자.

C.2 와이어샤크 사용법

와이어샤크(wireshark)는 무료 소프트웨어로, tcpdump 등을 이용해서 수집한 pcap 파일의 내용을 필드별로 보여주어 분석하기 편하다.

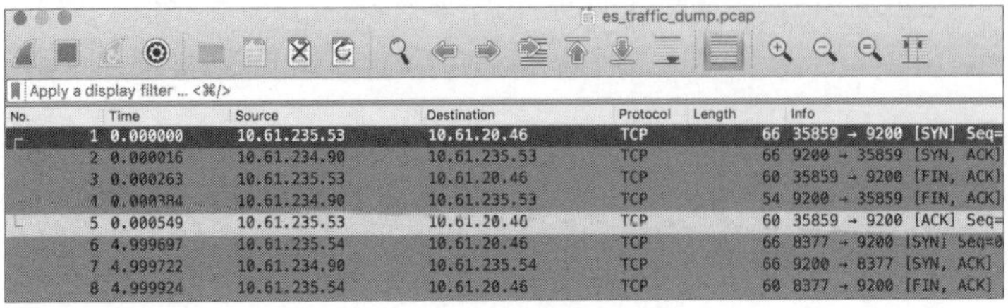

그림 C-1 와이어샤크의 기본 실행 화면

그럼 이제부터 와이어샤크의 몇 가지 옵션을 살펴보자. 앞 절에서 이야기한 것처럼 tcpdump는 host와 port라는 옵션을 통해서 특정 IP가 포함되어 있는 패킷을 미리 걸러낼 수 있다. 하지만 문제가 발생하는 네트워크 구역을 특정할 수 없을 때는 tcpdump에서 필터링 없이 수집해야 하는데 이렇게 수집한 다음 와이어샤크에서 제공하는 필터링 기능을 이용해서 필요한 패킷만 볼 수 있다.

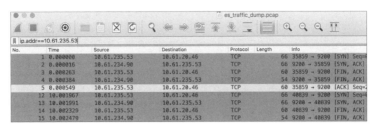

그림 C-2 와이어샤크에서 IP로 필터링한 화면

그림 C-2를 보면 검색 바에 ip.addr이라는 키워드를 넣고 ==라는 등호를 넣은 후에 10.61.235.53이라는 IP를 기입하면 해당 IP가 들어간 모든 패킷을 필터링해서 보여준다. tcpdump의 host 옵션과 동일한 효과이다. 이를 통해서 특정 IP와의 통신만 더 세세하게 살펴볼 수 있다.

포트를 필터링하는 옵션은 tcp.port이다. 검색 바에 tcp.port==9200을 입력하면 그림 C-3처럼 9200 포트가 포함된 모든 패킷이 필터링된다.

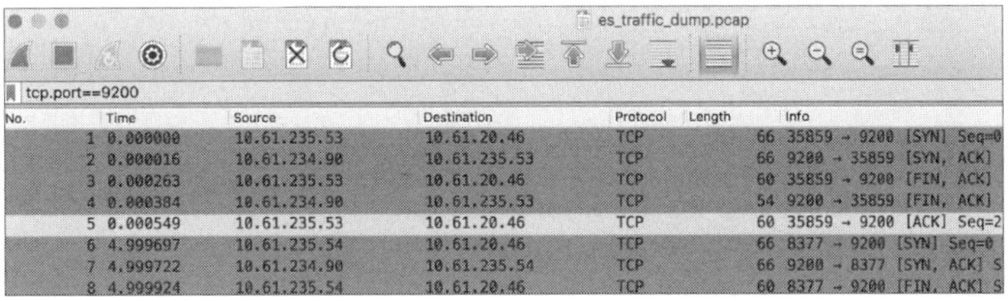

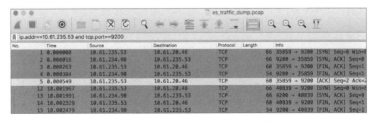

그림 C-3 와이어샤크에서 포트로 필터링한 화면

이 두 가지를 조합하고 싶다면 그림 C-4와 같이 두 가지 조건을 and라는 키워드로 연결해준다.

그림 C-4 와이어샤크에서 IP와 포트로 필터링한 화면

만약 더 많은 옵션을 보고 싶다면 검색 바 오른쪽의 [Expression] 버튼을 클릭하면 된다.

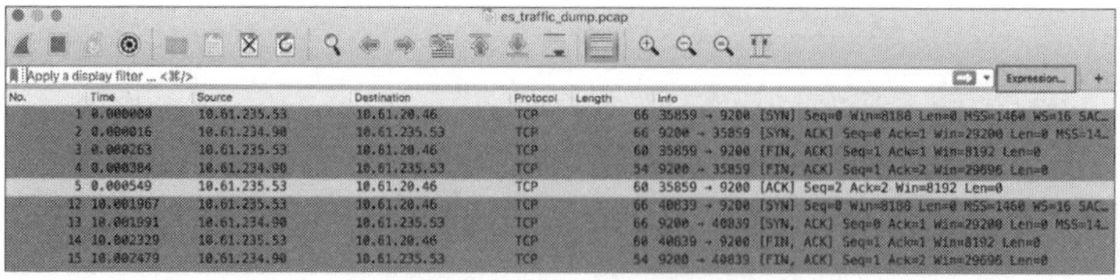

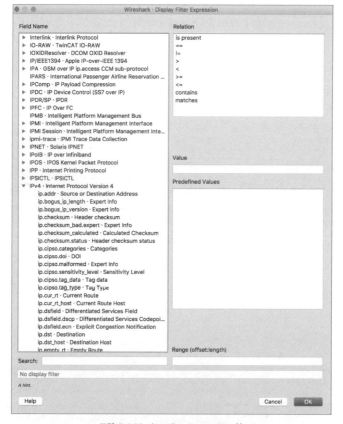

그림 C-5 Expression 버튼

그러면 그림 C-6과 같은 창이 나타난다. 쭉 내려서 IPv4를 열어보면 우리가 방금 사용한 ip.addr이라는 키워드를 확인할 수 있다.

그림 C-6 Display Filter Expression 창

다음으로는 tcp stream 옵션을 살펴보자. 패킷들은 통신 순서에 따라서 stream이라는 일종의 경로가 있다. 7장에서 언급한 것처럼 통신을 하기

위해 먼저 3-way handshake를 맺고(SYN → SYN/ACK → ACK), 데이터를 주고 받고 연결을 끊는 등의 과정이 이어진다. 와이어샤크에는 이렇게 특정 패킷의 흐름을 한 화면에서 볼 수 있는 기능이 있다. 이 기능은 패킷의 양이 많을 때 문제가 발생한 패킷의 흐름을 살펴볼 수 있어서 문제 해결의 단서를 찾을 때 큰 도움이 된다.

그림 C-7은 다양한 패킷을 주고받는 서버에서 수집된 패킷의 내용이다. 상당히 많은 양의 패킷을 주고받는 것을 볼 수 있다.

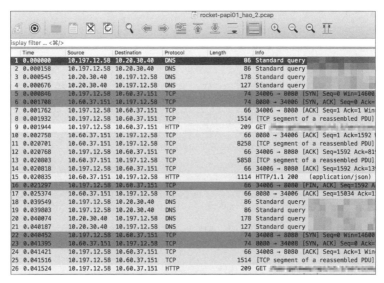

그림 C-7 실제 서버에서 발생한 패킷 수집 내용

이 중에서도 15번 패킷에 잡힌 200 OK라는 내용이 어떤 흐름을 통해서 진행되었는지 살펴보자. 15번 패킷에서 마우스 오른쪽 버튼을 클릭하면 메뉴가 나온다. [Follow]-[TCP Stream]을 클릭해보자.

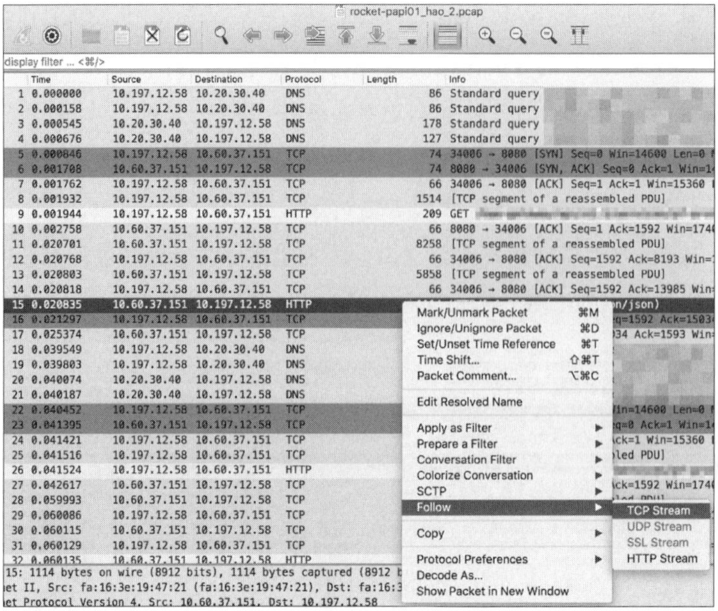

그림 C-8 TCP Stream 선택하기

TCP Stream을 선택한 결과는 그림 C-9와 같다. 해당 stream과 관련 없는 다른 패킷들은 없어지고 해당하는 stream만 필터링된다. 200 응답을 받기까지 3-way handshake를 포함한 모든 과정을 볼 수 있다.

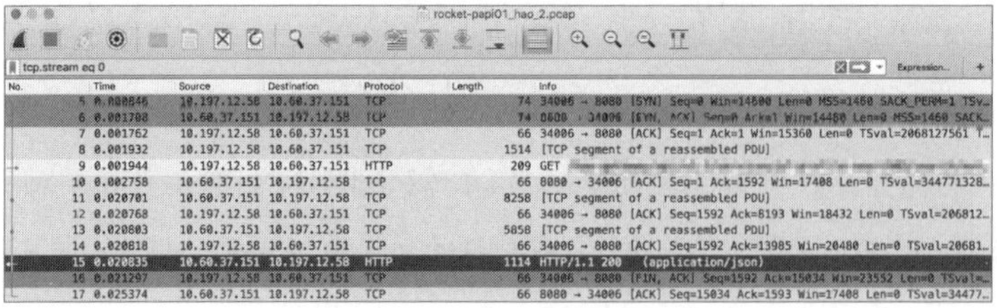

그림 C-9 TCP Stream 필터링 결과

TCP Stream은 특히 특정 패킷이 발생한 원인을 파악할 때 많은 도움이 된다. RST 패킷이 갑작스럽게 나타났을 때 나타나기 전까지의 과정을 TCP Stream으로 살펴볼 수 있다면 RST 패킷이 발생하게 된 원인을 쉽게 파악할 수 있을 것이다.

마지막으로 패킷의 내용 중에 특정 문자열을 포함하고 있는 패킷이 있는지를 확인해보는 옵션을 알아보자. 이때 사용하게 되는 옵션은 frame contains XXX 옵션이다. 아마도 이 옵션을 가장 많이 그리고 가장 유용하게 사용하게 될 것이다. 만약 패킷들 중 cluster라는 단어를 가지고 있는 패킷을 찾고 싶다면 그림 C-10과 같이 frame contains cluster라고 입력해 주면 된다.

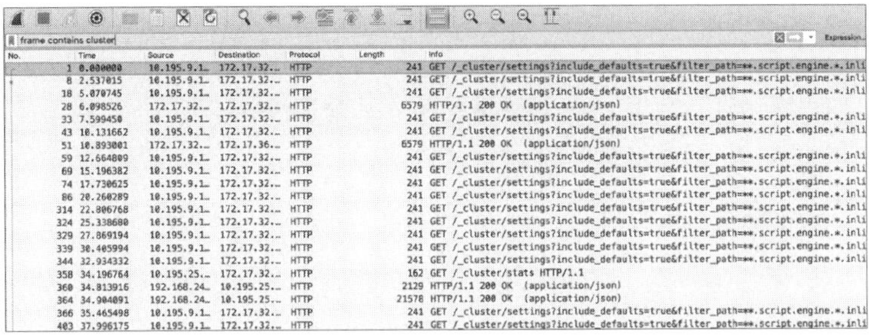

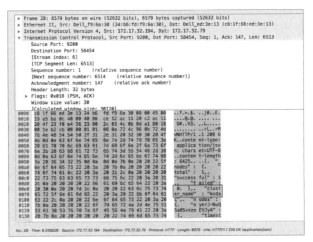

그림 C-10 frame contains 검색 결과

그림 C-10의 검색 결과를 보면 4번째 줄에 있는 패킷은 HTTP/1.1로 시작하는 형태의 패킷으로, 검색이 잘못 되었나 하고 생각할 수도 있겠지만, 해당 패킷을 더블클릭해서 패킷의 내용을 자세히 살펴보면 그림 C-11과 같이 cluster라는 문자열이 포함되어 있음을 확인할 수 있다.

그림 C-11 패킷 자세히 보기

C.3 요약

지금까지 tcpdump와 와이어샤크의 간단한 사용법을 살펴봤다. tcpdump 도 물론 중요하지만 와이어샤크도 분석하는 데 필요한 툴이기 때문에 어느 정도의 사용법은 익혀 두는 것이 좋다. 특히 필터링할 때 사용되는 옵션과 TCP Stream 추적 기능은 반드시 사용하는 것이 문제 원인을 파악하는 데 도움이 된다.

이번 장에서 배운 내용은 다음과 같다.

1. tcpdump의 -nn 옵션은 프로토콜과 포트를 단어로 변환하지 않고 그 대로의 값을 출력하게 한다.

2. tcpdump의 -vvv 옵션은 패킷의 상세한 내용까지 출력해준다. 이로 인 해 출력 결과가 커질 수 있으나 패킷을 분석할 때 유용한 정보들이 포함되기 때문에 사용하는 것이 좋다.

3. tcpdump의 -A 옵션은 패킷 수집 결과를 ASCII 형태로 출력해준다. 이 는 평문으로 주고받는 데이터의 경우 수집 결과에서 그 내용을 바로 볼 수 있어서 문제를 파악하는 데 도움이 된다.

4. tcpdump의 -G 옵션은 tcpdump가 일정 주기로 패킷 수집 내용을 갱신 하도록 한다. 단위는 초 단위이다.

5. tcpdump의 -w 옵션은 패킷 수집 결과를 파일에 저장하도록 해준다. -G 옵션과 같이 사용하면 동일한 파일에 계속해서 덮어쓸 수 있기 때 문에 별도의 표현식을 사용해서 -G 옵션에 의해 tcpdump가 재실행될 때 파일을 새롭게 만들도록 해야 한다.

6. tcpdump의 -Z 옵션은 tcpdump를 tcpdump 기본 계정이 아닌 특정 계정 으로 실행할 수 있게 해준다. 패킷 수집 내용을 파일에 저장할 때 필 요하다.

7. tcpdump의 host 옵션은 특정 IP가 포함된 패킷을 필터링하며, port 옵션은 특정 포트가 포함된 패킷을 필터링한다.

8. 와이어샤크의 검색창에 ip.addr을 입력하면 특정 IP가 포함된 패킷 만 볼 수 있게 필터링된다.

9. 와이어샤크의 검색창에 tcp.port를 입력하면 특정 포트가 포함된 패킷만 볼 수 있게 필터링된다.

10. 와이어샤크에서 검색할 때 and, or 등의 키워드로 두 개 이상의 조건을 적용할 수 있다.

11. 와이어샤크로 패킷을 볼 때 TCP Stream 기능을 이용하면 해당 패킷이 포함된 TCP의 흐름만을 살펴볼 수 있어서 문제를 해결할 때 도움이 된다.

찾아보기